D1696431

Software Training

Barbara Schütte

Excel 5

Schritt für Schritt
zum Erfolg

DATA BECKER

Copyright	© 1994 by DATA BECKER GmbH & Co. KG Merowingerstr. 30 40223 Düsseldorf
	1. Auflage 1994
Lektorat	Michaela Stuhrmann, Michael Bürger
Schlußredaktion	Sibylle Feldmann
Umschlaggestaltung	Werner Leinhos
Titelfoto	Sascha Kleis
Textverarbeitung und Gestaltung	Uwe Brinkmann
Belichtung	MAC Studios GmbH, Agentur für Konzeption, Grafik und Realisation
Druck und buchbinderische Verarbeitung	fgb, Freiburger Graphische Betriebe, Freiburg

ISBN 3-8158-1123-6

Wichtiger Hinweis

Vorwort

Sie wollen

... keines der Lehrbücher, die Ihnen viel Theorie und wenig Erfolgserlebnisse vermitteln, durch die Sie sich lustlos von einem Kapitel zum nächsten durcharbeiten und bei denen Sie am Ende nicht viel schlauer sind als vorher?

... ein Buch, das Ihnen hilft, von Anfang an erfolgreich und aktiv in das jeweilige Programm einzusteigen, mit dem Sie wirklich etwas dazulernen und bei dem Sie nach der Lektüre mit Excel sicher umgehen können?

Dann ist das DATA BECKER Software Training Excel die richtige Entscheidung.

Mit System zum Erfolg

Dank der didaktisch sehr gut aufgebauten Lektionen erzielen Sie rasch erste Lernerfolge. Von den Grundfunktionen bis hin zu den erweiterten Möglichkeiten von Excel, das DATA BECKER Software Training vermittelt Ihnen umfassend und beispielhaft alle notwendigen Kenntnisse.

Den Überblick behalten

Durch den strukturierten Aufbau der Lektionen verlieren Sie nicht den Überblick.

- Am Anfang jeder Lektion erhalten Sie eine **Angabe über den Zeitaufwand**, den Sie für die Bearbeitung ansetzen müssen, und eine **Übersicht über die Lernziele**.
- **Schritt-für-Schritt-Anleitungen**, zahlreiche Abbildungen, praxisorientierte Beispiele und eine **Zusammenfassung am Ende der Lektion** erleichtern das Nachvollziehen der Lerninhalte.
- Abgeschlossen werden die einzelnen Lektionen mit einem **Zwischentest in Form eines Kreuzworträtsels**, mit dem Sie spielerisch Ihren persönlichen Lernerfolg überprüfen können.

Das DATA BECKER Zertifikat

Nachdem Sie das Software Training durchgearbeitet und alle Zwischentests gelöst haben, können Sie sich mit dem **Abschlußtest** (auf der beiliegenden Buchdiskette) Ihr Wissen schwarz auf weiß bestätigen lassen. Wir schicken Ihnen gern - gegen eine geringe Bearbeitungsgebühr - das Original DATA BECKER Zertifikat über Ihren bestandenen Abschlußtest zu.

Viel Spaß und Erfolg mit dem Software Training wünscht Ihnen

Ihr DATA BECKER Lektorat   *Düsseldorf, im Dezember 1994*

Inhaltsverzeichnis

Lektion 3

Lektion 4

Lektion 5

Lektion 6

(handschriftlich, rot: → Vorlagen ?)

Lektion 7

Lektion 8

(handschriftlich, blau: Zunächst ausgelassen !)

Teil C: Arbeiten mit Diagrammen   189

Lektion 9

Lektion 10

Bunte Vielfalt: Diagramme formatieren 207

Lektion 11

Diagramme drucken und kopieren 235

Teil D: Fortgeschrittenes Arbeiten mit Excel   249

Lektion 12

Arbeiten mit großen Tabellen 251

Lektion 13

Lektion 14

Teil E: Erweiterte Möglichkeiten von Excel   317

Lektion 15

Lektion 16

Lektion 17

Software Training

Teil A Einleitung

Teil A: Einleitung

Bevor Sie richtig loslegen, werden Ihnen an dieser Stelle grundlegende Informationen zum Arbeiten mit dem Software Training gegeben.

Die Buchsymbole

Zur besseren Übersicht dienen Ihnen vier Symbole:

 Das Tip- bzw. Hinweis-Symbol weist Sie auf Besonderheiten oder weiterführende Möglichkeiten einer Funktion oder eines Befehls hin.

 Das Symbol "Achtung" warnt Sie vor Fehlern oder Problemen, die bei der Benutzung bestimmter Funktionen auftreten können. Lesen Sie diese Textabschnitte mit besonderer Aufmerksamkeit, um Fehler zu vermeiden.

 Das Disketten-Symbol weist Sie darauf hin, daß im folgenden auf ein Beispiel Bezug genommen wird, das sich auf der dem Buch beiliegenden Diskette befindet.

 Am Anfang jeder Lektion gibt Ihnen dieses Uhr-Symbol Auskunft darüber, wie lange Sie in etwa zum Durcharbeiten der Lektion benötigen.

Die Tastatur

Die Tastenbezeichnungen können je nach Typ des PCs, mit dem Sie arbeiten, verschieden sein. In der nachfolgenden Abbildung sehen Sie eine deutsche, sogenannte MF (Multi-funktions-)-Tastatur.

Abb. 1: Tastatur mit deutschen Tastenbezeichnungen

Abb. 2: Die Enter-Taste (auch Return-Taste genannt)

Abb. 3: Die Umschalttaste (auch Shift-Taste genannt)

Die Tastenbezeichnungen einer amerikanischen Tastatur sehen z. T. etwas anders aus. Die folgende Tabelle stellt die typischen Tastenbezeichnungen gegenüber:

Deutsche Tastatur	Amerikanische Tastatur
Enter	Return
Pos1	Home
Ende	End
Bild ↑	PgUp
Bild ↓	PgDn
Entf	Del
Einfg	Ins
Strg	Ctrl
Umschalt	Shift

Werden von Ihnen beim Durcharbeiten dieses Buches bestimmte Tastenanschläge nacheinander verlangt, so werden diese Tasten wie folgt dargestellt:

Bild ↑ , Bild ↑

Handelt es sich jedoch um Tastenkombinationen, dann werden die einzelnen Tasten durch ein "+"-Zeichen verbunden:

$\boxed{\texttt{Strg}}$ + $\boxed{\texttt{F10}}$

Sie betätigen in diesem Fall gleichzeitig die Taste $\boxed{\texttt{Strg}}$ und die Taste $\boxed{\texttt{F10}}$. Es ist auch möglich, daß bei einer gedrückten Taste hintereinander mehrere Tasten gedrückt werden müssen. Das sieht dann folgendermaßen aus:

$\boxed{\texttt{Alt}}$ + $\boxed{9}$, $\boxed{2}$

In diesem Fall halten Sie die $\boxed{\texttt{Alt}}$-Taste gedrückt, während Sie nacheinander die $\boxed{9}$ und die $\boxed{2}$ drücken.

Arbeiten mit der Maus

Sie haben auch die Möglichkeit, die Aktionen entweder mit der Tastatur oder mit der Maus auszuführen. Im folgenden werden Ihnen die grundlegenden Begriffe zur Handhabung der Maus erklärt.

Klicken

Unter Klicken mit der Maus versteht man, eine Taste der Maus zu drücken, nachdem der Mauszeiger an die gewünschte Position gebracht wurde. Auf der Maus befinden sich in der Regel zwei, in einigen Fällen auch drei Maustasten. Wenn vom Klicken die Rede ist, so ist meistens das Betätigen der linken Maustaste gemeint. Manchmal wird die rechte Maustaste benötigt. Dies wird dann an entsprechender Stelle extra erwähnt.

Doppelklicken

Mit Doppelklicken ist ein zweimaliges, kurz aufeinanderfolgendes Drücken der linken Maustaste gemeint. Um sich an den Doppelklick zu gewöhnen, können Sie vorab einige "Trockenübungen" vornehmen, indem Sie, ohne Ihren PC eingeschaltet zu haben, zweimal schnell hintereinander mit dem Zeigefinger auf die linke Maustaste drücken.

Ziehen

Beim Ziehen setzt man den Mauszeiger auf das gewünschte Objekt, hält die linke Maustaste gedrückt und zieht das Objekt mit gedrückter Maustaste durch Bewegen der Maus an eine neue Position. Befindet sich der Mauszeiger an der gewünschten Stelle, lassen Sie die gedrückte Maustaste wieder los. So lassen sich z. B. Programmsymbole oder ganze Dialogfelder verschieben. Diese Mausaktion wird auch als Drag & Drop (Ziehen und Ablegen) bezeichnet.

Der Zwischentest

Die einzelnen Lektionen werden durch einen Zwischentest in Form eines Kreuzworträtsels abgeschlossen. Eine Antwort ist als Lösungswort gekennzeichnet. Mit diesem Test können Sie spielerisch Ihr Wissen überprüfen. Sollten Sie mit der Beantwortung der Fragen Schwierigkeiten haben, empfehlen wir Ihnen, die jeweilige Lektion noch einmal durchzuarbeiten.

Die Zwischentests dienen jedoch nicht nur der reinen Selbstüberprüfung, ihr Lösen ist auch die Voraussetzung für die Teilnahme am Abschlußtest, der dem Buch auf Diskette beiliegt. Um den Abschlußtest zu starten, benötigen Sie nämlich ein Paßwort (siehe Kapitel "Der Abschlußtest"), das sich aus sechs einzelnen Buchstaben zusammensetzt, die Bestandteile einzelner Lösungswörter der Zwischentests sind. Ohne dieses Paßwort ist eine Bearbeitung des Abschlußtests nicht möglich.

Die Installation der Beispieldateien

Diesem Buch ist eine Diskette beigelegt, auf der sich neben dem Abschlußtest auch Beispieldateien befinden, die Sie während der Arbeit mit dem Software Training benötigen. Deshalb sollten Sie vor dem Arbeiten mit dem Buch die Beispieldateien auf Ihrem Rechner installieren. Das ist ganz einfach, denn die meiste Arbeit übernimmt für Sie das sogenannte DATA BECKER Setup-Programm. Mit Hilfe dieses Programms werden die Beispieldateien fast von alleine auf Ihren PC kopiert. Gehen Sie nun folgendermaßen vor:

Starten Sie das Programm Windows. In den meisten Fällen geschieht dies, indem Sie von der DOS-Befehlsebene den folgenden Befehl eingeben:

```
WIN  Enter
```

Nun sollten Sie, abhängig von Ihren Windows-Einstellungen und den bereits installierten Programmen, den Windows-Startbildschirm sehen. Oben links im Fenster Programm-Manager finden Sie das Menü *Datei*. Bewegen Sie den Mauszeiger auf dieses Menü und betätigen Sie die linke Maustaste. Nun klappen die einzelnen Menüpunkte des *Datei*-Menüs auf. Wählen Sie den Befehl *Ausführen...* durch Klicken aus.

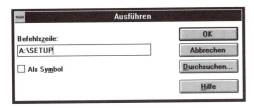

Abb. 4: Das Dialogfeld zum Ausführen eines Programms

Legen Sie nun die dem Buch beiliegende Diskette in Ihr Diskettenlaufwerk ein. Je nachdem, in welchem Laufwerk sich die Diskette nun befindet, geben Sie folgende Befehlszeile ein:

```
A:\SETUP
B:\SETUP
```

Betätigen Sie jetzt die ⌈Enter⌋-Taste oder klicken Sie mit der Maus die Schaltfläche *OK* an, um das Installationsprogramm zu starten.

Abb. 5: Wie soll die Diskette installiert werden?

Die ersten beiden Felder geben das Quell- und Zielverzeichnis an. Das Feld *Installation von:* enthält den Pfad des Installationsprogramms. Hier steht bereits das Laufwerk, in dem sich Ihre Diskette befindet.

Das Feld *Installation auf:* gibt an, in welches Zielverzeichnis Ihrer Festplatte die Dateien der Diskette kopiert werden sollen. Hier wird das Verzeichnis C:\STEXCEL auf Ihrer Festplatte vorgeschlagen.

Klicken Sie nun auf die Schaltfläche *Weiter*, um die Installation der Beispieldateien auszuführen. Wurde die Installation erfolgreich durchgeführt, erscheint zum Schluß eine entsprechende Meldung.

Abb. 6: Die Installation ist abgeschlossen

Klicken Sie nun auf *OK*, um zum Programm-Manager zurückzukehren. Die Programme (Dateien) der dem Buch beiliegenden Diskette befinden sich jetzt auf Ihrer Festplatte.

Installation abbrechen

Abb. 7: Soll die Installation wirklich abgebrochen werden?

Möchten Sie die beiliegende Diskette doch nicht oder erst später installieren, betätigen Sie im Startbildschirm des DATA BECKER Setups die Schaltfläche *Abbrechen*. Daraufhin erscheint eine Meldung, die Sie auf die Folgen dieses Schritts aufmerksam macht.

In diesem Dialogfeld haben Sie nun folgende zwei Schaltflächen zur Auswahl:

Abbrechen: Klicken Sie auf diese Schaltfläche, wenn Sie die Installation wirklich abbrechen möchten. Sie kehren dann automatisch zum Programm-Manager zurück, ohne daß die Dateien der Diskette installiert werden.

Fortsetzen: Klicken Sie auf diese Schaltfläche, wenn Sie die Installation fortsetzen möchten. In diesem Fall kehren Sie zum Installationsmenü zurück.

STEX-
Beispiel

Train
ExBei

SoftwareTraining

Teil B Grundlagen

Lektion 1
Erste Schritte

Diese erste Lektion soll Ihnen den Einstieg in Excel leichtmachen. Welche Elemente gehören beispielsweise zum Excel-Bildschirm? Und was kann man mit dem Programm Excel überhaupt machen? Ein paar Erklärungen und vor allem ein kurzes Beispiel beantworten diese Fragen.

Nach dieser Lektion wissen Sie...

- ◆ wie Sie Excel starten.
- ◆ wie eine Excel-Tabelle strukturiert ist.
- ◆ wie Sie eine erste Tabelle erstellen, speichern, schließen und öffnen.
- ◆ wie Sie eine neue Arbeitsmappe anlegen.
- ◆ wie Sie einen Bereich in der Tabelle markieren.
- ◆ wie Sie Excel ordnungsgemäß beenden.

Ohne Theorie und Erklärungen kommt kein Buch aus, das ein so komplexes Anwendungsprogramm wie Excel zum Thema hat. Doch soll in diesem Software Training die graue Theorie möglichst in den Hintergrund treten, und statt dessen sollen kleine, überschaubare Beispiele zum Nachvollziehen im Vordergrund stehen. Vor dem Start mit Excel hier jedoch noch eine kleine organisatorische Maßnahme mit großer Wirkung:

Ordnung von Anfang an: Ein Arbeitsverzeichnis anlegen

Bevor Sie nun mit Excel Ihre erste Tabelle anlegen, ist es sinnvoll, sich Gedanken über die Organisation der Dateien zu machen, die Sie mit Hilfe dieses Buches erstellen werden. Wenn Sie die dem Buch beiliegende Diskette entsprechend der Einleitung installiert haben, befinden sich alle Beispieldateien standardmäßig im Verzeichnis C:\STEXCEL. Im Verlauf der Übungen wird es häufig vorkommen, daß Sie die Beispieldateien laden und verändern oder eigene Dateien erstellen.

Damit Sie Ihre selbsterstellten Dateien stets wiederfinden und nicht Gefahr laufen, die ursprünglichen Beispieldateien in C:\STEXCEL zu überschreiben, ist es sinnvoll, ein Unterverzeichnis \BEISPIEL für C:\STEXCEL anzulegen. Hier werden Sie dann zukünftig alle selbsterstellten und veränderten Beispieldateien abspeichern. Die Dateien der Beispieldiskette bleiben dadurch auch auf der Festplatte in Ihrem Originalzustand im Verzeichnis C:\STEXCEL erhalten.

Ein neues Verzeichnis anlegen

Um ein neues Verzeichnis anzulegen, gehen Sie folgendermaßen vor:

1. Öffnen Sie den Datei-Manager von Windows. Sie finden ihn in der Programmgruppe *Hauptgruppe*.

2. Wählen Sie das Laufwerk aus, auf dem die Beispieldateien der beiliegenden Buchdiskette installiert sind (Anklicken des passenden Laufwerksymbols im oberen Teil des Dialogfeldes).

3. Suchen Sie das Verzeichnis C:\STEXCEL, in dem sich die Beispieldateien befinden. Durch einen Klick machen Sie es zum aktuellen Verzeichnis.

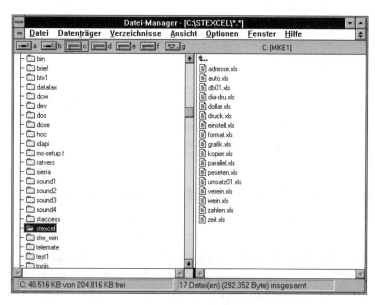

Abb. 8: Im Datei-Manager sollte das Verzeichnis C:\STEXCEL ausgewählt sein

4. Wählen Sie aus dem Menü *Datei* den Befehl *Verzeichnis erstellen* und geben Sie den Namen des neuen Verzeichnisses ein: "beispiel".

Abb. 9: Ein neues Unterverzeichnis BEISPIEL wird im Verzeichnis STEXCEL angelegt

5. Die Schaltfläche *OK* schließt diesen Vorgang ab, der Datei-Manager legt das gewünschte Verzeichnis an.

Abb. 10: Das neue Unterverzeichnis wird anschließend im Fenster des Datei-Managers angezeigt

6. Verlassen Sie nun den Datei-Manager, indem Sie den Befehl *Beenden* im Menü *Datei* wählen.

Es geht los: Excel starten

Ehe Sie Excel starten können, muß Microsoft Windows aufgerufen sein. Nach dem Start von Windows ist automatisch der Programm-Manager aktiviert.

Im Progamm-Manager stehen die verschiedenen Programmgruppen (u. a. Hauptgruppe, Zubehör). Sofern Excel mit den Standardvorgaben installiert wurde, finden Sie dieses Programm in der Programmgruppe *Microsoft Office*. Eine Anleitung zur Installation von Excel finden Sie im Anhang C dieses Buches.

1. Öffnen Sie die Programmgruppe, in der Excel steht (standardmäßig *Microsoft Office*), in dem Sie das Symbol zweimal schnell hintereinander anklicken.

   Diesen Doppelklick wenden Sie bei Windows immer dann auf Symbole an, wenn Sie eine Programmgruppe oder ein Programm öffnen möchten.

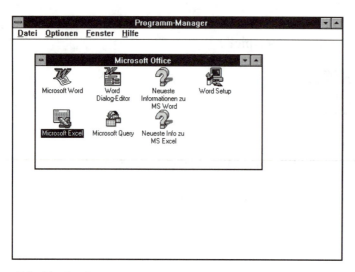

Abb. 11: Die Programmgruppe Microsoft Office mit dem Symbol Microsoft Excel

In der Programmgruppe *Microsoft Office* können mehrere Symbole enthalten sein, die Microsoft-Programme repräsentieren. Auch zu Excel selbst gibt es mehrere Symbole.

2.   Bewegen Sie den Mauszeiger auf das Programmsymbol *Microsoft Excel*.
3.   Klicken Sie wiederum zweimal direkt hintereinander mit der linken Maustaste.

Excel wird gestartet und stellt automatisch eine leere Tabelle bereit.

Bevor Sie jetzt mit Ihrer ersten Tabelle beginnen, schauen Sie sich den Excel-Bildschirm mit seinen spezifischen Elementen an.

Was ist zu sehen: der Bildschirmaufbau

Der Excel-Bildschirm umfaßt im wesentlichen drei Bereiche: am oberen Rand die Menü- und Symbolleisten, darunter den eigentlichen Tabellenbereich und am unteren Bildschirm- rand die Statusleiste.

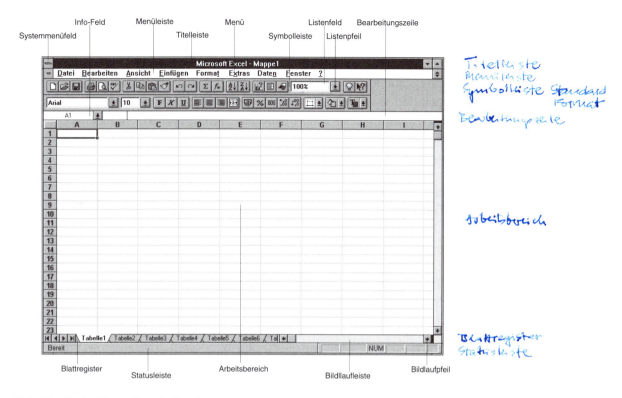

Abb. 12: Bildschirmaufbau in Excel

Ganz oben in der Titelleiste lesen Sie den Programmnamen *Microsoft Excel* und - sobald Sie eine Tabelle gespeichert haben - auch den Namen der Tabelle.

Menüleiste

Unter der Titelleiste befindet sich die Menüleiste mit den acht Hauptmenüs *Datei*, *Bearbeiten* etc. Hinter diesen Menüs verbergen sich alle Befehle und Optionen von Excel.

Die genaue Zahl der Optionen und Befehle, die Excel bietet, läßt sich nur schwer angeben. Sie geht mit Sicherheit in die Hunderte. Doch hat man im forschungsfreudigen Amerika herausgefunden, daß ein Anwender im Durchschnitt nur ca. 10 Prozent der tatsächlichen Programmöglichkeiten nutzt. Kaum ein Anwender probiert jeden Befehl aus, geschweige denn nutzt ihn für seine Arbeit.

Symbolleisten

Unterhalb der Menüleiste sind die Symbolleisten angeordnet.

Die Symbole der Symbolleisten enthalten die Befehle, die besonders oft verwendet werden. Dabei ist es nicht nur Spekulation, welche Befehle das wohl sein mögen. In den Software-Labors in den USA werden ständig Tests mit Anwendern durchgeführt, in denen Microsoft u. a. die Häufigkeit feststellt, mit der Befehle genutzt werden. Aus diesen Erfahrungen heraus wurden die Symbolleisten zusammengestellt.

Die Symbolleisten enthalten nichts Neues. Alle Befehle, die Sie hier finden, könnten Sie auch über das Menü aufrufen. Es ist aber praktischer und schneller, oft verwendete Befehle über die Symbolleisten aufzurufen. Statt das Menü und den Befehl zu suchen, genügt ein Mausklick auf das entsprechende Symbol.

Mehr zur Befehlsauswahl aus dem Menü und zu den Symbolleisten finden Sie in Lektion 2 "Excel verstehen: Die Programmelemente".

Bearbeitungszeile

Unterhalb der Symbolleisten befindet sich die Bearbeitungszeile. Hier werden Texte und Zahlen, die Sie in die Tabelle schreiben, angezeigt. Am Anfang der Zeile gibt es ein Info-Feld, in dem Positionen und Markierungen in der Tabelle angezeigt werden. Beim Start von Excel steht hier *A1*.

Tabelle/Arbeitsbereich

Hier ist nun der eigentliche Bereich einer Tabellenkalkulation: die Tabelle. Sie nimmt den größten Teil des Bildschirms ein. Hier geben Sie Texte und Zahlen ein, führen Berechnungen durch, knobeln Formeln aus und setzen die Ergebnisse in anschauliche Diagramme um.

Blattregister

Unten am Bildschirmrand befinden sich noch zwei weitere wichtige Zeilen. Die obere Zeile ist das sogenannte Blattregister. Wenn Ihre Berechnungen einmal so umfangreich werden, daß sie nicht mehr auf ein Blatt passen, sondern mehrere hintereinandergeschachtelte Blätter notwendig sind, wechseln Sie mit den Symbolen in dieser Zeile zwischen den verschiedenen Blättern.

Statusleiste

Die unterste Bildschirmzeile ist für Statusmeldungen reserviert. Wenn Sie z. B. ein Menü angeklickt haben, wird eine Kurzbeschreibung des jeweiligen Menüpunktes in dieser Leiste eingeblendet.

Was kann Excel?

Excel ist ein Kalkulationsprogramm, mit dem Sie nahezu jede Berechnung und Analyse durchführen können. Das beginnt mit dem Erstellen eines Haushaltsbuches und reicht über die Kalkulation von Zins, Zinseszins und Abschreibungen bis hin zu komplexen betriebswirtschaftlichen Auswertungen oder Bilanzen.

Doch keine Angst, Sie müssen kein Mathematiker sein, um mit Excel zu arbeiten. Zahlreiche Funktionen machen es leicht, eine Tabelle zu gestalten und Formeln zu entwickeln. Und nicht zuletzt: Anders als bei Rechenschieber und Tastenrechner können Sie jederzeit korrigieren, wenn sich mal ein Fehler eingeschlichen hat, und müssen nicht wieder von vorn beginnen. Wenn eine Tabelle mit allen Texten, Berechnungen und Bezügen einmal steht, lassen sich ganz leicht verschiedene Werte und Konditionen durchspielen.

Stellen Sie sich beispielsweise vor, Sie möchten ein neues Auto kaufen. Mit dem Hin- und Herrechnen zwischen Neuwagenpreisen, Rabatten, Anzahlungen, Restwerten des alten Fahrzeugs, Kreditbedingungen und Leasing-Raten sind schnell mehrere Abende vertan - und selbst dann wissen Sie vielleicht immer noch nicht, welches Angebot das beste ist.

Mit Excel können Sie eine Tabelle aufbauen, in die Sie alle wichtigen Daten eintragen. Schnell und übersichtlich werden die Preise der verschiedenen Autohäuser verglichen, und zum Schluß erhalten Sie einen ordentlichen Ausdruck, der sich vorzeigen läßt.

Dabei können Sie Ihre Werte auch noch grafisch umsetzen, in ein Linien- oder Balkendiagramm oder auch in eine sogenannte Kuchengrafik.

Außerdem beinhaltet Excel eine leistungsfähige Datenbank, mit der Sie z. B. eine Adreßverwaltung oder auch eine kleine Lagerverwaltung realisieren können.

Doch wie werden all diese teils sehr unterschiedlichen Anwendungen umgesetzt? Ganz einfach: in Form einer Tabelle.

Spalten, Zeilen, Zellen: Die Excel-Tabelle

Alle Daten, die Sie in Excel eingeben, alle Berechnungen, die Sie durchführen lassen, erfolgen in einer Tabelle. Wenn Sie das Programm starten, wird automatisch eine neue Tabelle geöffnet. Sie ist gitternetzartig aufgebaut und besteht aus senkrechten Spalten und waagerechten Zeilen. Der Schnittpunkt einer Spalte und einer Zeile wird Zelle oder auch Feld genannt.

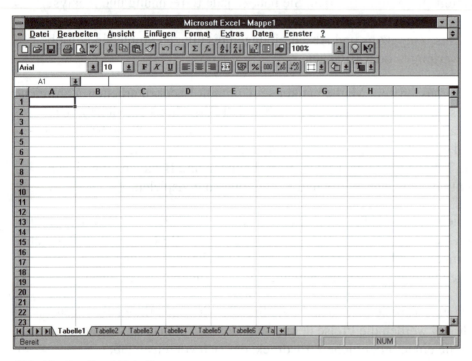

Abb. 13: Die Excel-Tabelle

Die Spalten werden mit Buchstaben gekennzeichnet: A, B, C usw. Diese Kennzeichnung steht über der Spalte im sogenannten Spaltenkopf. Wenn das Alphabet erschöpft ist, werden die Spalten mit Doppelbuchstaben, AA, AB, AC usw., benannt. Die letzte Spalte hat die Bezeichnung IV - damit stehen Ihnen ca. 250 Spalten zur Verfügung.

Auch die Zeilen werden eindeutig gekennzeichnet, und zwar mit Nummern von 1 bis 16.384.

Schauen Sie sich das folgende Arbeitsblatt einmal genauer an und versuchen Sie zuerst, seine Struktur nachzuvollziehen. Aus den Buchstaben als Benennung der Spalten und den Zahlen als Numerierung der Zeilen setzt sich eine eindeutige Bezeichnung für jede einzelne Zelle zusammen, bestehend aus dem Buchstaben der Spalte und anschließend der Zeilennummer. So ergeben sich die eindeutigen Koordinaten für jede einzelne Zelle. Sie lauten in der ersten Spalte z. B. A1, A2, A3 usw. und in der ersten Zeile A1, B1, C1, D1 usw.

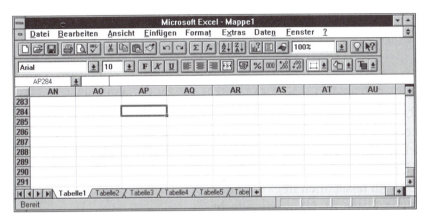

Abb. 14: Die Zelle mit den Koordinaten AP284 ist angeklickt

Wenn gleich zu Beginn des Trainings so nachdrücklich auf die Koordinaten hingewiesen wird, dann nicht, um Sie mit solchen scheinbaren Details zu langweilen. Die Koordinaten, genauer, ihre Einbeziehung in alle Formeln, ist das A und O einer vernünftigen Arbeit mit Excel. Machen Sie sich deshalb schon im ersten Schritt mit den Koordinaten vertraut, damit Sie sie später wie selbstverständlich in Ihren Formeln verwenden. Mehr über die Vorteile, mit Koordinaten anstatt mit konkreten Zahlen zu rechnen, erfahren Sie in Lektion 4 "Formeln und Funktionen".

Mehr als nur eine Tabelle: die Arbeitsmappe

Die Tabelle ist der Bereich, in dem Sie die Daten eintragen und in dem Sie Berechnungen durchführen. Doch die Tabelle steht nicht allein da. Sie ist Teil eines größeren Ganzen, der Arbeitsmappe.

Zu einer Excel-Arbeitsmappe gehören mehrere Tabellen, standardmäßig sind es 16. Jede Tabelle steht auf einem eigenen Blatt, die wie auf einem Stapel hintereinanderliegen. Große

Kalkulationen und Analysen können Sie auf mehrere Tabellen verteilen, die dennoch eng zusammengehören und zusammen gespeichert werden.

Für die ersten Kalkulationen ist sicher noch keine Arbeitsmappe mit mehreren Blättern erforderlich. Eine Tabelle allein reicht gewiß aus. Dennoch möchten wir Sie bereits hier kurz auf die Einbindung der Tabelle in Arbeitsmappen aufmerksam machen.

Abb. 15: Das Blattregister mit den Tabellen der aktuellen Arbeitsmappe

Die verschiedenen Tabellen der Arbeitsmappe sind am unteren Bildschirmrand im Blattregister aufgeführt. Tabelle1, Tabelle2, Tabelle3 usw. ist hier zu lesen. Durch Anklicken dieser Register wechseln Sie zwischen verschiedenen Tabellen. Dieser Wechsel kann auch bisweilen unabsichtlich und unbemerkt geschehen. Wenn Sie die Tabelle bearbeiten und, vor allem, wenn Sie einen Bereich markieren, kann es passieren, daß unbemerkt eine andere Registerkarte angeklickt wird. Schon sind scheinbar alle Eingaben in der Tabelle veschwunden, aber eben nur scheinbar. Denn tatsächlich liegt nur ein anderes Tabellenblatt im Vordergrund, und das Blatt mit Ihren Daten ist dahintergerutscht.

Wenn plötzlich Ihre Tabelle verschwunden ist und ein leeres Blatt angezeigt wird, achten Sie auf das Blattregister. Hier sollte während der ersten Lektionen stets *Tabelle1* ausgewählt sein. Sie erkennen das daran, daß dieses Register weiß ist, während die anderen dunkelgrau angezeigt werden. Falls sich ein anderes Registerblatt mal in den Vordergrund geschoben hat, klicken Sie mit der Maus auf das Register *Tabelle1*.

Nun endlich soll es konkret werden: Die ersten Eingaben in die Tabelle stehen an. Ihre Eingaben erfolgen immer in die Zelle, die markiert ist. Bevor Sie also Daten in die Tabelle schreiben, müssen Sie die entsprechende Zelle auswählen.

Die richtige Position: Zellen auswählen

Und schon wieder sind wir bei den Koordinaten, denn die Koordinate der aktuellen Zelle, in der die nächste Eingabe erfolgen würde, wird in Excel stets angezeigt. Am Anfang der Eingabe- bzw. Bearbeitungszeile ist das Info-Feld für diese Anzeige vorgesehen. Nach dem Programmstart steht hier A1.

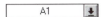

Abb. 16: Das Info-Feld mit dem Eintrag A1

Achten Sie gleich, wenn Sie verschiedene Zellen in der Tabelle anwählen, auf diese Anzeige.

Um eine andere Zelle auszuwählen, die auf dem Bildschirm sichtbar ist, müssen Sie sie nur mit der Maus anklicken:

1. Bewegen Sie den Mauszeiger auf die Zelle B3.
2. Klicken Sie die linke Maustaste. Die Zelle wird durch einen dickeren schwarzen Rand hervorgehoben. Im Info-Feld sehen Sie den entsprechenden Eintrag.

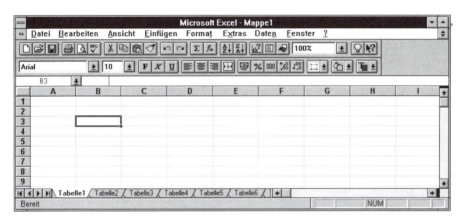

Abb. 17: Die markierte Zelle B3

Wenn Sie eine Zelle erreichen möchten, die nicht auf dem Bildschirm zu sehen ist, müssen Sie in der Tabelle blättern. Dies geschieht am einfachsten über die senkrechte und waagerechte Bildlaufleiste am rechten bzw. unteren Rand der Tabelle.

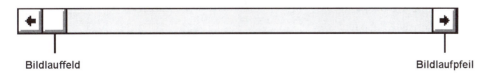

Abb. 18: Bildlaufleiste mit Bildlaufpfeilen und Bildlauffeld

"blättern" über Bildlaufleisten.

An beiden Enden der Bildlaufleisten finden Sie die Bildlaufpfeile. Durch Anklicken dieser Pfeile in der senkrechten Leiste blättert die Tabelle eine Zeile nach oben bzw. unten, die Pfeile in der waagerechten Bildlaufleiste blättern entsprechend eine Spalte nach rechts bzw. links. Wenn Sie einen der Bildlaufpfeile anklicken und die Maustaste gedrückt halten, blättern Sie fortlaufend und schnell in die jeweilige Richtung.

Ein kleines Quadrat, das sogenannte Bildlauffeld, zeigt die momentane Position im Verhältnis zur gesamten Tabelle an. Klicken Sie die Leiste oberhalb des Bildlauffeldes an, blättert die Tabelle eine Bildschirmseite nach oben. Klicken Sie darunter, so blättert sie eine Bildschirmseite nach unten.

Sie können den aktuellen Bildschirmausschnitt auch ändern, indem Sie das Bildlauffeld anklicken und es bei gedrückter linker Maustaste in die gewünschte Richtung ziehen.

 Vor allem wenn Sie Daten in die Tabelle eintragen, wählen Sie das nächste Feld meist schneller mit den Pfeiltasten auf der Tastatur aus als mit der Maus. In der Regel geht es nur darum, ein Feld in der nächsten Zeile oder Spalte auszuwählen. Und dazu genügt oft ein Tastendruck.

Die folgende Übersichte informiert Sie, mit welchen Tasten bzw. Tastenkombinationen Sie ein gewünschtes Feld in der Tabelle erreichen.

Taste	Wirkung
←	eine Zelle nach links
→	eine Zelle nach rechts
↑	eine Zelle nach oben
↓	eine Zelle nach unten
Strg + Pos1	Anfang der Tabelle (Feld A1)
Bild ↑	eine Bildschirmseite nach oben
Bild ↓	eine Bildschirmseite nach unten
Alt + Bild ↑	eine Bildschirmseite nach links
Alt + Bild ↓	eine Bildschirmseite nach rechts

Die genannten Tastenkombinationen sind nur eine kleine Auswahl. Eine Liste mit den nützlichsten Tastenkombinationen finden Sie im Anhang D dieses Buches.

Von den genannten Tastenkombinationen sei nochmals `Strg`+`Pos1` hervorgehoben, weil damit von jeder beliebigen Position in der Tabelle aus immer wieder das Anfangsfeld A1 ausgewählt wird.

Die erste Tabelle: Text und Zahlen eingeben

Eine kleine Tabelle soll Ihnen die Funktionsweise von Excel zeigen. Es handelt sich um einen Vergleich von Soll-Angaben zu Ist-Werten. Die Zeit, die wir für eine Lektion angesetzt haben, soll mit der Zeit verglichen werden, die Sie sich tatsächlich damit beschäftigt haben.

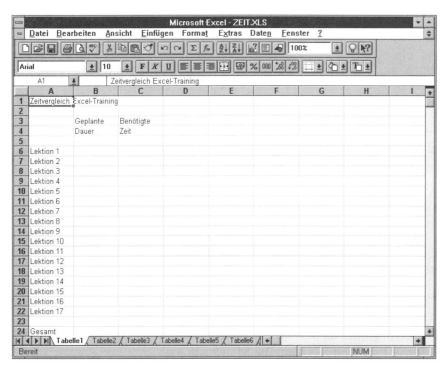

Abb. 19: Die erste Excel-Tabelle

1. Wählen Sie die Zelle A1 mit einem Klick aus und geben Sie hier den Text "Zeitvergleich Excel-Training" ein.

   Wie Sie sehen, muß ein Text nicht unbedingt in eine Zelle passen. Der Text "Zeitvergleich Excel-Training" ist viel zu lang, als daß er in eine Zelle geschrieben werden könnte. Kein Problem: Der Text wird in der rechten Nachbarzelle fortgesetzt.

2. Die nächste Eingabe erfolgt in der Zelle B3. Sie erreichen sie am schnellsten, wenn Sie nach der vorherigen Eingabe zweimal die ⌨Enter⌨-Taste drücken - der Cursor steht dann in Zeile 3. Nun betätigen Sie noch einmal die Pfeil-Taste ⌨→⌨, und die gewünschte Zelle ist ausgewählt. Sie können die Zelle natürlich auch mit der Maus anklicken.

3. Geben Sie in Zelle B3 den Text "Geplante" und direkt darunter - in Zelle B4 - den Text "Dauer" ein. Zelle B4 wählen Sie wieder am einfachsten aus, indem Sie ⌨Enter⌨ drücken.

   Bei diesen Eingaben fällt auf, das ein Text automatisch am linken Rand der Zelle beginnt. Texte stehen also standardmäßig linksbündig untereinander.

4. Wählen Sie nun die Zelle C3 an und tragen Sie den Text "Benötigte" und direkt darunter in Zelle C4 "Zeit" ein.

5. In der Zelle A6 beginnt die Auflistung der Lektionen. Tragen Sie in Zelle A6 "Lektion 1" ein.

Damit Sie nicht alle übrigen 16 Lektionen mühsam eintippen müssen, wird nun eine praktische Funktion von Excel eingesetzt: Im Rahmen der markierten Zelle A6 sehen Sie rechts unten ein kleines Quadrat. Hierbei handelt es sich um das sogenannte *Erweiterungsfeld*.

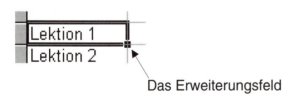

Das Erweiterungsfeld

Abb. 20: Das Erweiterungsfeld

6. Klicken Sie das Erweiterungsfeld an und ziehen Sie den Cursor bei gedrückter linker Maustaste in das Feld A22. Lassen Sie dann die Maustaste los.

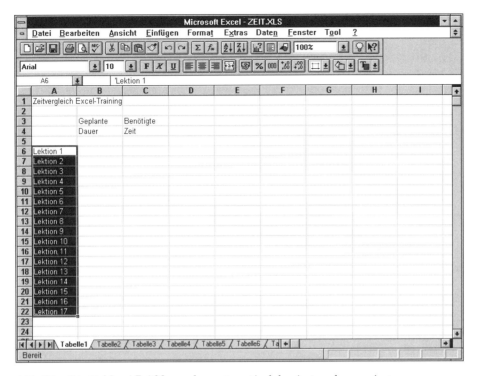

Abb. 21: Die Felder A7-A22 wurden automatisch kopiert und numeriert

Wie Sie sehen, führt Excel ein automatisches Numerieren und Kopieren der Zellinhalte durch. Ein Großteil lästiger Tipparbeit entfällt.

7.   Wählen Sie nun die Zelle A24 aus und schreiben Sie "Gesamt" in diese Zelle.

8.   Um jetzt die notwendigen Zahlen für den Inhalt dieser Tabelle einzugeben, wählen Sie Zelle B6 und tragen hier den Wert "40" ein.

Ca. 40 Minuten werden Sie unserer Ansicht nach benötigen, um die erste Lektion zu bearbeiten.

 Ist Ihnen etwas aufgefallen? Während Texte standardmäßig linksbündig untereinanderstehen, werden Zahlen automatisch an den rechten Zellenrand gesetzt, wenn Sie die Eingabe mit ⌜Enter⌝ bestätigen.

9. Ergänzen Sie auch die restlichen Zahlen bis Lektion 17 gemäß den folgenden Angaben:

Lektion 1	40
Lektion 2	40
Lektion 3	45
Lektion 4	50
Lektion 5	30
Lektion 6	35
Lektion 7	30
Lektion 8	40
Lektion 9	50
Lektion 10	30
Lektion 11	30
Lektion 12	25
Lektion 13	40
Lektion 14	60
Lektion 15	50
Lektion 16	60
Lektion 17	30

Ergänzen Sie später in den Zellen C6-C22 die tatsächlich aufgewendete Zeit.

Auf die Auswahl kommt es an: Zellen markieren

Eine Voraussetzung für fast alle Arbeitsschritte in Excel ist, eine Zelle oder einen Bereich auszuwählen bzw. zu markieren. Wenn Sie z. B. eine Zahlenkolonne mit 20 Werten fett setzen möchten, dann werden Sie das wohl kaum für jedes Feld einzeln tun wollen. Vielmehr möchten Sie den gesamten Bereich auf einmal bearbeiten. Damit dies möglich ist und Excel weiß, für welche Felder Sie den Befehl *Fettdruck* anwenden möchten, müssen Sie diesen Bereich zunächst markieren.

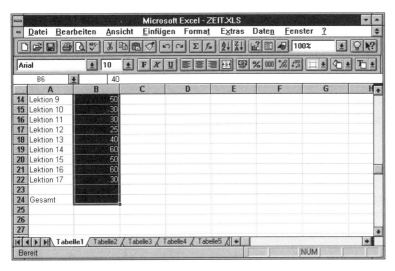

Abb. 22: Markierter Bereich

Eine Markierung ist auch meistens dann erforderlich, wenn Sie rechnen möchten. Etwa wie in der ersten Beispieltabelle, wenn eine Zahlenkolonne addiert werden soll. Damit eindeutig feststeht, welche Zahlen aufsummiert werden, sollten Sie diesen Bereich zuvor markieren.

Markieren mit der Maus

Markieren können Sie mit der Maus oder auch über die Tastatur. Probieren Sie folgendes aus:

1. Klicken Sie die Zelle B6 an, mit der die Markierung beginnen soll, und halten Sie die linke Maustaste gedrückt.

2. Ziehen Sie die Maus über alle Zellen, die Sie markieren möchten, aber bitte nicht unnötig schnell: Bewegen Sie die Maus langsam durch die Tabelle bis zur Zelle C22. Im vorigen Abschnitt haben Sie diese Technik ja bereits beim Erweiterungsfeld angewandt.

    Solange Sie die Maustaste gedrückt halten, können Sie die Markierung nach Belieben verändern. Wenn Sie die Maus hin- und herziehen, verändert sich der markierte Bereich entsprechend.

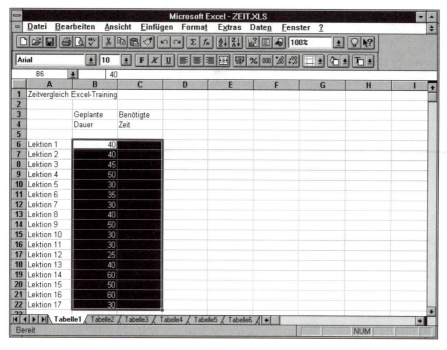

Abb. 23: Dieser Bereich soll markiert sein

3. Wenn der gewünschte Bereich markiert ist, lassen Sie die Maustaste los.

 Lassen Sie die Maustaste nicht aus Versehen oder zu früh los. Für Excel ist das Loslassen der Maustaste das Zeichen, daß die Markierung beendet ist.

Falls dann der falsche Bereich markiert ist, können Sie die Markierung löschen. Dazu brauchen Sie nur ein beliebiges Tabellenfeld anzuklicken. Beginnen Sie dann Ihre Markierung nochmal von vorne.

Markieren über die Tastatur

Oft ist es einfacher, einen gewünschten Bereich über die Tastatur zu markieren. Der Umgang mit der Maus erfordert ohne Frage einige Übung. Einen Bereich mit der Maus zu markieren, ist vor allem dann schwierig, wenn der Bildschirm dabei nach unten oder zur Seite weiterrollt, d. h., wenn der zu markierende Bereich nicht komplett auf einer Bildschirmseite steht.

Probieren Sie das selbst aus: Wenn Sie eine Markierung nach unten über die letzte Bild-schirmzeile hinwegziehen, kann es passieren, daß die Maus zuerst scheinbar verzögert, aber nur, um dann um so mehr zu beschleunigen. Und ehe man sich versieht, sind 50 Zeilen markiert.

Um einen Bereich mit Hilfe der Tastatur zu markieren, gehen Sie folgendermaßen vor:

1. Klicken Sie die Zelle an, mit der die Markierung beginnen soll.
2. Drücken Sie die `Umschalt`-Taste und halten Sie sie gedrückt. Wenn Sie bei gedrückter `Umschalt`-Taste ein anderes Feld anklicken, setzt Excel das in eine entsprechende Markierung um.
3. Bewegen Sie den Cursor mit Hilfe der vier Pfeiltasten durch die Tabelle. Dabei werden die Felder, in die sich der Cursor bewegt, markiert.

= Shift

Zum Markieren können Sie übrigens alle Tasten und Tastenkombinationen nutzen, die den Cursor bewegen.

Was tun, wenn der falsche Bereich markiert ist? Wie gehabt, klicken Sie eine beliebige Zelle in der Tabelle an, und die Markierung verschwindet sofort.

1 + 2 = 3: Zahlen addieren

Doch zurück zu unserem Beispiel: Wieviel Zeit müssen Sie denn nun kalkulieren, um das Software Training Excel durchzuarbeiten? Lassen Sie Excel diese Summe berechnen. Dazu markieren Sie die Felder, die Excel summieren soll.

1. Klicken Sie die Zelle B6 an und halten Sie die linke Maustaste gedrückt.
2. Ziehen Sie die Maus in der Spalte langsam nach unten. Dehnen Sie die Markierung bis in das Feld B24 aus, wo die Summe stehen soll.

Das Ergebnisfeld, in dem die Summe stehen soll, muß ebenfalls markiert sein. Excel schreibt die Summe nämlich immer ins letzte markierte Feld. Der markierte Bereich muß also die Felder umfassen, die addiert werden sollen, und mit dem Feld aufhören, in dem das Ergebnis stehen soll.

3. Klicken Sie in der Symbolleiste *Standard* das Symbol *Summe* an.

Excel erstellt automatisch eine Formel, in der alle markierten Zellen addiert werden. Das Ergebnis der Berechnung, also die Summe, wird in das letzte Feld geschrieben. Demnach werden Sie 685 Minuten brauchen, um das Software Training Excel durchzuarbeiten.

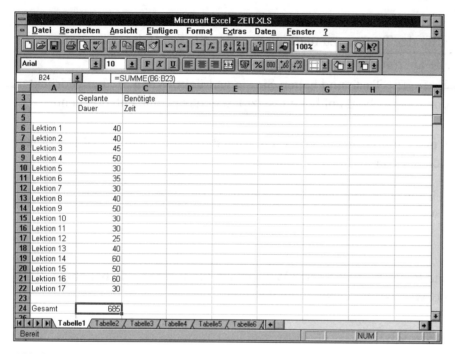

Abb. 24: Die berechnete Summe

Sobald Sie die Werte in der Spalte für die tatsächlich benötigte Zeit erfaßt haben, können Sie auch hier analog zur Spalte B die Summe bilden.

Eine Tabelle speichern

Das Ende der ersten Lektion ist fast erreicht, speichern Sie nun die Tabelle. Dazu genügt ein Mausklick auf das richtige Symbol.

1. Klicken Sie in der Symbolleiste *Standard* das nebenstehende Symbol *Speichern* an. Wenn Sie eine Tabelle zum erstenmal speichern, fragt Excel Sie im Dialogfeld *Speichern unter* nach einem Namen für die Tabelle.

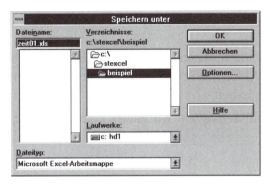

Abb. 25: Dialogfeld Speichern unter

Die Eingabezeile *Dateiname* ist bereits schwarz markiert, d. h., Sie können den gewünschten Namen direkt eintragen.

2. Geben Sie als Dateinamen ZEIT01.XLS ein und wählen Sie das Verzeichnis C:\STEXCEL\BEISPIEL.

 Beachten Sie, daß der Dateiname nicht länger als acht Zeichen sein darf. Erlaubt sind alle Buchstaben und Ziffern sowie der Bindestrich und der Unterstrich. Bitte verwenden Sie keinesfalls Leerzeichen oder einen Punkt.

3. Wenn Sie einen Namen eingetragen haben, drücken Sie [Enter] oder klicken die Schaltfläche *OK* an. Dann wird die Tabelle gespeichert.

Wenn Sie die Tabelle ein zweites Mal speichern möchten, geht es viel schneller. Sie brauchen nur das Symbol *Speichern* nochmals anzuklicken. Es erscheint kein Dialogfeld, der Befehl wird sofort ausgeführt. Nur die Sanduhr deutet an, daß der Rechner einige Sekunden zum Speichern der Datei benötigt.

 Zum Speichern gibt es auch Menübefehle. Wenn Sie eine Tabelle zum erstenmal speichern möchten, klicken Sie im Menü *Datei* den Befehl *Speichern unter* an. Das oben abgebildete Dialogfeld erscheint, und Sie können einen Namen für die Tabelle eintragen. Wenn Sie die Tabelle erneut speichern möchten, wählen Sie aus dem Menü *Datei* den Befehl *Speichern*. Dieser Befehl wird sofort ausgeführt.

Eine Tabelle schließen

Excel kann nicht nur eine Tabelle bearbeiten, sondern, wenn es sein muß, gleichzeitig bis zu neun. Das sollte aber normalerweise nicht sein. Machen Sie es sich zur Regel, eine Tabelle zu schließen, wenn Sie die Arbeit damit beendet haben.

1. Wählen Sie aus dem Menü *Datei* den Befehl *Schließen*. Alternativ können Sie die Tabelle auch über die Tastenkombination $\boxed{\text{Strg}}$+$\boxed{\text{F4}}$ schließen.

Eine Tabelle öffnen

Eine gespeicherte Tabelle können Sie per Mausklick wieder öffnen. Auch hier können Sie ein Symbol oder einen Menübefehl nutzen.

1. Klicken Sie in der Symbolleiste *Standard* das Symbol *Öffnen* an oder wählen Sie im Menü *Datei* den Befehl *Öffnen*.

Excel blendet ein Dialogfeld ein, in dem Sie die gewünschte Tabelle anklicken.

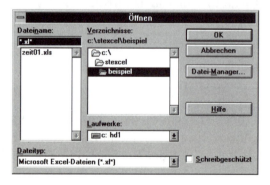

Abb. 26: Dialogfeld öffnen

2. Wählen Sie das gewünschte Verzeichnis aus und klicken Sie im Bereich *Dateiname* die Tabelle an, die Sie öffnen möchten.

3. Drücken Sie $\boxed{\text{Enter}}$ oder klicken Sie die Schaltfläche *OK* an, damit die Tabelle geöffnet wird.

Noch schneller ist es, wenn Sie auf den Namen der gewünschten Tabelle doppelklicken. Die so angewählte Tabelle wird sofort geöffnet.

 Excel bietet im unteren Bereich des Menüs *Datei* die vier zuletzt bearbeiteten Tabellen an. Diese können Sie direkt anklicken, um sie zu öffnen.

Nun ist Schluß: Excel beenden

Wenn Sie die Arbeit mit Excel beenden möchten, schalten Sie den Rechner keinesfalls einfach aus, sondern beenden das Programm zuvor ordnungsgemäß.

1. Wählen Sie im Menü *Datei* den Befehl *Beenden*.

Wenn die letzten Änderungen in Ihrer Tabelle noch nicht gespeichert wurden, blendet Excel zuvor ein entsprechendes Dialogfeld ein, in dem Sie bestimmen können, ob Sie die Tabelle speichern möchten.

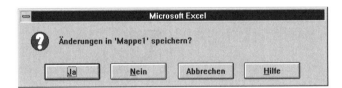

Abb. 27: Sicherheitsabfrage vor dem Beenden von Excel

Ja   Wenn Sie *Ja* anklicken, wird die aktuelle Tabelle gespeichert und dann Excel beendet.

Nein   Klicken Sie *Nein* an, wird Excel beendet, ohne zuvor die Tabelle zu speichern.

Abbrechen   Klicken Sie diese Schaltfläche an, unterbrechen Sie den Befehl *Beenden*. Das heißt nichts anderes, als daß Excel nicht beendet wird und Sie in der aktuellen Tabelle weiterarbeiten können.

Nachdem Sie Excel beendet haben, erreichen Sie wieder den Programm-Manager von Windows.

Zusammenfassung

Sie wollen...	Sie wählen...	Symbol/Tastenkürzel
Excel starten.	die entsprechende Programmgruppe im Programm-Manager aus und doppelklicken auf das Symbol von Excel.	
eine Summe berechnen.	den gewünschten Bereich und klicken das Symbol *Summe* an.	
eine Tabelle zum erstenmal speichern.	Menü *Datei*, Befehl *Speichern unter*.	
eine Tabelle erneut speichern.	Menü *Datei*, Befehl *Speichern*.	
eine Tabelle schließen.	Menü *Datei*, Befehl *Schließen*.	Strg + F4
eine Tabelle öffnen.	Menü *Datei*, Befehl *Öffnen*.	
eine neue Arbeitsmappe anlegen.	Menü *Datei*, Befehl *Neu*.	
Excel verlassen.	Menü *Datei*, Befehl *Beenden*.	Alt + F4

Zwischentest

1. Waagerecht Schnittpunkt einer Spalte und Zeile.

1. Senkrecht In diesem Menü finden Sie den Befehl zum Beenden von Excel.

2. Senkrecht Sie befindet sich unter der Titelleiste und beinhaltet die Einträge *Datei*, *Bearbeiten* usw.

3. Senkrecht So nennt man das kleine Quadrat rechts unten im Rahmen einer markierten Zelle.

4. Senkrecht Zu einer Excel-.......... gehören mehrere Tabellen, standardmäßig sind es 16.

5. Senkrecht Name des Programmsymbols von Excel.

6. Senkrecht Name der Symbolleiste, in der sich z. B. die Symbole Summe, Öffnen oder Speichern befinden.

2. Waagerecht Über diese Zeile am unteren Bildschirmrand wechseln Sie zwischen den verschiedenen Blättern.

Lektion 2
Excel verstehen: Die Programmelemente

Ganz ohne Theorie und theoretische Grundlagen geht es leider nicht. Und deshalb soll dieses Kapitel Sie ganz allgemein über Menüs und Menüsteuerung, Kurzmenüs und Symbolleisten, Dialogfelder und Schaltflächen informieren.

Nach dieser Lektion wissen Sie...

♦ wie Sie ein Menü aufrufen.

♦ wie Sie ein Dialogfeld bearbeiten.

♦ was Kurz- oder Kontext-Menüs sind.

♦ wie die Symbolleisten strukturiert sind.

♦ wie Sie die Hilfe aufrufen.

♦ was der Tip-Assistent ist.

Alle Befehle und Optionen von Excel verbergen sich hinter den Hauptmenü-Punkten. Die Frage stellt sich nur leider oft genug, wo ein bestimmter Befehl zu finden ist. Deshalb bietet Excel zusätzlich zum Menü weitere Methoden, einen Befehl aufzurufen:

- über die Symbolleisten
- über die Kurz- oder Kontext-Menüs
- über Tastenkombinationen

Vorbei ist die Zeit, wo man von einem Programm sagen konnte: "Wenn Du das Ergebnis erreichen möchtest, mußt Du diese Methode wählen". Heute stehen immer mehrere Wege zur Wahl. Das macht es auf der einen Seite am Anfang schwerer, denn die Fülle der Informationen ist verwirrend. Auf der anderen Seite hat es deutliche Vorteile, wenn man ein Programm ein wenig kennt. Jeder Anwender kann nämlich genau die Methode wählen, die ihm am leichtesten fällt.

Das ist auch der Tip für die Arbeit mit Excel: Informieren Sie sich, welche Methoden es gibt, und wählen Sie aus den Möglichkeiten die aus, welche Sie am besten finden.

Alles in allem: Die Excel-Hauptmenüs

Die Hauptmenüpunkte von Excel sind, wie bei allen Windows-Programmen, am oberen Bildschirmrand in der Menüzeile aufgelistet. Wenn Sie einen Menüpunkt anklicken, rollt - und auch das ist typisch für Windows - ein sogenanntes Pulldown-Menü herunter, in dem weitere Befehle und Optionen aufgelistet sind.

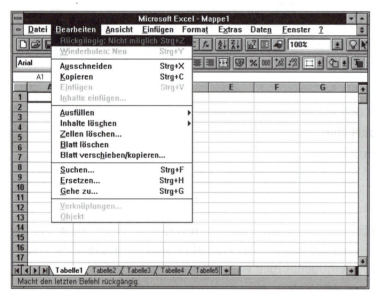

Abb. 28: Das Excel-Hauptmenü mit heruntergeklapptem Pulldown-Menü

Befehlsauswahl aus dem Menü

Hinter einigen Befehlen steht ein kleiner, dicker Pfeil nach rechts. Dies ist ein Hinweis dafür, daß das Anklicken dieses Punktes ein zusätzliches Untermenü öffnet, wie z. B. beim Menüpunkt *Inhalte löschen* im Menü *Bearbeiten*.

Hinter anderen Menünamen stehen drei Punkte. Dies weist darauf hin, daß sich nach Auswahl eines solchen Befehls ein Dialogfeld öffnet, wie z. B. im Menü *Bearbeiten* beim Befehl *Inhalte einfügen*.

Wieder andere Einträge stehen einfach für sich, ohne Ergänzung. Diese Befehle, z. B. *Kopieren* und *Ausschneiden*, werden nach dem Anklicken sofort und ohne weitere Angaben ausgeführt.

Hier ein kurzer Überblick über die Hauptmenüs:

Datei

Das Menü *Datei* enthält als wichtigste Bestandteile die Befehle *Speichern*, *Öffnen* und *Drucken*.

Bearbeiten

Die unter dem Hauptmenü *Bearbeiten* zusammengefaßten Befehle dienen - wie der Name schon sagt - zur Bearbeitung der Tabelle. Hier finden Sie Befehle, die Feldinhalte kopieren und löschen und auch den Befehl *Rückgängig*, der den zuletzt ausgeführten Befehl widerruft.

Ansicht

Über dieses Menü wählen Sie die Bildschirmdarstellung, z. B. über *Zoom* den Vergrößerungsfaktor der Tabelle.

Einfügen

Mit Hilfe des Menüs *Einfügen* ergänzen Sie Zeilen und Spalten in Ihrer Tabelle oder fügen in die Arbeitsmappe neue Blätter ein.

Format

Im Menü *Format* sind alle Befehle zur Gestaltung der Tabelle zusammengefaßt. Schriftarten, Rahmen und Linien sowie die Darstellung der Zahlen wählen Sie z. B. über den Menüpunkt *Zellen*.

Extras

In diesem Menü sind Sonderfunktionen, wie die Rechtschreibprüfung, und Zusatzmodule, wie der Solver, enthalten. Der Solver ermöglicht beispielsweise aufwendige Analysen komplexer Tabellen.

Daten

Zu Excel gehört eine Datenbank, deren Befehle im Menü *Daten* zusammengefaßt sind. Auch der Befehl *Sortieren* steht in diesem Menü.

Fenster

Mit Excel können Sie gleichzeitig mehrere Arbeitsblätter bearbeiten. Zwischen den verschiedenen Tabellen wechseln Sie über das Menü *Fenster*.

Hinter dem Fragezeichen verbirgt sich das Hilfe-Programm von Excel.

Ein Menü aufrufen

Der Aufruf von Menüs geschieht - wie fast alles bei Windows - am einfachsten mit der Maus.

1. Bewegen Sie den Mauszeiger auf den gewünschten Menünamen, z. B. *Datei*, und drücken Sie die linke Maustaste.
2. Im Pulldown-Menü geht's genauso: Bewegen Sie den Mauszeiger auf den gewünschten Eintrag und klicken Sie wieder die linke Maustaste.
3. Wenn Sie ein Menü aufgerufen haben, mit dem Sie doch nicht arbeiten möchten, klicken Sie an einer beliebigen Position in der Tabelle.

    Doch wohlgemerkt: das geht nur, wenn das Menü noch aufgerollt ist. Sobald ein Dialogfeld angezeigt ist, hilft Ihnen der Klick in der Tabelle nicht weiter.

Im Gespräch mit Excel: Die Dialogfelder

In einem Menü wählen Sie ganz global den Befehl, den Sie benötigen. Doch in der Regel reicht diese Auswahl allein nicht aus. Excel braucht oft weitere Angaben, um den gewählten Befehl ausführen zu können. Diese Angaben werden in den Dialogfeldern abgefragt.

Alle Befehle sind so ausgelegt, daß Sie möglichst wenig eingeben müssen und möglichst viel anklicken können.

Sehen Sie am besten selbst. Am Beispiel des Befehls *Zellen formatieren* wird Ihnen der Umgang mit Dialogfeldern erläutet.

1. Klicken Sie im Menü *Format* den Befehl *Zellen* an. Es erscheint das folgende Dialogfeld:

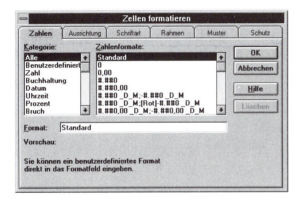

Abb. 29: Das Dialogfeld Zellen formatieren

Sie können einen aufgerufenen Befehl entweder mit den vorgenommenen Einstellungen ausführen lassen oder aber unterbrechen, ohne daß sich in der Tabelle irgend etwas verändert. Für beide Alternativen gibt es in jedem Dialogfeld von Excel eine Schaltfläche:

Um einen Befehl auszuführen, klicken Sie entweder auf die Schaltfläche *OK* oder drücken die Enter -Taste.

Um einen Befehl abzubrechen, klicken Sie auf die Schaltfläche *Abbrechen* oder drücken die Taste Esc .

Registerkarten

Registerkarten sind eine neue Idee von Microsoft. Sie fassen Befehle, die thematisch zusammengehören, unter einem Menüeintrag zusammen. So finden Sie im Dialogfeld *Zellen formatieren* gleich sechs Registerkarten: *Zahlen, Ausrichtung, Schriftart, Rahmen, Muster* und *Schutz.*

Registerkarten haben den Vorteil, daß sie umfangreiche Programmfunktionen übersichtlich darstellen. Dabei erlauben sie, in einem Arbeitsgang ganz verschiedene Befehle auszuführen. Z. B. können Sie in der Registerkarte *Schriftart* in einem Arbeitsgang die Schriftart ändern und die Zellen mit Linien und Schraffuren versehen.

Von einer Registerkarte zur anderen wechseln sie ganz einfach durch Mausklick auf das gewünschte Register.

Listenfelder

Listenfelder gibt's immer dann, wenn Excel mehr anbietet, als dargestellt werden kann. Wenn die Möglichkeiten zu zahlreich sind, um sie alle gleichzeitig aufzuführen, werden Sie in einem Listenfeld zusammengefaßt.

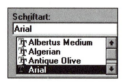

Abb. 30: Das Listenfeld Schriftart

Auf der Registerkarte *Schriftart* gibt es z. B. die geöffneten Listenfelder *Schriftart, Schriftstil* und *Schriftgröße.* Mit den Bildlaufleisten können Sie innerhalb der Einträge blättern.

Aber auch *Unterstreichung* und *Farbe* sind Listenfelder, sie sind allerdings nicht geöffnet. Microsoft geht wohl zu Recht davon aus, daß diese Optionen nicht allzu häufig genutzt werden.

Sie aktivieren ein geschlossenes Listenfeld, indem Sie den kleinen Listenpfeil rechts neben dem jeweiligen Feld anklicken.

Wenn Sie sich in einem Listenfeld für eine Einstellung entschieden haben, brauchen Sie den entsprechenden Eintrag nur anzuklicken.

Kontrollkästchen

Kontrollkästchen in einem Dialogfeld stellen verschiedene Funktionen zur Wahl, die Sie auch kombinieren können. Kontrollkästchen finden Sie z. B. auf der Registerkarte *Schriftart* für die *Darstellung*, also die Optionen *Durchgestrichen*, *Hochgestellt* und *Tiefgestellt*.

Abb. 31: Kontrollkästchen im Bereich Darstellung

Ein Kreuz in einem Kontrollkästchen heißt: "Die Funktion ist aktiviert". Um ein Kontrollkästchen zu aktivieren bzw. zu deaktivieren, klicken Sie es mit der Maus an.

Optionsfelder

Optionsfelder bedeuten immer ein Entweder-Oder. Sie müssen sich für eine der angebotenen Möglichkeiten entscheiden. Wählen Sie einmal die Registerkarte *Ausrichtung*. Hier finden Sie zahlreiche Optionsfelder in den beiden Bereichen *Horizontal* und *Vertikal*.

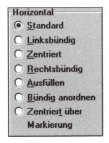

Abb. 32: Optionsfelder im Bereich Horizontal der Registerkarte Ausrichtung

Bei Optionsfeldern kann immer nur eine der angebotenen Optionen aktiviert sein. Welche Möglichkeit eingestellt ist, erkennen Sie an dem schwarzen Punkt im ausgewählten Optionsfeld. Um ein Optionsfeld zu aktivieren bzw. deaktivieren, klicken Sie es mit der Maus an.

Dialogfeld beenden

Die wichtigsten Elemente der Dialogfelder haben Sie nun kennengelernt. Schließen Sie das Dialogfeld *Zellen formatieren*, indem Sie die Schaltfläche *Abbrechen* anklicken.

Kurz und knapp: Die Kontext-Menüs

Wie schon gesagt, ist das umfangreiche Hauptmenü nicht der einzige Weg, um einen Befehl aufzurufen. Schneller und direkter geht es oftmals über die sogenannten Kontext-Menüs, die Sie mit der rechten Maustaste aufrufen. Wichtige Befehle, die häufig zum Bearbeiten oder Gestalten der Tabellen genutzt werden, sind in diesen Menüs zusammengefaßt.

Abb. 33: Das Kontext-Menü für den Tabellen-Arbeitsbereich

Der Aufruf des Kontext-Menüs für die Bearbeitung einer Tabelle erfolgt folgendermaßen:

1. Klicken Sie die zu bearbeitende Zelle mit der rechten Maustaste an.

Das Kontext-Menü klappt auf, und Sie können den gewünschten Befehl wie gewohnt aufrufen.

Wenn Sie mehrere Felder, also einen Bereich bearbeiten möchten, ist der Ablauf ähnlich.

1. Markieren Sie den gewünschten Bereich.
2. Bewegen Sie die Maus in den markierten Bereich und klicken Sie mit der rechten Maustaste.

Das entsprechende Kontext-Menü klappt auf, und Sie können für den gesamten markierten Bereich den gewünschten Befehl aufrufen.

Excel hat noch ein spezielles Kontext-Menü, das unter anderem die wichtigsten Befehle aus dem Menü *Datei* zur Verfügung stellt.

1. Bewegen Sie die Maus in die Menüleiste und achten Sie darauf, daß die Maus auch tatsächlich in der Menüleiste und nicht in der Symbolleiste steht.

2. Klicken Sie mit der rechten Maustaste. Ein Kurz-Menü, das unter anderen die wichtigen Befehle *Speichern*, *Speichern unter*, *Drucken* und *Zoom* enthält, rollt auf.

 Klicken Sie ab und zu einmal mit der rechten Maustaste, um zu sehen, ob und welches Kontext-Menü Ihnen zur Verfügung steht.

Per Mausklick: Die Symbolleisten

Aller guten Dinge sind drei, und so verfügt Excel neben Hauptmenü und Kontext-Menüs über eine dritte Möglichkeit, einen Befehl aufzurufen: die Symbolleisten.

Die Symbolleisten finden Sie normalerweise am oberen Bildschirmrand unterhalb der Menüleiste. Sie sind sicherlich der schnellste Weg, einen gewünschten Befehle aufzurufen.

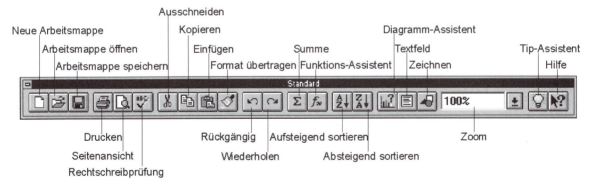

Abb. 34: Die Symbolleiste Standard

Auf den ersten Blick mögen die Symbolleisten etwas verwirrend erscheinen. Welcher Befehl verbirgt sich hinter einem Symbol? Auch wenn die Symbole meist liebevoll und ansprechend gestaltet sind, ist es manchmal ein Ratespiel herauszubekommen, was Sie bedeuten.

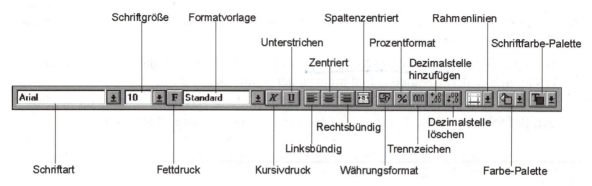

Abb. 35: Die Symbolleiste Format

Doch Microsoft hat sich eine ebenso einfache wie praktische Lösung einfallen lassen: Lassen Sie den Mauszeiger einen Moment lang ruhig auf einem Symbol stehen. Excel blendet dann eine Art "Post-It" mit einem Kurzinfo über das entsprechende Symbol ein.

Excel verfügt übrigens nicht nur über die beiden Symbolleisten *Standard* und *Format*, die standardmäßig angezeigt werden, sondern stellt darüber hinaus sieben weitere Symbolleisten zur Verfügung.

1.   Bewegen Sie die Maus in eine der Symbolleisten und klicken Sie mit der rechten Maustaste.

Das Kontext-Menü mit allen verfügbaren Symbolleisten rollt auf.

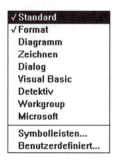

Abb 36: Das Kontext-Menü zur Auswahl der Symbolleisten

Ein Häkchen kennzeichnet die Symbolleisten, die bereits angezeigt sind; standardmäßig sind dies *Standard* und *Format*. Um eine weitere Symbolleiste anzeigen zu lassen, klicken Sie den entsprechenden Namen im Menü an.

Die anderen Symbolleisten - mit Ausnahme von *Workgroups* - erscheinen jedoch nicht als Leiste am oberen Bildschirm, sondern als Feld innerhalb der Tabelle. Um ein Symbolfeld zu verschieben, klicken Sie den blauen Titelbalken an und verschieben das Feld bei gedrückter Maustaste an die gewünschte Position.

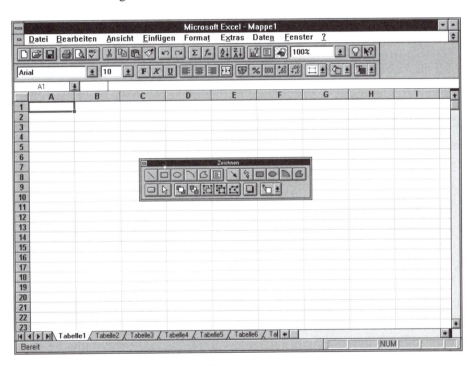

Abb. 37: Die Tabelle mit dem Symbolfeld Zeichnen

Haben Sie das Symbolfeld zu weit an den oberen Bildschirmrand geschoben? Dann verwandelt sich das Symbolfeld automatisch in eine Symbolleiste. Aber auch das können Sie wieder ändern. Klicken Sie mit der linken Maustaste die Symbolleiste zwischen zwei Symbolen an und halten Sie die Maus gedrückt. Ein gestrichelter Rahmen erscheint um die Symbolleiste. Ziehen Sie die Leiste bei weiterhin gedrückter Maustaste zurück in die Tabelle - und schon wird aus der Symbolleiste wieder ein Symbolfeld.

63

Ein Symbolfeld schließen Sie, indem Sie das kleine Systemmenüfeld am linken Rand des Titelbalkens anklicken. Sofort schließt sich das Feld.

Um eine Symbolleiste zu schließen, klicken Sie nochmals mit der rechten Maustaste in eine der Symbolleisten. Im Kontext-Menü sind alle geöffneten Symbolleisten oder- felder durch ein Häkchen markiert. Klicken Sie die entsprechende Symbolleiste an, um sie zu schließen.

 Falls Sie versehentlich alle Symbolleisten geschlossen haben, können Sie sie über das Menü *Ansicht* und den Befehl *Symbolleisten* wieder anzeigen lassen.

1. Klicken Sie das Menü *Ansicht* an und wählen Sie dort den Befehl *Symbolleisten*. Im daraufhin erscheinenden Dialogfeld werden alle verfügbaren Symbolleisten aufgeführt.

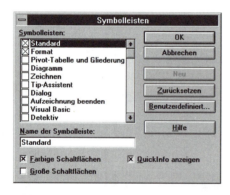

Abb. 38: Das Dialogfeld Symbolleisten

2. Klicken Sie die Kontrollkästchen der Symbolleisten an, die Sie einblenden möchten.

Mit Rat und Tat: Die Hilfe-Funktion

Zu Excel gehört ein umfangreiches und gut strukturiertes Hilfe-System, mit dem Sie Informationen über Befehle und Funktionen auf dem Bildschirm abrufen können. Dieses Hilfe-Programm arbeitet "On line", d. h., Sie erhalten Hilfe stets zu der Programmfunktion, mit der Sie gerade arbeiten:

• Ist ein Menü markiert, erhalten Sie Informationen über das entsprechende Menü.

- Ist ein Dialogfeld geöffnet, erhalten Sie Informationen über die hier verfügbaren Befehle.
- Ist ein Tabellenfeld markiert, wird eine Inhaltsübersicht über die Hilfe-Funktion eingeblendet.

Um die Hilfe aufzurufen, bietet Excel gleich mehrere Möglichkeiten, die wir Ihnen in diesem Abschnitt vorstellen möchten.

Hilfe über die Funktionstaste F1

Wo immer Sie Fragen haben, Sie eine Erklärung wünschen oder ganz einfach neugierig sind, was an dieser Position des Programms passieren kann, können Sie die Funktionstaste F1 drücken.

Excel blendet das entsprechende Hilfe-Thema ein. Welche Infos Ihnen zur Verfügung gestellt werden, hängt davon ab, mit welcher Programmfunktion Sie gerade arbeiten. Wenn z. B. ein Tabellenfeld markiert ist, ruft die Funktionstaste F1 eine Inhaltsübersicht über die Hilfe-Funktionen auf.

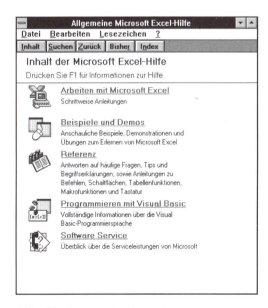

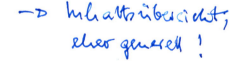

→ Inhaltsübersicht, eher generell !

Abb. 39: Die Inhaltsübersicht

1. Klicken Sie ein beliebiges Feld der Tabelle an.

2. Drücken Sie die Funktionstaste ⌐F1¬. Excel blendet die oben abgebildete Übersicht ein. Fünf Hauptthemen stehen zur Wahl.

3. Klicken Sie das Thema *Arbeiten mit Microsoft Excel* an, um darüber weitere Informationen zu erhalten. Eine schon sehr viel genauere Themenübersicht erscheint.

4. Klicken Sie auch hier wieder an, welches Thema Sie interessiert, z. B. *Grundkenntnisse*.

Je nachdem, welche Themen Sie auswählen, blendet Excel noch einige Übersichten ein. Letztendlich kommen Sie aber immer zu einem konkreten Info-Fenster.

Die Inhaltsübersicht bietet sich an, wenn man einen groben Überblick haben möchte, was Excel alles kann. Wenn allerdings schnell und gezielt Infos gewünscht sind, gibt es bessere Methoden.

5. Beenden Sie deshalb jetzt die Hilfe durch einen Doppelklick auf das Systemmenüfeld oder wählen Sie im Menü *Datei* des Hilfe-Fensters den Befehl *Beenden*.

Hilfe per Symbol

Wenn Sie gezielt Hilfe zu einem Befehl im Menü oder zu einem Symbol in den Symbolleisten wünschen, gehen Sie folgendermaßen vor:

1. Klicken Sie in der Standard-Symbolleiste das Symbol *Hilfe* an. Der Mauszeiger erscheint in Form eines Fragezeichens mit Pfeil. Gehen Sie jetzt so vor, als wollten Sie einen Befehl ausführen.

2. Klicken Sie im Menü *Format* den Befehl *Spalte* und hier die Option *Ausblenden* an. Excel blendet das passende Hilfe-Thema in einem Fenster ein.

3. Schließen Sie auch dieses Hilfe-Thema wieder über das Systemmenüfeld des Hilfe-Fensters, denn es gibt noch weitere Wege, in Excel die Hilfe aufzurufen.

Die Schaltfläche Hilfe

In jedem Dialogfeld von Excel finden Sie die Schaltfäche *Hilfe*. Wenn Sie einen Befehl aufgerufen haben und weitere Infos wünschen, brauchen Sie diese Schaltfläche nur anzuklicken. Das entsprechende Hilfe-Dialogfenster erscheint.

Gezielte Information: Hilfe-Thema suchen

Eine weitere Möglichkeit, gezielt Hilfe zu erhalten, ist die Suche nach Stichwörtern.

1. Rufen Sie die Hilfe auf und klicken Sie am oberen Bildschirmrand die Schaltfläche *Suchen* an. Das gleichnamige Dialogfeld erscheint.

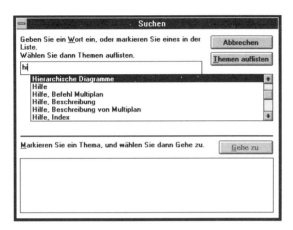

Abb. 40: Das Dialogfeld Suchen

2. Geben Sie in die obere Eingabezeile (Cursor ist bereits hier plaziert) ein Stichwort ein, zu dem Sie Hilfe suchen. In diesem Beispiel wird als Stichwort "Hilfe" eingegeben, um Informationen über die Hilfe-Funktion zu erhalten.

Sobald Sie beginnen, das Stichwort einzutragen, werden in der oberen Liste die korrespondierenden Begriffe angezeigt. Sie fungieren als "Kapitelüberschriften", zu denen Sie sich in der unteren Liste die genauen "Themen" anzeigen lassen können. Über die Bildlaufleiste an der rechten Seite können Sie in der Liste blättern.

Wenn das richtige Stichwort angezeigt ist und Sie die zugehörigen Themen auflisten möchten, klicken Sie doppelt auf den gewünschten Begriff. Sie können den Begriff auch anklicken und anschließend auf die Schaltfläche *Themen auflisten* klicken.

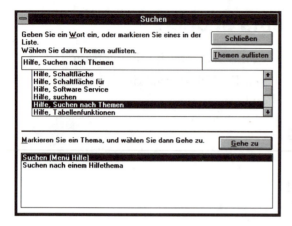

Abb. 41: Klicken Sie das gewünschte Stichwort an

In der unteren Listen werden nun die entsprechenden Themen angezeigt. Um einen Hilfe-Text einzublenden, genügt ein Doppelklick auf das gewünschte Thema. Sie können aber auch das Thema markieren und dann auf die Schaltfläche *Gehe zu* klicken. Excel blendet den entsprechenden Hilfe-Text ein.

Hilfe beenden

Es gibt zwei Möglichkeiten, die Hilfe-Funktion zu beenden:

1. Klicken Sie in der Menüleiste des Hilfe-Systems das Menü *Datei* und hier den Befehl *Beenden* an. Das Hilfe-Fenster wird geschlossen, und Sie arbeiten wie gewohnt in der Tabelle.

2. Noch schneller können Sie die Hilfe per Doppelklick auf das Systemmenüfeld des Hilfe-Fensters beenden. Das Systemmenüfeld ist die Schaltfläche mit dem waagerechten Balken links oben in der Titelleiste des Hilfe-Fensters.

Das Hilfe-Fenster

Der Hilfe-Text wird stets in einem separaten Fenster angezeigt und ist oft mehrere Seiten lang. Mit den Pfeiltasten oder der Bildlaufleiste können Sie durch den Text wandern.

Im Hilfe-Text finden Sie einzelne markierte Stichworte. Das sind Verweise zu anderen Hilfe-Texten.

1. Klicken Sie nochmals das Symbol *Hilfe* in der Symbolleiste an.
2. Klicken Sie dann das Symbol *Arbeitsmappe speichern* an. Excel blendet die entsprechende Hilfe-Seite ein.

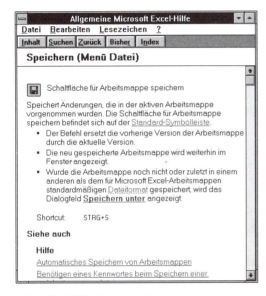

Abb. 42: Hilfe-Text zum Speichern

Gleich zu Beginn des Textes finden Sie einen Verweis zu einem anderen Thema, nämlich das Stichwort *Standard-Symbolleiste*. Diese Verweise sind farbig markiert und durchgehend unterstrichen.

3. Klicken Sie den Verweis an. Excel zeigt nun das gewählte Thema an.

    Praktisch ist in diesem Zusammenhang, daß das Hilfe-System es auch erlaubt, direkt zum letzten Hilfe-Thema zurückzuspringen.

4. Klicken Sie dazu am oberen Rand des Hilfe-Fensters die Schaltfläche *Zurück* an.

Die Hilfe-Themen sind häufig mehr als eine Seite lang. Anstatt den Text am Bildschirm zu lesen, können Sie das aktuelle Thema drucken lassen. Klicken Sie dazu im Hilfe-Menü *Datei* den Befehl *Thema drucken* an.

69

Die Erleuchtung: Der Tip-Assistent

Die Hilfe von Excel enthält zahlreiche interessante Tips und Hinweise. Und wenn ein wenig Zeit übrig ist, lohnt es sich, in der Hilfe zu blättern und das ein oder andere Thema zu lesen. Doch so gründlich muß es gar nicht immer sein. Manchmal reicht ja schon ein kurzer Hinweis über zwei Zeilen, und die Sache ist klar. Dabei kommt Ihnen dann im wahrsten Sinne des Wortes die Erleuchtung: Denn die Glühbirne in der Symbolleiste - Symbol für den Tip-Assistenten - leuchtet auf, wenn Excel einen heißen Tip für Sie hat.

Wie das abläuft, können Sie an einem einfachen Beispiel nachvollziehen:

1. Wählen Sie im Menü *Format* den Befehl *Zellen* und klicken Sie die Registerkarte *Schriftart* an. Verändern Sie nichts, sondern bestätigen Sie das Dialogfeld sofort, indem Sie *OK* anklicken.

    In der Symbolleiste *Standard* leuchtet die kleine Glühbirne jetzt gelb auf: Hinweis darauf, daß Excel einen Tip für Sie hat.

2. Klicken Sie das Symbol *Tip-Assistent* an. Unter den Symbolleisten wird ein ein- oder zweizeiliger Info-Text eingeblendet. Dieser Text enthält nur in aller Kürze einen Hinweis, der sich auf das momentane Arbeitsgebiet bezieht.

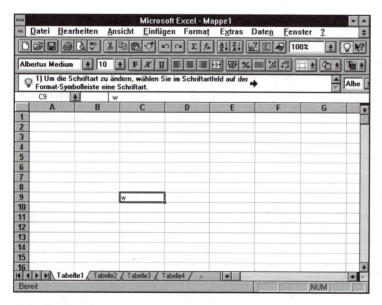

Abb. 43: Excel-Tip zum Formatieren von Zellen

Sie können sich aber auch genauer informieren.

3. Klicken Sie dazu rechts neben dem Info-Feld das Symbol *Tip-Hilfe* an.

 Excel blendet dann den ausführlichen Hilfe-Text zum jeweiligen Thema und in aller Regel die entsprechenden "So wird's gemacht"-Hinweise ein.

4. Bearbeiten und beenden Sie die Hilfe wie weiter oben beschrieben.

5. Schließen Sie dann den Tip-Assistenten. Dazu klicken Sie das Symbol mit der Glühbirne in der Symbolleiste *Standard* nochmals an.

Wenn Excel wieder einen Hinweis für Sie hat, wie es einfacher gehen könnte, leuchtet der Tip-Assistent wieder auf.

 Die angesammelten Tips einer Arbeitssitzung können Sie im Tipfenster mit Hilfe der Schaltflächen zum Blättern immer wieder einsehen.

Zusammenfassung

Sie wollen...	Sie wählen...	Symbol/Tastenkürzel
ein Dialogfeld bestätigen.	die Schaltfläche *OK*.	Enter
ein Dialogfeld abbrechen.	die Schaltfläche *Abbrechen*.	Esc
Symbolleisten ein- oder ausblenden.	Menü *Ansicht*, Befehl *Symbolleisten*.	Rechte Maustaste Symbolleiste anklicken.
die Hilfe aufrufen.	Menü *?*.	F1
ein Hilfe-Thema suchen.	die Schaltfläche *Suchen* in der Hilfe.	
den Tip-Assistenten aufrufen.		
zusätzliche Informationen zu einem Tip.		

Zwischentest

Fragen

1. Waagerecht Der kleine, dicke Pfeil neben einigen Befehlen ist ein Hinweis dafür, daß sich nach Anklicken ein zusätzliches .... öffnet.

2. Waagerecht Über dieses Menü wählen Sie die Bildschirmdarstellung.

3. Waagerecht Dieses Symbol leuchtet auf, wenn Excel einen Hinweis hat, wie es einfacher gehen könnte.

4. Waagerecht Dritte Möglichkeit, neben Hauptmenü und Kontext-Menüs einen Befehl aufzurufen.

1. Senkrecht In diesem Menü sind Sonderfunktionen, wie die Rechtschreibprüfung, und Zusatzmodule, wie der Solver, enthalten.

2. Senkrecht Zu Excel gehört ein umfangreiches und gut strukturiertes ...., mit dem Sie Informationen über Befehle und Funktionen auf dem Bildschirm abrufen können.

4. Senkrecht .... in einem Dialogfeld stellen verschiedene Funktionen zur Wahl, die Sie auch kombinieren können.

Lösungswort

3. Senkrecht Sie fassen Befehle, die thematisch zusammengehören, unter einem Menüeintrag zusammen. Im Dialogfeld *Zellen formatieren* gibt es sechs davon.

Lektion 3
Tabellen aufbauen

Nach den beiden einführenden Lektionen, die in erster Linie Grundlagen behandelt haben, wird es nun konkret: Wie wird eine Tabelle aufgebaut? Was ist bei der Eingabe zu berücksichtigen? Wie kann korrigiert werden? Die Tabelle, die Sie in dieser Lektion erstellen, wird Sie auch in den weiteren Abschnitten begleiten.

Nach dieser Lektion wissen Sie...

♦ wie Sie eine Tabelle in Excel aufbauen.

♦ was Sie bei der Eingabe von Texten und Zahlen berücksichtigen müssen.

♦ wie Sie eine Eingabe korrigieren.

♦ wie Sie Texte und Zahlen löschen.

♦ wie Sie die Spaltenbreite in der Tabelle verändern.

♦ wie Sie zusätzliche Spalten oder Zeilen einfügen.

Gut geplant ist halb gewonnen

Eigene Tabellen aufzubauen will gelernt sein. Selbst wenn man im Kopf eine klare Vorstellung davon hat, was gerechnet werden soll, heißt das noch lange nicht, daß man diese Ideen auch so einfach in Excel umsetzen kann.

Machen Sie sich zu Beginn eine Skizze, bevor Sie anfangen, Eingaben zu machen. Skizzieren Sie auf einem Stück Papier, wie Sie sich Ihre Tabelle vorstellen - welche Spalten sie haben soll, wie Sie die Zeilen bezeichnen möchten. Ein paar Striche, die Zeilen und Spalten andeuten, und Kürzel für die Zeilen- und Spaltentitel genügen.

Die Skizze soll kein genaues Abbild der späteren Tabelle sein, das wäre viel zu aufwendig. Sie soll Ihnen lediglich eine Übersicht geben, ob sich Ihre Vorstellungen umsetzen lassen. Denn nicht selten stellt man fest, daß es so, wie man es sich ausgemalt hat, doch nicht geht und man das ein oder andere umstellen muß. Und da ist es besser, man merkt dies so früh wie möglich, ohne schon viel Arbeit investiert zu haben. Wie einfach es auf der anderen Seite ist, eine Tabelle mit Excel zu erstellen, wenn Sie vorher geplant wurde, soll Ihnen diese Lektion zeigen. Es soll darum gehen, die Anschaffungskosten für den Kauf eines Autos zu kalkulieren. Neuwagenpreise, Rabatte, Restwert des alten Autos, Extras usw. müssen dabei berücksichtigt werden. All diese Posten werden in Zeilen untereinander abgetragen. Da ein guter Kaufmann Preisvergleiche bei verschiedenen Händlern einholt, sollen die einzelnen Autohäuser nebeneinander in den Spalten eingetragen werden.

Texte und Zahlen eingeben

Haben Sie eine leere Tabelle auf dem Bildschirm? Wenn nicht, schließen Sie die aktuelle Tabelle jetzt, indem Sie aus dem Menü *Datei* den Befehl *Schließen* anklicken. Klicken Sie dann in der Standard-Symbolleiste das Symbol *Neu* an, um eine neue Tabelle zu öffnen.

1. Klicken Sie das Feld A1 an und geben Sie hier den Text "Kostenkalkulation" ein. Die Eingabe erscheint sowohl in der Bearbeitungszeile am oberen Bildschirmrand als auch im aktuellen Feld.

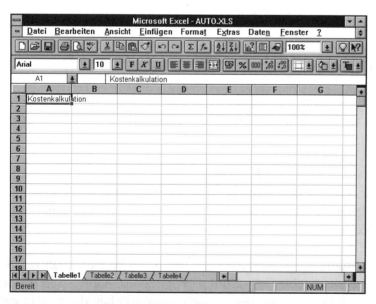

Abb. 44: Die Eingabe erscheint in dem Feld, in dem der Cursor steht

2. Drücken Sie die ⌈Enter⌉-Taste, um das nächste Feld A2 zu erreichen. Geben Sie hier den Text "Neuwagen" ein. Alle Text erscheinen linksbündig, beginnen also am linken Rand der Zelle.

 Falls Sie sich bei der Texteingabe vertippen, löscht die Taste ⌈Rück⌉ das zuletzt einge-gebene Zeichen.

Ein Text muß nicht unbedingt in eine Zelle passen. Wenn ein Wort zu lang für eine Zeile ist, wird der Text in der rechten Nachbarzelle fortgesetzt. So ragt die Überschrift, die in Zelle A1 steht, in Zelle B1 hinüber. Falls Sie jedoch auch in Zelle B1 eine Eingabe machen, wird der aus A1 herüberragende Text automatisch "abgeschnitten".

Auch wenn der Text zunächst abgeschnitten wird - vermeiden Sie leere Spalten in der Tabelle. Sie sind bei der späteren Berechnung äußerst hinderlich und machen es schwer, sich in der Tabelle zu orientieren. Mit dem Befehl *Spalten, Breite* ist es ein leichtes, die Spalte so breit zu machen, daß auch langer Text hineinpaßt. Wenn Sie sich geirrt und den Cursor z. B. in einem falschen Feld plaziert haben, können Sie die Eingabe durch Druck auf die Taste ⌈Esc⌉ abbrechen. Die bisherigen Eingaben werden dann gelöscht.

3. Tragen Sie nun die weiteren Texte in Spalte A entsprechend der untenstehenden Liste ein. Am einfachsten geben Sie den jeweiligen Text ein und drücken ein- oder mehrmals die ⌈Enter⌉-Taste, um das nächste Feld zu erreichen. Wenn es Ihnen lieber ist, können Sie das nächste Feld aber auch mit der Maus anklicken.

Zelle	Text
A5	Listenpreis
A7	Extras
A8	ABS
A9	Airbag
A10	Klimaanlage
A11	Metallic-Lackierung
A13	Restwert
A14	Rabatte
A15	in %
A16	in DM
A18	Abschlag
A20	Zahlbarer Betrag

4. Nun sind die Spaltenüberschriften an der Reihe. Geben Sie nachfolgende Namen ein:

Zelle	Text
B4	Alpha Cars
C4	Autohaus Alfons
D4	Car Special
E4	Paschen PKW
F4	PKW Mischke

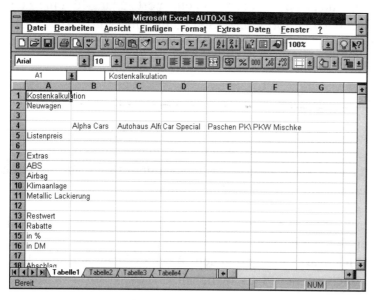

Abb. 45: Die Tabelle mit den eingetragenen Texten

Lassen Sie sich nicht irritieren: Wenn Sie die Texte eingetragen haben, bietet sich ein etwas chaotisches Bild. Fast kein Name ist richtig zu lesen, die Texte sind abgeschnitten oder gehen ineinander über. Noch ein wenig Geduld bitte: Wenn auch die Zahlen eingetragen sind, geht es ans Ändern der Spaltenbreite, um diese Mankos auszugleichen.

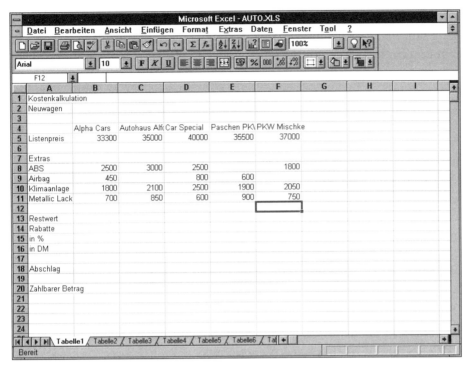

Abb. 46: Diese Zahlen sollen eingegeben werden

Schauen Sie sich die obenstehende Abbildung an und tragen Sie die Zahlen in die Tabelle ein.

1. Klicken Sie zuerst ins Feld B5 und tragen Sie hier den Wert "33000" ein. Am schnellsten geben Sie die Zahlen spaltenweise ein, denn dann können Sie mit der Enter-Taste das nächste Feld auswählen.

2. Wenn eine Spalte eingegeben ist, klicken Sie mit der Maus die nächste Eingabespalte an und geben die zweite Zahlenkolonne ein.

Einige allgemeine Anmerkungen zu der Eingabe von Zahlen:

Zahlen werden standardmäßig rechtsbündig untereinander geschrieben. Dezimalstellen werden mit Komma, nicht mit Punkt getrennt (z. B.: 45,75).

Nullen hinter dem Komma werden standardmäßig unterdrückt. Bei der Eingabe von 9,00 zeigt Excel in der Tabelle nur 9 an. Nullen als Dezimalstellen werden, da sie am Wert der Zahl nichts ändern, nicht eingegeben, sondern, wenn gewünscht, über ein sogenanntes Zahlenformat angezeigt.

Geben Sie nur Ziffern, das Komma und ggf. das Minus-Zeichen für negative Zahlen ein, z. B.: -35, 7.

Keinesfalls erlaubt sind Bindestriche oder andere Zeichen, z. B. anstelle von Dezimalnullen hinter dem Komma. Die oftmals gebräuchliche Schreibweise 10,-- ist in Excel streng verboten. Eine solche Eingabe wertet Excel nämlich nicht als Zahl, sondern als Text. Mit einem Text kann Excel jedoch nicht rechnen. Mit anderen Worten: die Eingabe 10,-- wird in jeder Formel ignoriert und nicht mitberechnet.

Wenn Sie mit den Eingaben soweit fertig sind, speichern Sie die Tabelle zur Sicherheit zwischendurch einmal ab.

1.	Klicken Sie das Symbol *Speichern* an.
2.	Vergeben Sie im Dialogfeld *Speichern unter* einen aussagekräftigen Dateinamen, wie z. B. AUTO01.XLS, und wählen Sie das Verzeichnis C:\STEXCEL\BEISPIEL. Bestätigen Sie Ihre Eingaben mit *OK*.

Die Spaltenbreite anpassen

Noch sieht die Tabelle alles andere als übersichtlich aus. Ursache sind vor allem die zu geringen Spaltenbreiten. Die Spalten in der Tabelle sind standardmäßig nur zehn Zeichen breit - viel zu wenig für die teilweise recht langen Texte. Doch Excel bietet verschiedene Möglichkeiten, die Breite der Spalte zu verändern: Sie können

•	die Spaltenbreite mit der Maus verändern.
•	die Spaltenbreite automatisch anpassen lassen.

Optimale Spaltenbreite

Um die Spaltenbreite automatisch anpassen zu lassen, gehen Sie folgendermaßen vor:

1.	Markieren Sie die Spalte A, in der die Texte stehen. Um eine gesamte Spalte zu markieren, klicken Sie im Spaltenkopf auf den Kennbuchstaben A.

2. Wählen Sie das Menü *Format* und hier den Befehl *Spalte*. Klicken Sie die Option *Optimale Breite* an. Der Befehl wird sofort ausgeführt. Bestätigen mit *OK* ist nicht erforderlich. Excel paßt die Spaltenbreite so an, daß alle Texte komplett dargestellt werden können.

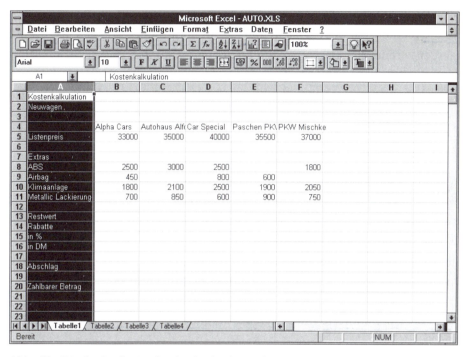

Abb. 47: Die Spaltenbreite für die Spalte A wurde optimal angepaßt

Excel orientiert sich an dem längsten Feld des markierten Bereichs und paßt die Spaltenbreite so an, daß dieses Feld gerade noch dargestellt werden kann. Ist das längste Feld im markierten Bereich beispielsweise fünf Zeichen lang, wird die Spaltenbreite auf fünf Zeichen gesetzt.

 Falls Sie die Option *Optimale Breite* nutzen, markieren Sie stets alle Felder in der Spalte, die angepaßt werden soll. Dazu reicht ein Klick auf den Kennbuchstaben im Spaltenkopf. Nur so ist sichergestellt, daß sich die Spaltenbreite am längsten Feld orientiert.

Spaltenbreite mit der Maus verändern

Sie können die Spaltenbreite auch in eigener Regie festlegen, müssen sie also nicht unbedingt automatisch anpassen lassen. Das geschieht ganz einfach mit der Maus.

1. Bewegen Sie den Mauszeiger in den Kopf der Spalte, die Sie ändern möchten. Die Spalten werden durch senkrechte Linien begrenzt.

2. Klicken Sie die rechte Spaltenbegrenzung an und halten Sie die Maustaste gedrückt. Der Mauszeiger verändert seine Form und erscheint als kurzer, dicker Strich mit jeweils einem kleinen Pfeil nach rechts und links.

3. Verändern Sie bei gedrückt gehaltener linker Maustaste die Breite der Spalte, indem Sie den Mauszeiger nach rechts oder links ziehen. Eine gestrichelte Linie zeigt die neue Breite an.

4. Lassen Sie die Maustaste los, um die Spaltenbreite zu fixieren.

Mehrere Spalten gleichzeitig verändern

Häufig ist es gewünscht, nebeneinanderstehende Spalten gleich breit zu machen. Das ist kein Problem, Sie müssen nur alle Spalten markieren.

1. Klicken Sie im Spaltenkopf den Kennbuchstaben der ersten Spalte an, halten Sie die Maustaste gedrückt und ziehen Sie die Maus über alle Spalten, die Sie markieren möchten.

2. Wenn Sie nun die Spaltenbreite mit der Maus verändern, werden alle markierten Spalten gleich groß.

Mit den geänderten Spaltenbreiten sieht die Tabelle schon etwas besser aus. Doch ist sie immer noch weit davon entfernt, übersichtlich und klar zu sein. Bitte haben Sie Geduld bis zur Lektion 6. Dort geht es um die ansprechende Gestaltung der Tabelle.

Einen Feldinhalt ändern

Inhalte von Feldern können Sie natürlich auch nachträglich bearbeiten. Wenn sich beispielsweise in einem Text ein Tippfehler eingeschlichen hat oder eine Formel eine falsche Angabe enthält, müssen Sie nicht die komplette Zelle neu schreiben, Sie können den Inhalt korrigieren.

Ein Beispiel: Statt "Metallic-Lackierung" möchten Sie "Sonderlackierung" in die Zelle A11 schreiben.

1. Klicken Sie die Zelle A11 an, deren Inhalt Sie ändern möchten.

2. Positionieren Sie den Mauszeiger ungefähr dort, wo Sie den Text ändern möchten. Klicken Sie diese Stelle doppelt an. Sie können nun den Inhalt der Zelle direkt in der Tabelle ändern.

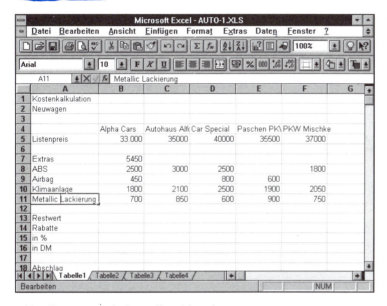

Abb. 48: Den Inhalt der Zelle A11 ändern

3. Ändern Sie den Text wie gewünscht, indem Sie überflüssigen Text mit der Rück -bzw. Entf -Taste entfernen und den neuen Text hinzufügen. Bestätigen Sie mit Enter , um die Änderungen zu übernehmen.

 Beim Ändern des Zellinhalts können Sie mit den Pfeiltasten (→ und ←) den Cursor bewegen. Die Taste Rück löscht das Zeichen links vor dem Cursor, die Taste Entf löscht das Zeichen rechts hinter dem Cursor.

Weg ist weg: Feldinhalte löschen

Bei Umstellungen und Überarbeitungen von Zellbereichen ist es häufig sinnvoller, Zellinhalte zu löschen, als diese zu korrigieren. Vollziehen Sie das folgende Beispiel nach. Keine Sorge, es passiert nichts. Was Sie löschen, wird ohne Verlust wiederhergestellt.

1. Markieren Sie den Bereich A1-A2.
2. Drücken Sie die Taste `Entf` oder wählen Sie aus dem Menü *Bearbeiten* den Befehl *Inhalte löschen* und dort die Option *Alles*. Die markierten Felder werden sofort und ohne weitere Abfrage gelöscht.

Doch keine Angst: Sie können jeweils den letzten Befehl rückgängig machen. Das setzt allerdings voraus, daß Sie nach dem Löschen der Felder nichts anderes mehr gemacht haben.

Fehler erlaubt: Der Befehl Rückgängig

Wenn ein Befehl nicht das gewünschte Ergebnis zeigt oder Sie versehentlich einen Bereich gelöscht haben, können Sie diesen Befehl rückgängig machen.

1. Klicken Sie das Symbol *Rückgängig* in der Standard-Symbolleiste an oder wählen Sie im Menü *Bearbeiten* den Befehl *Rückgängig*. Die Löschung des Bereichs A1-A2 wird wieder aufgehoben.

Beachten Sie, das Excel jeweils nur den letzten Befehl rückgängig machen kann. Wenn Sie z. B. versehentlich einen Bereich gelöscht haben, werden die Felder nur dann rekonstruiert, wenn Sie unmittelbar danach das Symbol *Rückgängig* anklicken. Das geht aber nicht, wenn Sie zwischendurch andere Befehle gewählt haben. Nehmen wir an, Sie haben Felder gelöscht und danach Daten eingegeben. Nun merken Sie, daß Sie die falschen Felder gelöscht haben. Sie möchten den Befehl rückgängig machen und klicken das Symbol *Rückgängig* an. Doch in diesem Fall bleibt der erhoffte Erfolgt, aus: Excel macht die letzte Aktion - und das ist in diesem Fall die Eingabe - rückgängig. Die Felder sind und bleiben gelöscht.

Zeilen und Spalten einfügen

Zum Aufbau der Tabelle gehört noch ein wesentlicher Aspekt: Was ist, wenn Sie nachträglich merken, daß Sie eine Zeile oder Spalte vergessen haben? Oder auch, daß Sie Zeilen oder Spalten doch nicht brauchen und lieber löschen möchten?

Solche Änderungen sind jederzeit möglich. Sie können nachträglich in eine erstellte Tabelle beliebig viele Zeilen - und auch Spalten - einfügen. In der Beispieltabelle fehlt beispielsweise die Zeile, um die Gesamtkosten, also Listenpreis plus Extras, auszurechnen. Dafür können Sie ohne weiteres eine Zeile einfügen.

1. Markieren Sie die Zeile, vor der Sie einfügen möchten, in diesem Beispiel die Zeile 12. Klicken Sie dazu im Zeilenkopf auf die Nummer 12.

 Achten Sie darauf, daß stets die gesamte Zeile markiert ist, wenn Sie einfügen möchten.

2. Bewegen Sie die Maus in die markierte Zeile und drücken Sie die rechte Maustaste. Das Kontext-Menü rollt auf. Klicken Sie hier den Befehl *Zellen einfügen* an. Alternativ können Sie den Befehl auch aus der Menüleiste wählen. Klicken Sie im Menü *Einfügen* den Befehl *Zeilen* an.

Der Befehl wird sofort ausgeführt, und Excel fügt ohne weitere Abfrage eine leere Zeile ein.

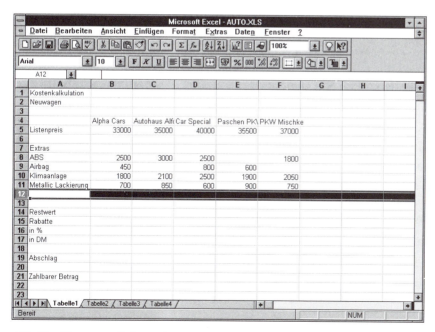

Abb 49: Eine zusätzliche Zeile wurde eingefügt

ABLEGEN DER TABELLE !

3. Tragen Sie in die Zelle A13 "Kosten Gesamt" ein. Und damit das alles nicht so gedrängt aussieht, fügen Sie dahinter noch eine leere Zeile ein. Markieren Sie zu diesem Zweck Zeile 14 und wählen Sie aus dem Menü *Einfügen* den Befehl *Zeilen*.

	A	B	C	D	E	F	G
1	Kostenkalkulation						
2	Neuwagen						
3							
4		Alpha Cars	Autohaus Alf	Car Special	Paschen PK\	PKW Mischke	
5	Listenpreis	33.000	35000	40000	35500	37000	
6							
7	Extras						
8	ABS	2500	3000	2500		1800	
9	Airbag	450		800	600		
10	Klimaanlage	1800	2100	2500	1900	2050	
11	Metallic Lackierung	700	850	600	900	750	
12							
13	Kosten Gesamt						
14							
15	Restwert						
16	Rabatte						
17	in %						
18	in DM						

Abb. 50: Die um noch eine Zeile erweiterte Tabelle

Diese Änderungen in der Tabelle sollten Sie speichern - denn die so aufbereitete Tabelle wird in den folgenden Lektionen noch gebraucht.

4. Um zu speichern, müssen Sie nur das Symbol *Speichern* anklicken. Da Sie beim ersten Speichern bereits einen Namen vergeben haben, wird der Befehl sofort ausgeführt. Nur die Sanduhr, die kurz erscheint, macht deutlich, daß der Computer Zeit zum Speichern benötigt.

Auf die gleiche Art und Weise, wie Sie Zeilen einfügen, fügen Sie auch Spalten ein.

1. Markieren Sie die Spalte, vor der Sie eine neue Spalte einfügen möchten.

2. Wählen Sie dann den Befehl *Zellen einfügen* aus dem Kontext-Menü oder über das Menü *Einfügen* den Befehl *Spalten*.

Zeilen und Spalten löschen

Wenn Sie nicht zu wenig, sondern zu viele Zeilen oder Spalten haben, können Sie diese auch löschen. Beachten Sie dabei, daß Excel ohne Rücksicht auf etwaige Datenverluste löscht. Zeilen und Spalten werden auch dann ohne Rückfrage entfernt, wenn Daten enthalten sind.

Probieren Sie es aus und machen Sie den Befehl anschließend wieder rückgängig:

1. Markieren Sie die gesamte Zeile oder Spalte, die Sie löschen möchten.

2. Bewegen Sie die Maus in die Markierung und drücken Sie die rechte Maustaste. Das Kontext-Menü rollt auf. Klicken Sie hier den Befehl *Zellen löschen* an. Alternativ können Sie auch im Menü *Bearbeiten* den Befehl *Zellen löschen* anklicken.

    Der Befehl wird sofort ausgeführt, und Excel löscht ohne weitere Abfrage die markierte Zeile oder Spalte.

3. Um das Löschen wieder rückgängig zu machen, klicken Sie sofort danach das Symbol *Rückgängig* an. Der gelöschte Bereich wird wiederhergestellt.

 Der Befehl *Zellen löschen* wird nur dann sofort ausgeführt, wenn Sie eine komplette Zeile oder Spalte markiert haben. Wenn nur einzelne Zellen markiert sind, erscheint ein Dialogfeld, in dem Sie anklicken, was gelöscht werden soll.

Abb 51: Das Dialogfenster Zellen löschen

Nachdem der grobe Aufbau der Tabelle nun steht und Werte sowie beschreibende Texte eingetragen sind, geht es in der folgenden Lektion um die Berechnung mit Hilfe von Formeln.

 Sie können die Arbeitsschritte dieser Lektion anhand der Datei FORMEL.XLS kontrollieren. Sie befindet sich nach der Installation der dem Buch beiliegenden Diskette standardmäßig im Verzeichnis C:\STECXEL.

Zusammenfassung

Sie wollen...	Sie wählen...	Symbol/Tastenkürzel
Texte oder Zahlen eingeben.	die entsprechende Zelle per Mausklick oder Tastatur und geben den Text oder Wert ein.	
die Eingabe korrigieren.	die zu bearbeitende Zelle mit einem Doppelklick aus.	
Zellinhalte löschen.	Menü *Bearbeiten*, Befehl *Inhalte löschen*.	Entf
den letzten Befehl rückgängig machen.	Menü *Bearbeiten*, Befehl *Rückgängig*.	
die Spaltenbreite verändern.	Menü *Format*, Befehl *Spalte*, Option *Optimale Breite*.	
Zeilen oder Spalten einfügen.	die Spalte oder Zeile, vor der eingefügt werden soll; Menü *Einfügen*, Befehl *Zellen einfügen*.	
Zeilen oder Spalten löschen.	die Spalte oder Zeile, die gelöscht werden soll; Menü *Bearbeiten*, Befehl *Zellen löschen*.	

Zwischentest

Fragen

1. Waagerecht In diesem Menü befindet sich der Befehl *Spalte*.

2. Waagerecht Menü, in dem Sie die Befehle zum Einfügen neuer Zeilen und Spalten finden.

3. Waagerecht Dieses Menü öffnet sich, wenn Sie die rechte Maustaste drücken.

4. Waagerecht Hauptmenü, in dem Sie den Befehl *Zellen löschen* finden.

1. Senkrecht Um die Spaltenbreite automatisch anpassen zu lassen, wählen Sie im Menü *Format* den Befehl *Spalte* und die Option .... *Breite*.

2. Senkrecht Name des Dialogfeldes, in dem Sie die Breite einer Spalte individuell festlegen können.

4. Senkrecht Über dieses Symbol heben Sie die zuletzt ausgeführte Aktion wieder auf.

Lösungswort

3. Senkrecht   Standardmäßige Ausrichtung von Zahlen.

Lektion 4
Formeln und Funktionen

Was nützt Ihnen die beste Tabelle, wenn Sie keine Formeln enthält, um Ihre Eingaben zu berechnen? Diese Lektion widmet sich genau diesen Thema. Sie erfahren, wie Sie auf einfache Art und Weise Formeln in Ihre Tabelle eingeben können.

Nach dieser Lektion wissen Sie...

♦ wie Sie eine Formel in Excel aufbauen.

♦ was Funktionen sind.

♦ welche Besonderheiten für Bereichsfunktionen gelten.

♦ wie komplexe Funktionen aufgebaut sind.

♦ wie Sie mit dem Funktions-Assistenten arbeiten.

Summieren per Mausklick: Das Symbol Summe

Das Summen-Symbol haben Sie bereits in der ersten Lektion genutzt, um eine Zahlenkolonne zu addieren. In dieser Lektion geht es etwas mehr in die Tiefe.

Die Funktion SUMME gehört zu den sogenannten Bereichsfunktionen oder Statistikfunktionen. Wie der Name schon sagt, wird mit diesen Funktionen immer ein Bereich berechnet. So addiert die Funktion SUMME den angegebenen Bereich, die Funktion MITTELWERT berechnet den Durchschnitt, die Funktion MINIMUM findet den kleinsten, die Funktion MAXIMUM den größten Wert innerhalb des markierten Bereichs. Statistikfunktionen heißen sie, weil auch Berechnungen wie Standardabweichung oder Varianz zu dieser Gruppe gehören.

SUMME ist zweifellos die am häufigsten gebrauchte Bereichsfunktion. Excel bietet daher für das Aufsummieren langer Zahlenkolonnen eine besonders einfache Lösung:

• Das Summen-Symbol in der Symbolleiste fügt automatisch die Funktion SUMME ein und macht es leicht, eine Zahlenkolonne zu addieren.

Die Summenformel - das haben Sie ja bereits kennengelernt - kann Excel vollautomatisch erstellen (siehe Lektion 1). Dazu markieren Sie den entsprechenden Bereich, wobei die Markierung sowohl die Zahlenkolonne als auch das leere Feld, in dem die Summe stehen soll, umfassen muß. Mit dieser Methode können Sie die Summe unterhalb einer Zahlenkolonne berechnen, aber auch rechts neben einer Zahlenreihe.

Doch leider können Sie dieses Symbol nicht immer nutzen, z. B. dann nicht, wenn die Summe oberhalb der Zahlenkolonne stehen soll. In diesem Fall müssen Sie die SUMMEN-Funktion "zu Fuß" erstellen.

Doch Schritt für Schritt - zuerst in der Theorie und dann am praktischen Beispiel. Alle Bereichsfunktionen, also auch SUMME, werden nach dem selben Schema aufgebaut:

Eingabe	Wirkung
=	Jede Funktion wird mit dem Gleichheitszeichen eingeleitet.
SUMME	Dann folgt das Funktionswort, in diesem Fall SUMME. Ob Sie Klein- oder Großbuchstaben eingeben, ist unerheblich.
(	Klammer auf leitet die Angabe des Bereichs ein, der summiert werden soll.
B8:B13	Markieren Sie mit der Maus den Bereich, der addiert werden soll. Sie können die Koordinaten auch über die Tastatur eintragen. Geben Sie nur die erste und die letzte Koordinate ein, getrennt durch einen Doppelpunkt, z. B.: B8:B13.
)	Klammer zu beendet die Bereichsangabe.
Enter	Schließt die Formeleingabe ab.

Die fertige Formel sieht z. B. so aus:

```
=SUMME(B8:B13)
```

Nun aber zur Praxis:

Öffnen Sie die Datei FORMEL.XLS aus dem Verzeichnis C:\STEXCEL. In diesem Verzeichnis befinden sich alle mitgelieferten Beispieldateien, nachdem Sie die dem Buch beiliegende Diskette, wie in der Einleitung beschrieben, installiert haben.

  FORMEL.XLS

In dieser Tabelle soll nun berechnet werden, was die Extras zusammen kosten. Und zwar soll das Ergebnis in der Zeile Extras - also oberhalb der einzelnen Positionen - stehen.

1. Klicken Sie das Feld B7 an.

2. Tragen Sie zuerst ein Gleichheitszeichen ein und ergänzen Sie das Funktionswort SUMME. Geben Sie dann das Zeichen "(" ein.

   Ihre Eingabe lautet bisher: =SUMME(

3. Markieren Sie jetzt mit der Maus die Zahlen, die Sie addieren möchten. Das ist der Bereich B8 bis B11.

 Achten Sie bitte unbedingt darauf, daß die Zelle, in der das Ergebnis erscheinen soll, nicht mit markiert ist. Für Excel wäre das nämlich ein Zirkelbezug. Ein Zirkelbezug bedeutet, salopp formuliert, daß Excel im Kreis rechnen müßte, weil sich die Formel auf sich selbst bezieht. Wenn das geschieht, erscheint die Fehlermeldung "Kann Zirkelbezüge nicht auflösen".

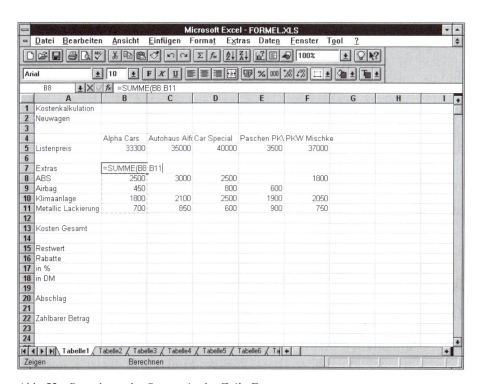

Abb. 52: Berechnen der Summe in der Zeile Extras

4. Wenn der zu addierende Bereich gemäß der obenstehenden Abbildung markiert ist, können Sie direkt mit ⎡Enter⎤ bestätigen. Die noch fehlende Klammer am Ende der Formel ergänzt Excel automatisch.

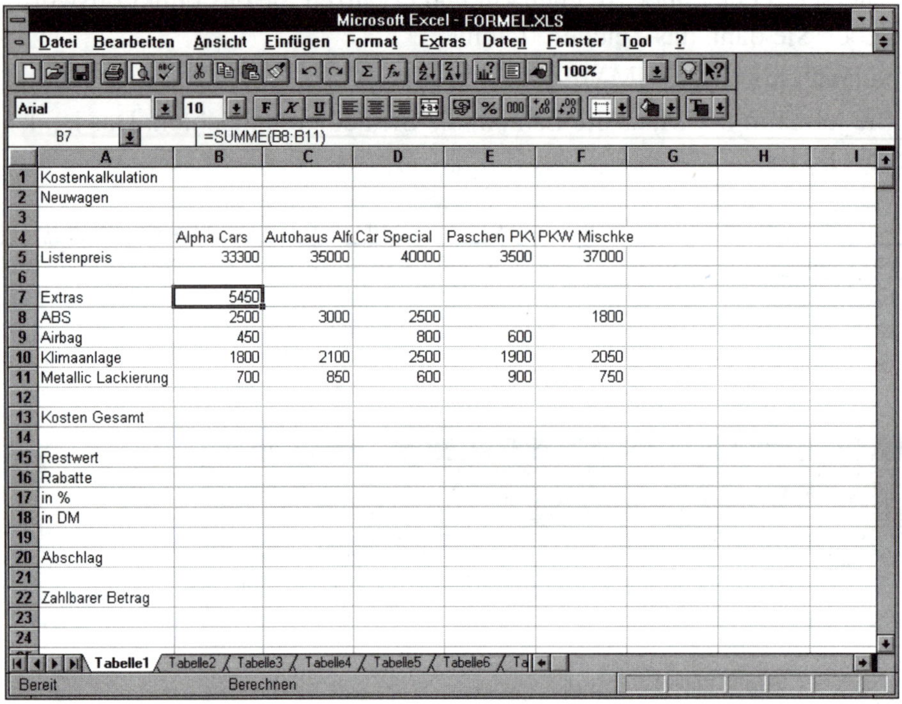

	A	B	C	D	E	F	G	H	I
1	Kostenkalkulation								
2	Neuwagen								
3									
4		Alpha Cars	Autohaus Alf	Car Special	Paschen PK\	PKW Mischke			
5	Listenpreis	33300	35000	40000	3500	37000			
6									
7	Extras	5450							
8	ABS	2500	3000	2500		1800			
9	Airbag	450		800	600				
10	Klimaanlage	1800	2100	2500	1900	2050			
11	Metallic Lackierung	700	850	600	900	750			
12									
13	Kosten Gesamt								
14									
15	Restwert								
16	Rabatte								
17	in %								
18	in DM								
19									
20	Abschlag								
21									
22	Zahlbarer Betrag								

B7: =SUMME(B8:B11)

Abb 53: Die erste Summe wurde gebildet

Die erste Summe ist berechnet. Zur Übung können Sie die Zahlenkolonnen für die Spalten C-F addieren.

MINIMUM, MAXIMUM, MITTELWERT: Weitere Bereichsfunktionen ✓

Wie bereits erwähnt, gehört die Funktion SUMME zu den sogenannten Bereichsfunktionen, die man offiziell als statistische Funktionen bezeichnet. Weitere Funktionen dieser Kategorie sind MITTELWERT, MINIMUM und MAXIMUM. Für die aktuelle Tabelle sind sie zwar nicht zu gebrauchen, dennoch sollen sie nicht unerwähnt bleiben. Alle drei Funktionen werden analog zur Funktion SUMME aufgebaut. Um die Funktionen auszuprobieren, können Sie sie auf Werte der Beispieltabelle anwenden. Löschen Sie die ermittelten Werte aber nach der Berechnung.

Den Mittelwert, also den Durchschnitt für einen bestimmten Bereich, berechnen Sie wie folgt:

1. Positionieren Sie den Cursor in der Zelle, in der das Ergebnis stehen soll.
2. Leiten Sie die Formel mit dem Gleichheitszeichen "=" ein.
3. Geben Sie das Funktionswort "MITTELWERT" ein.
4. Öffnen Sie eine Klammer, markieren Sie den Bereich, für den Sie den Mittelwert berechnen möchten, und schließen Sie die Klammer.
5. Bestätigen Sie die Eingabe mit ⌈Enter⌋.

Ganz genauso ermitteln Sie auch den größten Wert bzw. kleinsten Wert eines Bereichs. Verwenden Sie dazu das Funktionswort MIN, um den kleinsten Wert zu ermitteln, und MAX, um den größten Wert zu ermitteln

---

Beispiele:

=MIN(A2..A50)   zeigt als Ergebnis den kleinsten Wert im Bereich A2 bis A50 an.
=MAX(C2..E20)   zeigt als Ergebnis den größten Wert im Bereich C2 bis E20 an.

Ob Sie das Funktionswort groß oder klein schreiben, spielt keine Rolle. Excel akzeptiert beide Schreibweisen.

So addieren Sie einzelne Zellen ✓

Zahlenkolonnen addieren Sie mit der Summen-Funktion. Einzelne Zellen können Sie addieren, indem Sie sie mit der Maus anklicken und dabei die Koordinaten nacheinander in eine Formel "schreiben lassen".

Diese Methode kommt z. B. in Frage, wenn Sie in der Beispieltabelle die Gesamtkosten für einen Wagen berechnen möchten. Dazu müssen Sie den Wert aus der Zeile 5, *Listenpreis*, und den Wert in Zeile 7, *Extras*, addieren. Das Ergebnis soll in Zeile 13, *Kosten Gesamt*, stehen.

1. Wählen Sie die Zelle B13 aus, in der die Summe stehen soll.

2. Geben Sie ein Gleichheitszeichen "=" ein. Diese Eingabe setzt in dieser Zelle quasi einen Anker. Wenn Sie nun eine andere Zelle anklicken, werden ihre Koordinaten festgehalten.

3. Klicken Sie die erste Zelle an, die Sie addieren möchten. Das ist die Zelle B5 mit dem Listenpreis von Alpha Cars.

4. Geben Sie dann ein Plus-Zeichen ein, denn die nächste Zelle soll addiert werden. Der Cursor springt zurück in Zelle B13, in der das Ergebnis stehen soll. Nun können Sie die nächste Zelle auswählen, die addiert wird.

5. Klicken Sie Zelle B7 an, in der die Summe der Extras steht. Damit ist die Formel schon fertig.

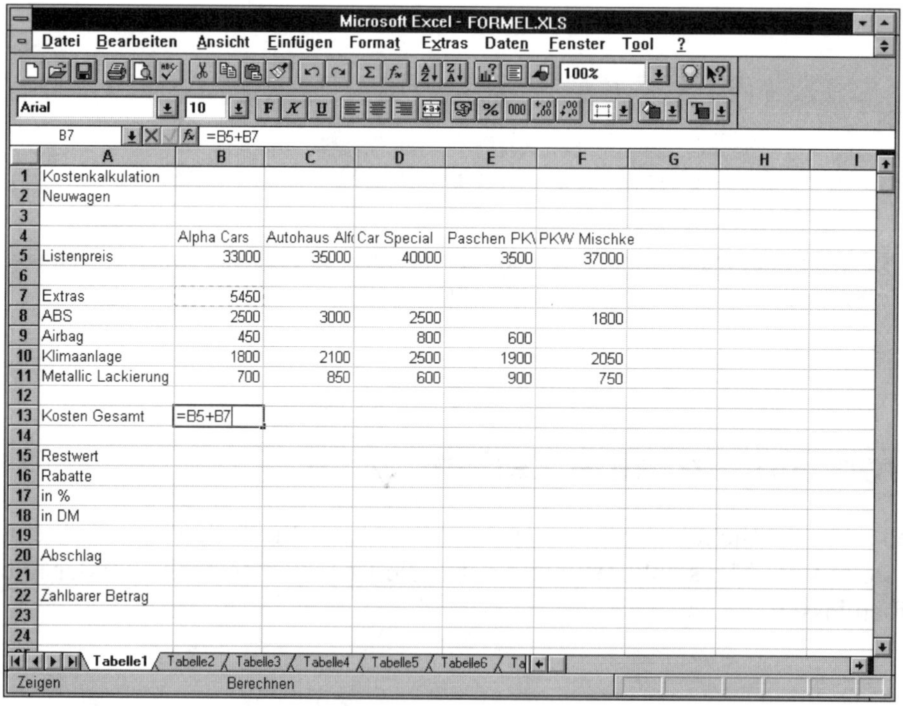

Abb. 54: Addieren der Gesamtkosten

6. Drücken Sie noch die [Enter]-Taste, damit Excel die Formel berechnet und das Ergebnis in die Tabelle einfügt.

 Beachten Sie bitte, daß hinter den letzten Koordinaten kein Plus-Zeichen stehen darf. Ein Plus bedeutet für Excel immer, das noch Werte bzw. Koordinaten folgen.

+, -, *, /: Die Grundrechenarten ✓

Sie können mit Excel aber nicht nur addieren. Für Ihre Formeln stehen Ihnen alle Grundrechenarten zur Verfügung. Selbstverständlich können Sie auch mit Klammern rechnen. Die folgende Tabelle zeigt, welche Rechenzeichen Ihnen zur Verfügung stehen.

Berechnung	Rechenzeichen	Beispiel
Addieren	+	A4 + B8 + C10
Subtrahieren	-	C5 - A4
Multiplizieren	*	A6*A7
Dividieren	/	B5 / C3
Klammern	( )	(A5 + B3) * C4

Im folgenden Beispiel werden Sie die Grundrechenarten nun anwenden.

1. Ergänzen Sie bitte zuerst die erforderlichen Zahlen entsprechend der obigen Abbildung.

 Vergessen Sie das Prozentzeichen nicht. Falls Sie die Zahlen in Zeile 17 ohne Prozentzeichen eingeben, kommen im nächsten Schritt abenteuerliche Werte für den Rabatt in DM heraus. Wenn Sie mit einem Prozentwert rechnen möchten, geben Sie die Zahl auch als Prozentwert ein und ergänzen Sie das Prozentzeichen "%".

Nächster Rechenschritt im Beispiel: Die Prozentangabe für den Rabatt soll in Mark und Pfennig umgerechnet werden. Das geschieht mit Hilfe einer Multiplikation.

2. Wählen Sie die richtige Zelle aus, d. h. die Zelle, in der der Betrag stehen soll. Das ist im Beispiel Zelle B18.

3. Geben Sie ein Gleichheitszeichen "=" ein.

4. Klicken Sie die erste Zelle an, mit der Sie rechnen möchten. Das ist Zelle B17, da hier der prozentuale Rabattsatz steht.

5. Geben Sie dann ein Multiplikationszeichen ein. Das ist entweder das Sternchen auf der Schreibtastatur oder das x auf der Zehnertastatur.

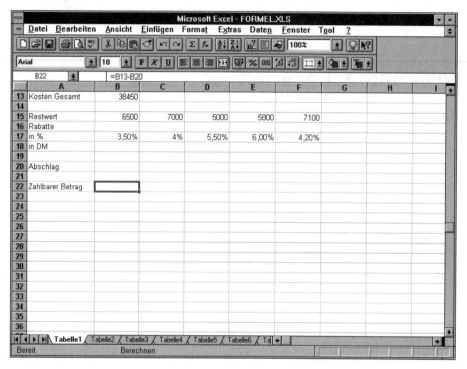

Abb. 55: Ergänzen Sie die Werte und achten Sie auf das Prozentzeichen

 Das x auf der Schreibtastatur dürfen Sie nicht als Rechenzeichen verwenden. Excel würde dann einen Fehler ausweisen.

6. Der Cursor springt zurück in Zelle B18. Klicken Sie nun die nächste Zelle an, die in die Formel aufgenommen werden soll. Das ist Zelle B13, in der die Gesamtkosten berechnet werden.

Damit ist die Formel fertig. Die komplette Formel lautet:

```
=B17*B13
```

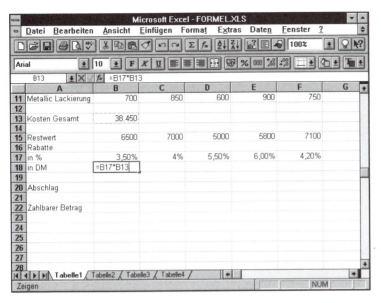

Abb. 56: Umrechnung des Rabattsatzes in Mark und Pfennig

7. Drücken Sie zum Abschluß nun noch ⌈Enter⌉. In Feld B18 können Sie dann lesen, was der ausgehandelte Rabatt in Mark und Pfenning bedeutet. In diesem Beispiel handelt es sich um 1345,75 DM.

Zwei Formeln stehen noch aus: Der Abschlag muß berechnet werden und der Betrag, der schließlich zu zahlen ist. Dabei gehen Sie folgendermaßen vor:

1. Klicken Sie auf die Zelle B20 und geben Sie als Formel "=B15+B18" ein, da sich der Abschlag aus der Summe des Restwerts und des Rabatts in DM ergibt.

2. Für die Berechnung des zahlbaren Betrags klicken Sie zunächst die Zelle B22 an.

3. Die einzugebende Formel lautet "=B13-B20", da sich der zahlbare Betrag aus der Differenz zwischen Gesamtkosten und Abschlag ermittelt.

 Beachten Sie bitte, daß Excel nach der Rechenregel "Punktrechnung geht vor Strichrechnung" arbeitet. Multiplizieren und Dividieren hat also Vorrang vor Addieren und Subtrahieren. Ggf. müssen Sie Klammern setzen, um diese Regel zu umgehen.

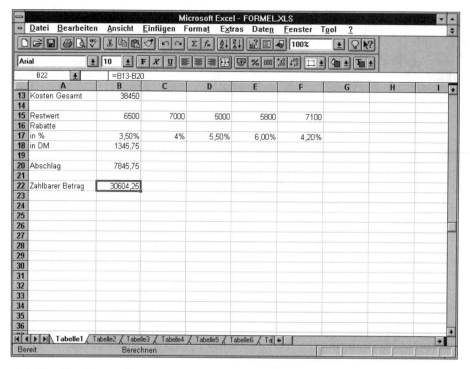

Abb 57: Abschlag und zahlbarer Betrag des ersten Händlers

Flexibel rechnen: Koordinaten statt konkrete Zahlen

Sicher ist es Ihnen aufgefallen: In allen Formeln, die Sie erstellt haben, kommt nicht eine einzige konkrete Zahl vor. Alle Berechnungen erfolgen ausschließlich auf der Basis von Koordinaten. Warum dieser Aufwand?

Wenn Sie mit Koordinaten in einer Formel arbeiten, holt sich Excel stets die aktuellen Werte. D. h., wenn Sie eine Eingabe in die Tabelle machen, prüft Excel automatisch, und ohne daß Sie es merken, ob dieser Wert für eine Formel relevant ist. Und wenn ja, wird die Formel sofort nachberechnet und das Ergebnis aktualisiert. Das geht aber nur, wenn in den Formeln auch die Verweise auf die Zellen stehen, also die Koordinaten.

Das können Sie übrings leicht nachprüfen. Sie brauchen nur einen Wert in der Beispieltabelle zu ändern, etwa die Kosten für ein Extra. Alle Formeln, die direkt oder indirekt auf diesen Wert Bezug nehmen, werden nachgerechnet und aktualisiert - bis zur letzten Zeile, dem zahlbaren Betrag.

Stehen in einer Formel aber konkrete Werte, kann Excel nur mit diesen Werten rechnen. Eine Aktualisierung der Berechnung mit neuen Werten wäre nicht möglich. Damit würde die Tabellenkalkulation einer ihrer ureigensten Fähigkeiten, nämlich dem flexiblen Rechnen, beraubt. Wenn Sie Ihre Formeln aufbauen, arbeiten Sie deshalb stets mit den Koordinaten der Zellen und nicht mit konkreten Werten.

Komplexes Rechnen leicht gemacht: Die Funktionen

In den bisherigen Beispielen ging es nicht über das einfache Summieren oder Multiplizieren hinaus, so daß es Ihnen wahrscheinlich leichtfiel, die entsprechenden Formeln zu erstellen und nachzuvollziehen.

Wie wäre es aber, wenn Sie Zinsen berechnen wollten? Oder gar Zinseszinsen?

Hier stellt Ihnen Excel vorgefertigte Funktionen zur Verfügung.

Funktionen sind "fest vorgegebene" Formeln, die bestimmte Rechenvorgänge ausführen und somit komplizierte Berechnungen vereinfachen. Excel verfügt über zahlreiche verschiedene Funktionen. Damit sie richtig berechnet werden können, setzen sie eine strenge Eingabelogik voraus. Alle Funktionen bestehen im wesentlichen aus zwei Elementen: dem Funktionswort und den Argumenten. Das Funktionswort, z. B. ZINS, wird durch ein Gleichheitszeichen eingeleitet. Unter Argumenten versteht man alle Angaben, die zur Berechnung der Funktion erforderlich sind.

Das A und O bei der Definition einer Funktion ist, alle erforderlichen Argumente einzugeben, und zwar in der korrekten Reihenfolge. Nur dann kann die Funktion richtig berechnet werden. Dabei unterstützt Sie der Funktions-Assistent.

Auf Heller und Pfennig: Finanzmathematische Funktionen

Von den zahlreichen Funktionen, über die Excel verfügt, möchten wir Ihnen die finanzmathematischen etwas näher vorstellen. Sie berechnen z. B. Abschreibungen, Zinsen und Zinseszinsen oder Ratenbeträge bei Krediten. Dazu verwendet Excel in allen finanzmathematischen Funktionen die gleichen Argumente:

ZINS

ZINS ist der Zinssatz pro Periode. Bei einem Bankkredit liegt der Zinssatz beispielsweise bei 10 % pro Jahr oder bei 10 % / 12 = 0,83 % pro Monat. Ob der Zinssatz als Jahres- oder Monatswert eingegeben wird, hängt davon ab, wie die Raten gezahlt werden. Bei einer jährlichen Rückzahlung müßten Sie 10 % eintragen, bei monatlichen Raten 0,83 %. Für das Argument ZINS ist aber in jedem Fall eine Prozentzahl gefragt

ZZR

ZZR (Anzahl der Zahlungszeiträume) gibt die Laufzeit an, genauer, über wie viele Perioden der jeweilige Betrag, in der Finanzwelt als Annuität bezeichnet, gezahlt wird. Wenn beispielsweise ein Kredit über vier Jahre läuft, Sie aber monatlich Raten zurückzahlen, hat der Kredit eine Laufzeit von 4*12 = 48 Perioden. Für ZZR müßten Sie also 48 angeben.

RMZ

RMZ (regelmäßige Zahlung) ist der Betrag, also die sogenannte Annuität, der in jeder Periode gezahlt wird. Wenn Sie für einen Kredit monatlich 250,00 DM zurückzahlen, müßten Sie für RMZ also -250,00 angeben (das Minuszeichen nicht vergessen, wenn Sie Beträge zurückzahlen).

ZW

ZW (zukünftiger Wert) ist der zukünftige Wert oder Endwert, den Sie nach der letzten Rate erreicht haben. Wenn Sie als Beispiel 50.000 DM ansparen möchten, ist der Endwert 50.000. Der Endwert eines Darlehens ist dagegen 0, denn am Ende der Zahlung muß das Darlehen getilgt sein. Wenn Sie ZW nicht angeben, wird 0 angenommen.

Sie sollten unbedingt darauf achten, daß Sie für die beiden Argumente ZINS und ZZR zueinander passende Zeiteinheiten verwenden.

Beispiel 1:

Ein Kredit hat eine Laufzeit von fünf Jahren und wird mit jährlich 11,5 % verzinst. Sie leisten die Rückzahlungen monatlich.

In diesem Beispiel müssen Sie für den ZINS 11,5 % / 12 = 0,958 % und für ZZR 60 angeben. Beide Werte beziehen sich damit auf den Monat.

Beispiel 2:

Ein Kredit läuft wieder über fünf Jahre und wird mit jährlich 11,5 % verzinst. Sie leisten die Rückzahlungen aber einmal pro Jahr.

In diesem Fall geben Sie für den ZINS 11,5 % und für ZZR 5 ein. Beide Werte beziehen sich dann auf die Jahresrate.

Arbeiten mit dem Funktions-Assistenten

Der Funktions-Assistent unterstützt Sie beim Erstellen komplexer Funktionen. Dabei hat er vor allem zwei Vorteile:

- Er zeigt die zahlreichen Funktionen von Excel nach Themengebieten, z. B. Statistik, Finanzmathematik usw., gegliedert an. So ist es einfacher, die gewünschte Funktion zu finden.

- Der Funktions-Assistent gibt Ihnen Schritt-für-Schritt-Informationen zur Erstellung der gewählten Funktion. Er fragt alle erforderlichen Argumente ab, bringt sie in die richtige Reihenfolge und setzt Klammern und Semikola.

Im Funktions-Assistenten können Sie für die einzelnen Argumente zwar auch konkrete Zahlen eingeben, in der Regel soll sich die Funktion aber auf Werte in der Tabelle beziehen. Daher empfiehlt es sich, die Tabelle schon vorzubereiten und die entsprechenden Parameter einzutragen, bevor Sie mit dem Funktions-Assistenten arbeiten.

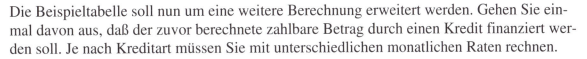

Die Beispieltabelle soll nun um eine weitere Berechnung erweitert werden. Gehen Sie einmal davon aus, daß der zuvor berechnete zahlbare Betrag durch einen Kredit finanziert werden soll. Je nach Kreditart müssen Sie mit unterschiedlichen monatlichen Raten rechnen.

1. Für diese Berechnung ergänzen Sie in Spalte A drei Angaben: in Zelle A24 den Text "Laufzeit/Monate", darunter in Zelle A25 "Zinssatz" und mit einer Zeile Abstand in Zelle A27 "Rate".

2. Als Laufzeit geben Sie den Wert "36" ein, das soll heißen, der Kredit läuft über 36 Monate. Der Zinssatz soll 8,9 Prozent betragen. Da aber die Laufzeit in Monaten angegeben ist, muß auch der Zinssatz auf einen monatlichen Wert umgerechnet, also durch 12 geteilt werden.

3. Geben Sie deshalb folgende Formel in Zelle B25 ein: "=8,9%/12", wobei Sie auf keinen Fall das Prozentzeichen vergessen sollten.

Ergänzungen zu vorang. TABELLE

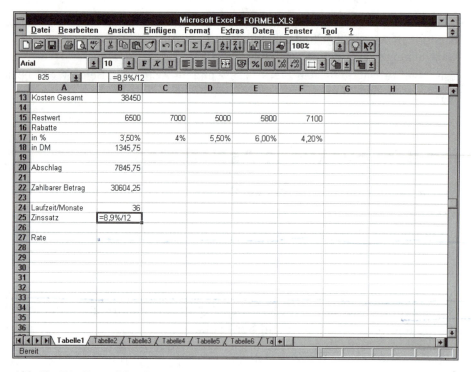

Abb 58: Die Formel für den Zinssatz

4. Ergänzen Sie auch in den Spalten C bis F die Laufzeit, die stets bei 36 Monaten bleiben sollte, und einen Zinssatz.

Als Geteilt-Zeichen verwenden Sie nur den Schrägstrich in der Schreibtastatur bzw. das Geteilt-Zeichen in der Zehnertastatur. Die für die Division gebräuchlichen Doppelpunkte akzeptiert Excel nicht als Rechenzeichen.

Rate berechnen

Genug der Vorbereitungen, nun kann die Rate berechnet werden. Dies werden Sie mit Hilfe des Funktions-Assistenten tun. Wie bei allen Formeln gilt auch beim Funktions-Assistenten, daß zuvor die Zelle, in der die Funktion stehen soll, ausgewählt sein muß.

1. Wählen Sie die Zelle B27 aus und klicken Sie in der Standard-Symbolleiste das Symbol *Funktions-Assistent* an. Sie können auch aus dem Menü *Einfügen* den Befehl *Funktion* anklicken.

104

Excel blendet den Funktions-Assistenten ein. In der linken Hälfte des Dialogfeldes stehen die Kategorien. Es handelt sich hier um Oberbegriffe für die verschiedenen Arten von Funktionen.

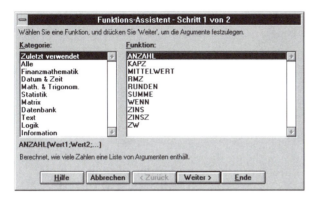

Abb. 59: Das erste Dialogfeld des Funktions-Assistenten

2. Klicken Sie zuerst die Kategorie an, aus der Sie eine Funktion nutzen möchten, in unserem Beispiel *Finanzmathematik*. Im rechten Fensterteil *Funktion* werden Ihnen dann die entsprechenden Funktionen angezeigt.

3. Klicken Sie die Funktion an, die berechnet werden soll. Wählen Sie für das Beispiel die Funktion RMZ, die für regelmäßige Zahlung steht.

   Unterhalb der beiden Listenfelder wird eine Kurzbeschreibung der angeklickten Funktion eingeblendet. Das was dort angezeigt wird, ist allerdings in der Tat sehr kurz und meist wenig verständlich.

   Sie können auch die Schaltfläche *Hilfe* anklicken. Damit öffnen Sie die Excel-On-line-Hilfe, die Sie detaillierter über die ausgewählte Funktion informiert.

4. Für den nächsten Schritt im Funktions-Assistenten reicht ein Doppelklick auf die gewünschte Funktion. Sie können das Funktionswort aber auch anklicken und dann auf die Schaltfläche *Weiter* klicken. Sie wählen RMZ.

   Es öffnet sich ein neues Dialogfeld, in dem die für die gewählte Funktion erforderlichen Parameter abgefragt werden.

105

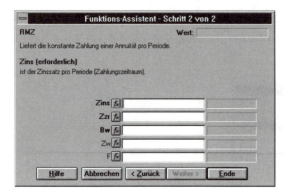

Abb. 60: Der Funktions-Assistent für die Funktion RMZ

Je nach gewählter Funktion werden unterschiedliche und unterschiedlich viele Argumente abgefragt. Die Bezeichnung der Argumente, die vor den Eingabezeilen steht, ist nicht gerade aussagefähig. Für die Zeile, in der der Textcursor steht, wird deshalb am linken oberen Rand des Feldes eine Kurzbeschreibung angezeigt.

So verlangt die Funktion RMZ als erstes Argument den ZINS, also den vereinbarten Zinssatz pro Periode.

In der Regel sollen die Argumente nicht als feste Werte eingeben werden, sondern einen Bezug zu Zellen aus der Tabelle haben. Die Beispieltabelle haben Sie deshalb ja auch entsprechend erweitert.

Wenn Sie wissen, in welcher Zelle der gewünschte Wert steht, können Sie die Koordinaten direkt eintragen. Ansonsten können Sie, während Sie mit dem Funktions-Assistenten arbeiten, die gewünschte Zelle in der Tabelle anklicken.

 Falls das Dialogfeld genau diese Zelle überlagert, klicken Sie in den Titelbalken, halten die linke Maustaste gedrückt und ziehen das Fenster etwas zur Seite.

5. Klicken Sie für den ZINS die Zelle B25 an. Wenn Sie die Zelle angeklickt haben, übernimmt Excel diese Koordinaten in die aktuelle Zeile des Funktions-Assistenten.

 Prüfen Sie stets, ob im Dialogfeld auch die korrekten Koordinaten eingetragen sind. Durch schnelles Klicken in der Tabelle geraten rasch falsche Angaben in den Funktions-Assistenten. Falls das geschieht, können Sie die Einträge mit der Taste Rück löschen.

6. Klicken Sie im Funktions-Assistenen die nächste Zeile ZZR an. Hier ist die Laufzeit gefragt, und die steht in der Tabelle in Zelle B24. Klicken Sie diese Zelle an.

7. Das nächste Argument ist BW, der Barwert. Gemeint ist die Höhe des Kredits. Der soll in diesem Beispiel der Einfachheit halber genauso hoch sein wie der zu zahlende Betrag. Klicken Sie also die Zelle B22 an.

    Einige Argumente, so bei Finanzfunktionen z. B. ZW (Zukunftswert) und F (Fälligkeit), sind optional, daß heißt, Sie müssen hier keinen Wert eingeben. Geben Sie keinen Wert vor, setzt Excel einen Standardwert ein. Darauf wollen wir an dieser Stelle vertrauen und diese beiden Felder leer lassen.

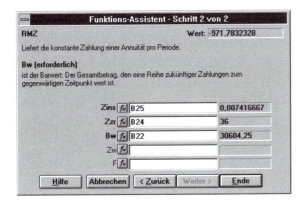

Abb. 61: Alle erforderlichen Eingaben im Funktions-Assistenten

Klicken Sie in diesem Beispiel nicht das Symbol des Funktions-Assistenten an, das vor jeder Eingabezeile steht, Excel geht dann nämlich davon aus, daß Sie Funktionen schachteln möchten. D. h., daß Sie als Argument für eine Funktion nicht einen Wert, sondern wiederum eine Funktion einsetzen. Sie würden deshalb wieder Seite 1 des Funktions-Assistenten mit der Auflistung aller Funktionen erreichen und könnten nun die geschachtelte Funktion auswählen. Im Titelbalken des Funktions-Assistenten macht der Zusatz (Verschachtelt) darauf aufmerksam. Falls das versehentlich passiert, klicken Sie *Abbrechen* an. Nur die Verschachtelung wird unterbrochen, und Sie können die ursprüngliche Funktion ordnungsgemäß beenden.

8. Klicken Sie auf die Schaltfläche *Ende*, um den Funktions-Assistenten zu schließen.
    Excel übernimmt die Funktion in die Tabelle und weist als Ergebnis -971,78 DM aus. Es erscheint in leuchtendem Rot, denn dieser Betrag ist für Sie ein Minus, weil Sie ihn zur Ablösung des Kredits an die Bank zurückzahlen müssen.

9. Speichern Sie nun die Tabelle mit dem Befehl *Speichern unter* aus dem Menü *Datei* im Verzeichnis C:\STEXCEL\BEISPIEL unter dem Namen FORMEL01.XLS ab.

 Zur Kontrolle der Arbeitsschritte dieser Lektion können sie die Datei KOPIER.XLS öffnen. Sie befindet sich nach der Installation der dem Buch beiliegenden Diskette standardmäßig im Verzeichnis C:\STEXCEL.

Zusammenfassung

Sie wollen...	Sie wählen...	Symbol/Tastenkürzel
die Werte einer Spalte addieren.	die Funktion SUMME.	Σ
eine Formel erstellen.	die Felder mit der Maus und geben die Rechenzeichen dazwischen über die Tastatur ein.	
eine Funktion einfügen.	Menü *Einfügen*, Befehl *Funktion*.	*f*_×

Zwischentest

Fragen

1. Waagerecht Funktion, mit der Sie den durchschnittlichen Wert für einen bestimmten Bereich ermitteln.

3. Waagerecht Die Funktion SUMME gehört zu den sogenannten .... oder Statistikfunktionen.

4. Waagerecht Im Dialogfeld *Funktions-Assistent-Schritt 1 von 2* gibt es die beiden Listenfelder *Funktion* und ....

1. Senkrecht Er unterstützt Sie beim Erstellen komplexer Funktionen.

2. Senkrecht Taste, mit der Sie eine Eingabe abschließen.

3. Senkrecht Befehl im Menü *Einfügen*, über den Sie den Funktions-Assistenten auf den Bildschirm holen.

4. Senkrecht Wenn Sie eine Formel aufbauen, sollten Sie stets mit .... arbeiten, damit sich Excel immer die aktuellen Werte holen kann.

Lösungswort

2. Waagerecht Alle Funktionen bestehen im wesentlichen aus zwei Elementen: dem Funktionswert und den ....

Lektion 5
Aus eins mach mehr: Zellen ausfüllen

Daß in einer Tabelle eine Berechnung nur einmal durchgeführt wird, ist eher selten. In der Regel sind in mehreren Zeilen untereinander oder in mehreren Spalten nebeneinander die gleichen Berechnungen gefordert. Sie könnten die Formeln mehrfach eingeben. Sie können die Arbeit aber auch vereinfachen und die Formeln in andere Zellen übertragen. Welche Möglichkeiten Excel dazu bietet, erfahren Sie in dieser Lektion.

Nach dieser Lektion wissen Sie...

♦ was ausfüllen bedeutet.

♦ wie Sie zeilen- oder spaltenweise ausfüllen.

♦ wie Sie Zellinhalte kopieren und einfügen.

♦ was relative und absolute Koordinaten sind.

Was heißt Ausfüllen?

Wie eingangs erwähnt, müssen Sie eine Formel, die in mehreren Spalten nebeneinander oder in mehreren Zeilen untereinander stehen soll, nur einmal eingeben. Danach können Sie die Formeln in die anderen Zellen übertragen, d. h., die anderen Zellen werden mit der Formel ausgefüllt. Das Ausfüllen von Zellen mit einer Formel ist möglich, weil Excel mit sogenannten relativen Koordinaten arbeitet. Übertragen Sie eine Formel von einer Zelle der Tabelle in eine andere, werden automatisch die Koordinaten an die neue Position angepaßt. Ein Beispiel: In Spalte A steht die Formel

```
=A2+A3
```

In Spalte B stehen ebenfalls zwei Zellen, die Sie addieren möchten. Wenn Sie die Zellen in Spalte B mit der Formel aus Spalte A ausfüllen, werden automatisch die Zellkoordinaten entsprechend geändert. Die Formel in Spalte B lautet dann:

```
=B2+B3
```

111

So stellt Excel sicher, daß auch in den ausgefüllten Zellen die richtigen Zahlen berechnet werden. Natürlich können Sie nicht nur Formeln, sondern bei Bedarf auch Zahlen oder Texte übertragen. Besonders einfach ist das Ausfüllen, wenn Sie nach rechts oder links in dieselbe Zeile oder nach oben oder unten in dieselbe Spalte übertragen möchten. Excel verfügt im Menü *Bearbeiten* über den Befehl *Ausfüllen*. Das Ausfüllen kann entweder über diesen Menübefehl oder mit der Maus erfolgen.

Ausfüllen mit der Maus

Wenn Sie eine Zelle angeklickt oder einen Bereich markiert haben, erscheint in der rechten unteren Ecke ein kleines, schwarzes Quadrat - das sogenannte Erweiterungsfeld. Wenn Sie den Mauszeiger genau auf diesen "Anfasser" setzen, ändert er seine Form und erscheint als schwarzes Kreuz. Wenn der Mauszeiger diese Form hat, können Sie allein mit der Maus Zellen ausfüllen.

Das nachfolgende Beispiel ist als Beispieldatei vorbereitet. Nach der Installation der dem Buch beiliegenden Diskette finden Sie die Datei unter dem Namen KOPIER.XLS im Verzeichnis C:\STEXCEL.

	A	B	C	D	E	F	G
1	Kostenkalkulation						
2	Neuwagen						
3							
4		Alpha Cars	Autohaus Alf	Car Special	Paschen PK\	PKW Mischke	
5	Listenpreis	33.000	35000	40000	35500	37000	
6							
7	Extras	5450					
8	ABS	2500	3000	2500		1800	
9	Airbag	450		800	600		
10	Klimaanlage	1800	2100	2500	1900	2050	
11	Metallic Lackierung	700	850	600	900	750	
12							
13	Kosten Gesamt	38.450					
14							
15	Restwert	6500	7000	5000	5800	7100	
16	Rabatte						
17	in %	3,50%	4%	5,50%	6,00%	4,20%	
18	in DM	1345,75					

Microsoft Excel - KOPIER.XLS — Datei Bearbeiten Ansicht Einfügen Format Extras Daten Fenster ? — B7 =SUMME(B8:B11) — Tabelle1 / Tabelle2 / Tabelle3 / Tabelle4 — Bereit — NUM

Abb. 62: Ausfüllen mit der Maus

Als Datei laden KOPIER.XLS

1. Öffnen Sie die Datei KOPIER.XLS aus dem Verzeichnis C:\STEXCEL.

2. Klicken Sie die Zelle B7 an, da zuerst die Summe der Extras, die in der Zelle B7 berechnet wurde, kopiert werden soll.

3. Bewegen Sie den Mauszeiger auf die rechte untere Ecke der Zellumrandung und klicken Sie das Erweiterungsfeld an. Die Maus erscheint als kleines, schwarzes Kreuz.

4. Halten Sie die Maustaste gedrückt und ziehen Sie die Maus über alle Zellen, die Sie ausfüllen möchten. Das ist im Beispiel die Zeile 7 bis Spalte F. Während des Ziehens werden die ausgewählten Zellen durch einen gerasterten Rahmen gekennzeichnet.

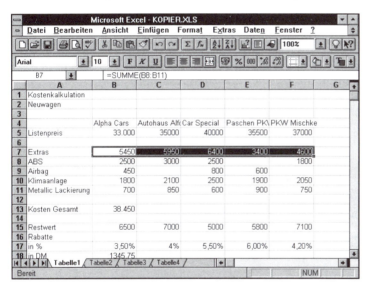

Abb. 63: Der ausgefüllte und berechnete Bereich

5. Wenn Sie die Maustaste loslassen, füllt Excel die ausgewählten Zellen aus, gleichzeitig wird der Bereich markiert. Klicken Sie an eine beliebige Stelle in der Tabelle, um die Markierung aufzuheben.

   Wie in der Abbildung steht schon das Ergebnis in den ausgefüllten Zellen an. In Feld B7 steht die ursprüngliche Formel:

   `=SUMME(B8:B11)`

   Wenn Sie nun das Feld C7 anklicken, sehen Sie, daß der Aufbau der Formel dem aus Feld B7 entspricht, jedoch "B" durch "C" ersetzt wurde:

   `=SUMME(C8:C11)`

113

Genau das war gemeint, wenn eingangs von relativen Koordinaten die Rede war, die beim Übertragen an eine neue Position in der Tabelle angepaßt werden. Wenn Sie sich die restlichen Formeln anschauen, werden Sie feststellen, daß sich auch hier die Koordinaten angepaßt haben.

Zellen über das Menü ausfüllen

Ausfüllen können Sie nicht nur mit der Maus, sondern auch über einen Menübefehl. Das hat einen Vorteil: Sie markieren den Bereich, bevor und nicht während Sie den Befehl ausführen. Ungewollte Ergebnisse durch das Verrutschen des Mauszeigers bleiben so aus. Diese Möglichkeit können Sie in der Tabelle bei der nächsten Formel ausprobieren:

1. Klicken Sie Zelle B13 an, da nun die Formel, die die Gesamtkosten berechnet, übertragen werden soll.

2. Markieren Sie, mit dieser Zelle beginnend, den Zellenbereich, in den die Formel übertragen werden soll. Das ist im Beispiel der Bereich B13 bis F13.

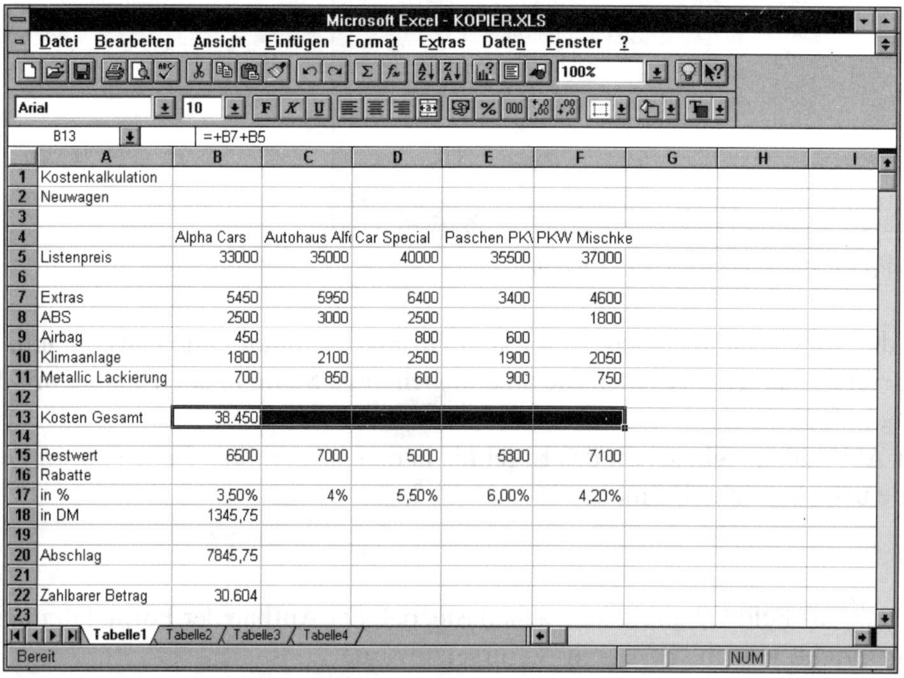

Abb. 64: Dieser Bereich soll markiert sein

Aber Vorsicht: beim Markieren nicht das Erweiterungsfeld anklicken, denn dann würde sofort kopiert werden.

3. Wählen Sie das Menü *Bearbeiten* und hier den Befehl *Ausfüllen*. Klicken Sie dann an, in welche Richtung ausgefüllt werden soll - im Beispiel *Rechts*. Excel überträgt die Formel nach rechts in alle markierten Felder.

 Wie Sie im Menü gesehen haben, können Sie nicht nur nach rechts, sondern auch nach links, nach oben und unten ausfüllen. Entscheidend ist, daß Sie in der Tabelle den Bereich jeweils korrekt markieren. Wenn Sie nach rechts ausfüllen möchten - wie im Beispiel - schließt sich der markierte Bereich rechts an die zu kopierende Zelle an. Wenn Sie nach unten ausfüllen möchten, steht die Zelle, die Sie kopieren möchten, oberhalb der Markierung.

Bereiche ausfüllen

Sie können nicht nur einzelne Zellen ausfüllen, sondern auch einen Bereich. In der Beispieltabelle stehen im Bereich B18 bis B22 drei Formeln, die alle nach rechts ausgefüllt werden müssen. Statt jede Formeln einzeln zu bearbeiten, können Sie den Bereich markieren und ganz ausfüllen. Mit der Maus geht es am schnellsten:

1. Markieren Sie den Bereich B18 bis B22.
2. Klicken Sie den Anfasser unten rechts an, halten Sie die Maustaste gedrückt und dehnen Sie die Markierung bis zu Feld 22 aus. Lassen Sie dann die Maustaste los.

Wenn Ihnen die Maus-Methode nicht behagt, können Sie über den Menübefehl kopieren:

1. Markieren Sie den Bereich B18 bis F22.
2. Wählen Sie im Menü *Bearbeiten* den Befehl *Ausfüllen* und hier die Option *Rechts*.

Das Ergebnis sollte in beiden Fällen folgendermaßen aussehen:

	Microsoft Excel - KOPIER.XLS							
Datei Bearbeiten Ansicht Einfügen Format Extras Daten Fenster ?								

Arial · 10 · **F** *K* U

B18 · =+B17*B13

	A	B	C	D	E	F	G	H
3								
4		Alpha Cars	Autohaus Alfo	Car Special	Paschen PK\	PKW Mischke		
5	Listenpreis	33000	35000	40000	35500	37000		
6								
7	Extras	5450	5950	6400	3400	4600		
8	ABS	2500	3000	2500		1800		
9	Airbag	450		800	600			
10	Klimaanlage	1800	2100	2500	1900	2050		
11	Metallic Lackierung	700	850	600	900	750		
12								
13	Kosten Gesamt	38.450	40.950	46.400	38.900	41.600		
14								
15	Restwert	6500	7000	5000	5800	7100		
16	Rabatte							
17	in %	3,50%	4%	5,50%	6,00%	4,20%		
18	in DM	1345,75	1638	2552	2334	1747,2		
19								
20	Abschlag	7845,75	8638	7552	8134	8847,2		
21								
22	Zahlbarer Betrag	30.604	32.312	38.848	30.766	32.753		
23								
24	Laufzeit /Monate	36	36	36	36	36		
25	Zinssatz	0,00741667	0,006	0,006666667	0,00541667	0,00375		

Tabelle1 / Tabelle2 / Tabelle3 / Tabelle4

Bereit   NUM

Abb. 65: Der markierte Bereich wurde in einem Arbeitsschritt ausgefüllt und berechnet

Von hier nach dort: Zellen kopieren

Die einfachste Methode, eine Formel in andere Zellen zu übertragen, bietet der Befehl *Ausfüllen*. Doch leider können Sie diese Möglichkeit nicht immer nutzen, denn die Formel, die Sie auf diese Art übertragen möchten, und die Zellen, die Sie ausfüllen, müssen direkt nebeneinander bzw. untereinander stehen. Falls das nicht so ist, müssen Sie eine andere Methode wählen, um Formeln zu übertragen. Der Befehl heißt dann nicht mehr *Ausfüllen*, sondern *Kopieren*. Sie finden ihn ebenfalls im Menü *Bearbeiten*.

1. Markieren Sie die Zelle B27.
2. Klicken Sie in der Symbolleiste das Symbol *Kopieren* an. Sie können den Befehl *Kopieren* auch aus dem Menü *Bearbeiten* oder aus dem Kontext-Menü wählen.
3. Markieren Sie den Bereich, in den die kopierte Formel eingefügt werden soll, im Beispiel C27 bis F27.

4. Klicken Sie das Symbol *Einfügen* an oder wählen Sie den gleichnamigen Befehl im Menü *Bearbeiten*.

Damit wird die zuvor kopierte Zelle in den markierten Bereich eingefügt. Der Bildschirm sollte dann folgendermaßen aussehen:

	Microsoft Excel - KOPIER.XLS							
Datei	Bearbeiten	Ansicht	Einfügen	Format	Extras	Daten	Fenster	?

G27

	A	B	C	D	E	F	G	H
9	Airbag	450		800	600			
10	Klimaanlage	1800	2100	2500	1900	2050		
11	Metallic Lackierung	700	850	600	900	750		
12								
13	Kosten Gesamt	38.450	40.950	46.400	38.900	41.600		
14								
15	Restwert	6500	7000	5000	5800	7100		
16	Rabatte							
17	in %	3,50%	4%	5,50%	6,00%	4,20%		
18	in DM	1345,75	1638	2552	2334	1747,2		
19								
20	Abschlag	7845,75	8638	7552	8134	8847,2		
21								
22	Zahlbarer Betrag	30.604	32.312	38.848	30.766	32.753		
23								
24	Laufzeit /Monate	36	36	36	36	36		
25	Zinssatz	0,00741667	0,006	0,006666667	0,00541667	0,00375		
26								
27	Rate	-971,78 DM	-1.000,66 DM	-1.217,36 DM	-942,95 DM	-974,30 DM		
28								
29								
30								
31								

Tabelle1 / Tabelle2 / Tabelle3 / Tabelle4 /

Bereit — NUM

Abb 66: Die Formel für die Ratenberechnung wurde kopiert

Erscheinen statt der Zahlen in einigen Zellen Doppelkreuze (#)? Die Doppelkreuze heißen nur eins: die Spalte ist zu klein, um die Zahlen im gewählten Format darzustellen. Sie können in diesem Fall entweder das Zahlenformat ändern - doch dazu kommen wir erst in Lektion 7 "Alles akkurat: Zahlenformate ändern" - oder Sie verbreitern die Spalte. Zum Verändern der Spaltenbreite können Sie die Maus oder den Befehl *Spalte* im Menü *Format* nutzen. Näheres zur Spaltenbreite finden Sie in Lektion 3 "Tabellen aufbauen".

ABLAGE v. Tabelle in Lektion 5

Sie können nicht nur einzelne Zellen, sondern auch ganze Bereiche kopieren und einfügen. Die Besonderheit dabei: Den Zielbereich, also den Bereich, in den eingefügt werden soll, müssen Sie nicht genau markieren. Es reicht, die obere linke Ecke anzugeben.

Soviel zum Kopieren in der Beispieltabelle.

1. Speichern Sie die Tabelle mit dem Befehl _Speichern unter_ aus dem _Menü Datei_ im Verzeichnis C:\STEXCEL\BEISPIEL unter dem Namen KOPIER01.XLS ab.

 Das Ergebnis dieser Arbeitsschritte finden Sie als Datei FORMAT.XLS im Verzeichnis C:\STEXCEL.

Absolute und relative Koordinaten

Zum Schluß dieser Lektion wird es ausnahmsweise etwas theoretisch. Es geht nämlich um relative und absolute Koordinaten.

Wie Sie gesehen haben, arbeitet Excel normalerweise mit relativen Zellbezügen. Relativ heißt, daß beim Kopieren von Formeln die Koordinaten an die neue Position in der Tabelle angepaßt werden.

Je nachdem, wie eine Tabelle aufgebaut ist, ist diese Anpassung jedoch nicht erwünscht. Dann können Sie relative Koordinaten in absolute Bezüge umwandeln.

Absolute Koordinaten heißt, daß die Koordinaten auch beim Kopieren unverändert bleiben, also nicht an die neue Position in der Tabelle angepaßt werden.

Ein einfaches Beispiel:

Sie erstellen eine Währungstabelle, die gestaffelt die Umrechnung zwischen Dollars und DM ausweist. Den aktuellen Tageskurs tragen Sie in eine Zelle ein, auf die Sie in allen Formeln Bezug nehmen.

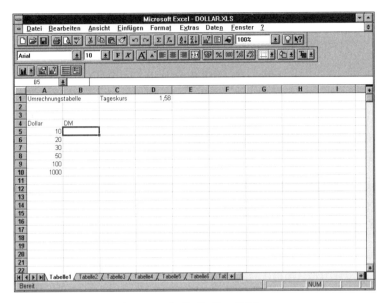

Abb. 67: Die Umrechnungstabelle Dollar-DM

Eine solche Tabelle ist schnell aufgebaut. Rufen Sie aus dem Menü *Datei* den Befehl *Neu* auf und geben Sie die Rahmendaten ein. Orientieren Sie sich dabei an der oben stehenden Abbildung.

In Spalte A stehen die Dollar-Beträge, die in DM umgerechnet werden sollen. Spalte B ist für die errechneten DM-Beträge vorgesehen. Oberhalb dieser Liste steht in Zelle D1 der aktuelle Tageskurs, in diesem Fall 1,58.

Rechnen mit relativen Koordinaten

Der erste DM-Wert ist leicht errechnet:

1. Klicken Sie das Feld B5 an, in dem der DM-Betrag stehen soll.
2. Leiten Sie die Formel mit einem Gleichheitszeichen ein. Klicken Sie dann den Dollar-Betrag in Feld A5 an. Geben Sie ein Mal-Zeichen ein und klicken Sie den Umrechnungskurs in Feld D1 an.

    Die komplette Formeln lautet:

    ```
    =A5*D1
    ```

119

3. Drücken Sie die [Enter]-Taste.

Als Ergebnis wird erwartungsgemäß 15,8 ausgewiesen.

Die Formel in Feld B5 müßte man doch in die darunterliegenden Zeilen kopieren können, oder nicht? Probieren Sie es aus.

1. Klicken Sie Zelle B5 an.
2. Bewegen Sie den Mauszeiger auf das Erweiterungsfeld unten rechts und füllen Sie die Felder B6 bis B10 mit der Formel aus.

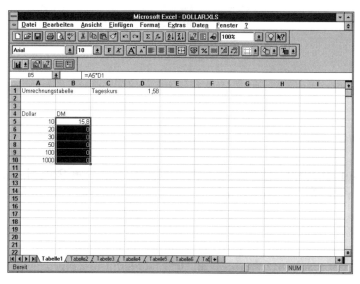

Abb. 68: Kopieren mit relativen Koordinaten

Wie Sie sehen, ist das Ergebnis nicht befriedigend. Beim Kopieren wurden alle Koordinaten an die neue Position in der Tabelle angepaßt. Das hat zur Folge, daß sich die Formeln nicht mehr auf die Zelle mit dem aktuellen Tageskurs (im Beispiel D1), sondern auf die leeren Zellen darunter beziehen. Schauen Sie sich die Formeln in den einzelnen Zellen an. In Zelle B5 steht die korrekte Formel:

    =A5*D1

Und in Zelle B6? Dort steht die Formel

    =A6*D2

Die Anpassung der Koordinate A5 in A6 ist korrekt, denn schließlich soll der Dollar-Wert aus Zeile 6 in DM umgerechnet werden. Die Anpassung der Koordinate D1 in D2 ist aber nicht korrekt, denn der Tageskurs steht nach wie vor fest in Zelle D1. Wenn Sie die Formel kopieren wollen, darf sich diese Koordinate nicht ändern. Für solche Fälle bietet Excel die Umsetzung in absolute Koordinaten an.

Arbeiten mit absoluten Koordinaten

Koordinaten in Formeln können Sie direkt bei der Eingabe, aber auch nachträglich in absolute Bezüge umwandeln. Im Beispiel ist die Formel bereits erstellt, also müssen die Koordinaten nachträglich umgewandelt werden.

1. Klicken Sie zuerst in die Zelle, in welcher die zu bearbeitende Formel steht, im Beispiel B5.

2. Klicken Sie doppelt auf die Zelle, um in den Bearbeitungsmodus zu schalten.

3. Markieren Sie innerhalb der Formel die Koordinate D1.

4. Drücken Sie die Funktionstaste F4. Diese wandelt relative in absolute Koordinaten um. Bestätigen Sie mit Enter, um die geänderte Formel in die Tabelle zu übernehmen.

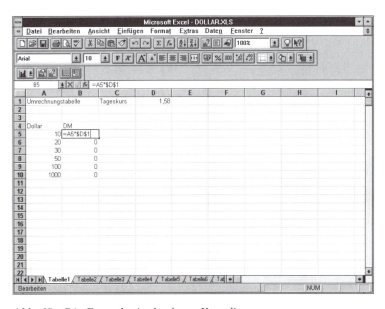

Abb. 69: Die Formel mit absoluten Koordinaten

Das Dollarzeichen $ vor Kennbuchstaben bzw. -ziffern macht die absolute Koordinate aus. Absolute Koordinaten werden beim Kopieren nicht verändert. Sie können beide Angaben einer Koordinate absolut setzen oder nur die Zeile oder die Spalte (mehrfach F4 drücken).

 Sie können eine Koordinate auch direkt bei der Eingabe absolut setzen. Bauen Sie die Formel wie gewohnt auf. Drücken Sie die Funktionstaste F4, unmittelbar nachdem Sie die Koordinate, die Sie absolut setzen möchten, eingegeben bzw. ausgewählt haben.

Nach diesen Vorbereitungen müssen Sie die Formel natürlich nochmals kopieren.

1. Klicken Sie das Feld B5 an.

2. Bewegen Sie den Mauszeiger wiederum auf das Erweiterungsfeld unten rechts und füllen Sie nochmals die Felder B6 bis B10 aus. Sie müssen diese Felder nicht zuvor löschen, Excel überschreibt sie ohne weiteres.

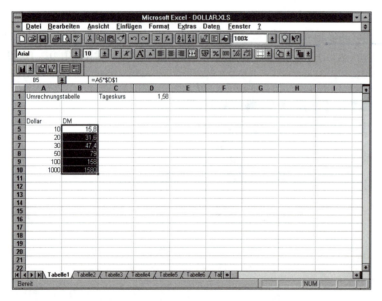

Abb. 70: Nach dem Kopieren mit absoluten Koordinaten

Schauen Sie sich nun nocheinmal die Formeln an. In Zelle B5 steht die Formel

`=A5*$D$1`

Und in Zelle B6 steht jetzt die Formel

```
=A6*$D$1
```

Die Koordinate A5 wurde nach wie vor in A6 angepaßt. Doch die Koordinate D1 ist unverändert geblieben. Denn - das war ja der Sinn der Aktion - absolute Koordinaten werden beim Kopieren nicht angepaßt.

Speichern Sie die Datei im Verzeichnis C:\STEXCEL\BEISPIEL unter dem Namen DOLLAR01.XLS ab.

Schließen Sie dann die Tabelle (Menü *Datei*, Befehl *Schließen*).

Die fertige Währungstabelle finden Sie zur Kontrolle unter dem Namen DOLLAR.XLS im Verzeichnis C:\STEXCEL.

Zusammenfassung

Sie wollen...	Sie wählen...	Symbol/Tastenkürzel
Zellen ausfüllen.	Menü *Datei*, Befehl *Ausfüllen*.	Erweiterungsfeld
Zellen kopieren.	Menü *Datei*, Befehl *Kopieren*.	
Zellen einfügen.	Menü *Datei*, Befehl *Einfügen*.	
Koordinaten absolut setzen.	vor der Spalten- oder Zeilenbezeichnung der Zelle das $-Zeichen.	F4

Zwischentest

Fragen

1. Waagerecht In diesem Menü finden Sie den Befehl *Ausfüllen*.

1. Senkrecht Dieses Zeichen vor Kennbuchstaben bzw. -ziffern macht die absolute Koordinate aus.

2. Senkrecht .... Koordinaten heißt, daß die Koordinaten auch beim Kopieren unverändert bleiben, also nicht an die neue Position in der Tabelle angepaßt werden.

3. Senkrecht Mit dieser Funktionstaste wandeln Sie relative in absolute Koordinaten um.

4. Senkrecht .... heißt, daß beim Kopieren von Formeln die Koordinaten an die neue Position in der Tabelle angepaßt werden.

5. Senkrecht Um eine Formel in andere Zellen zu übertragen, die nicht direkt nebeneinander bzw. untereinanderstehen, wählen Sie nicht den Befehl *Ausfüllen*, sondern diesen Befehl.

Lösungswort

2. Waagerecht Das .... von Zellen mit einer Formel ist möglich, weil Excel mit sogenannten relativen Koordinaten arbeitet.

Lektion 6
Mehr als schöner Schein: Tabelle gestalten

Von der Gestaltung der Tabelle hängen ganz wesentlich Aussagekraft und Übersichtlichkeit ab. Durch die Umgestaltung von Texten z. B. durch verschiedene Schriftgrößen oder die Hervorhebung von Zeilen durch Schraffuren erlangt die Tabelle ein wesentlich besseres Erscheinungsbild.

Nach dieser Lektion wissen Sie...

♦   wie Sie die Schriftart und -größe ändern.

♦   wie Sie Texte fett oder kursiv setzen.

♦   wie Sie einen Bereich mit Linien strukturieren.

♦   wie Sie eine Zeile oder eine Spalte schraffieren.

♦   wie Sie Felder ausrichten.

♦   wie Sie automatisch formatieren.

Schriftarten und Schriftattribute

Mit Excel können Sie für die Gestaltung der Tabelle alle Schriftarten nutzen, die Ihnen Microsoft Windows zur Verfügung stellt. Zusätzlich stehen Ihnen die Schriftattribute *Fett*, *Kursiv* und *Unterstrichen* zur Verfügung.

Die wichtigsten Funktionen können Sie direkt aus der Symbolleiste *Format* am oberen Bildschirmrand abrufen; weitere Optionen finden Sie, wenn Sie im Menü *Format* den Befehl *Zellen* anklicken und im Dialogfeld *Zellen formatieren* die Registerkarte *Schrift* auswählen.

Die verschiedenen Möglichkeiten werden Ihnen im folgenden am Beispiel der Kostenkalkulation für ein neues Auto vorstellen.

Lade !

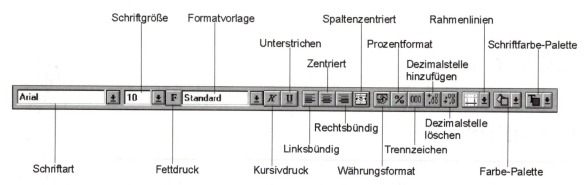

Abb. 71: Die Symbolleiste Format

 Laden Sie die Datei FORMAT.XLS, die sich nach der Installation der Beispieldateien im Verzeichnis C:\STEXCEL befindet.

Schriftart und -größe auswählen

Verschiedene Schriftarten und -größen wählen Sie am schnellsten direkt aus der Symbolleiste *Format*. Falls diese Leiste nicht angezeigt sein sollte, blenden Sie sie ein.

1. Wählen Sie aus dem Menü *Ansicht* den Befehl *Symbolleisten*.
2. Klicken Sie das Kontrollkästchen für die Symbolleiste *Format* an.
3. Bestätigen Sie das Dialogfenster mit *OK*.

Symbolleiste ist eingeblendet

Wenn die Symbolleiste angezeigt ist, kann es direkt losgehen. Erster Schritt: Der Titel *Kostenkalkulation* sowie die Unterzeile *Neuwagen* sollen in einer anderen Schrift erscheinen.

1. Markieren Sie den Bereich, den Sie in einer anderen Schriftart darstellen möchten, im Beispiel A1 bis A2.
2. Klicken Sie in der Symbolleiste das Listenfeld *Schriftart* an. In diesem Feld wird der Name der Schrift angezeigt, die im aktuellen Bereich verwendet wird. Das ist bei Excel standardmäßig die Schrift *Arial*. Wenn Sie den Listenpfeil anklicken, rollt eine Liste herunter, die alle unter Windows verfügbaren Schriften anzeigt.
3. Klicken Sie die gewünschte Schriftart an. Wählen Sie für die Überschrift die Schriftart *Times New Roman*. Die markierten Zellen werden entsprechend formatiert, und die Liste rollt hoch.

4. Klicken Sie nun das Feld A1 an, um für dieses Feld zusätzlich die Schriftgröße zu ändern.

5. Die Schriftgröße wählen Sie ebenfalls aus einem Listenfeld. Klicken Sie in der Symbolleiste *Format* das Listenfeld *Schriftgröße* an.

6. Es rollt eine Liste auf, die die verfügbaren Schriftgrößen anzeigt. Die normale Schriftgröße entspricht 10 Punkt. Je höher die Punktzahl, desto größer die Schrift. Klicken Sie für die Überschrift die Größe 24 an.

7. Ändern Sie auch die Größe für die zweite Zeile der Überschrift. Wählen Sie für das Feld A2 die Schriftgröße 18.

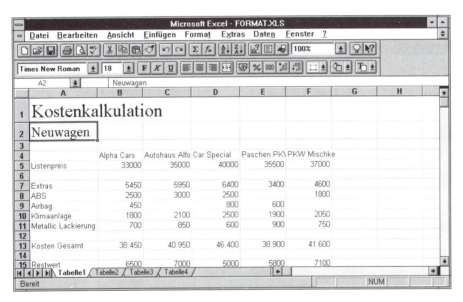

Abb. 72: Die Zellen A1 und A2 sind neu formatiert

Mit der Auswahl der Schriftart und der Schriftgröße sind die Formatierungsmöglichkeiten von Excel jedoch noch lange nicht erschöpft. Sie können auch die sogenannten Schriftattribute verwenden. Die gebräuchlichsten zusätzlichen Gestaltungen für Schriften sind Fettdruck, Unterstreichungen oder kursive Schrift. Alle drei Attribute können Sie direkt aus der Format-Symbolleiste aufrufen.

Verknüpfen von Bereichen   STRG - halten !

Mehrere Bereiche formatieren

Der Text in Spalte A sowie die Namen der Autohäuser in Zeile 4 sollen fett gesetzt werden.

1. Markieren Sie die Namen der Autohäuser. Das ist der Bereich B4 bis F4.

2. Drücken Sie die Taste Strg und halten Sie sie gedrückt.

3. Markieren Sie nun den Bereich A5-A27. Halten Sie dabei die Taste Strg weiterhin gedrückt.

4. Wenn alle gewünschten Bereiche markiert sind, lassen Sie Strg und die Maustaste los.

5. Klicken Sie das Symbol *Fettdruck* in der Symbolleiste *Format* an. Die markierten Zellen werden nun fett formatiert.

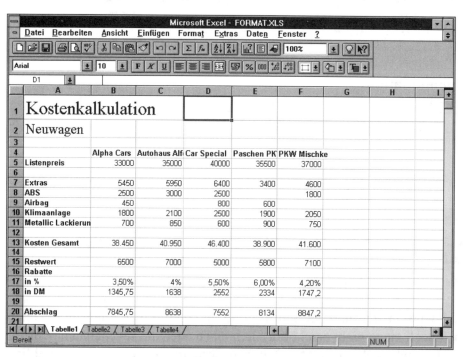

Abb. 73: Gestaltung der Texte mit dem Attribut Fett

Alle drei Symbole *Fettdruck*, *Kursivdruck* und *Unterstrichen* sind Schaltflächen, die beim ersten Klicken das Attribut einstellen, es beim zweiten Klick aber wieder löschen. Um ein Schriftattribut zu entfernen, markieren Sie also die entsprechenden Zellen und klicken das jeweilige Symbol nochmals an.

Die Registerkarte Schriftart

Alle Gestaltungsbefehle für Schriften, also Schriftart, Schriftgröße, Attribute und noch einige andere Optionen, sind in der Registerkarte *Schriftart* zusammengefaßt. Hier können Sie alle Schriftgestaltungen "auf einen Streich" vornehmen. Sie holen sich die Registerkarte auf den Bildschirm, indem Sie den Befehl *Zellen* im Menü *Format* wählen und das Register im Dialogfeld *Zellen formatieren* anwählen.

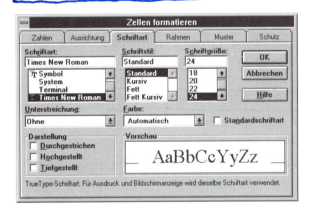

Abb. 74: Die Registerkarte Schriftart

Wenn Sie noch Schriften ändern möchten, markieren Sie zuvor den entsprechenden Bereich. Ansonsten schauen Sie sich die Registerkarte nur an:

Schriftart	Dieses Listenfeld enthält die vorhandenen Schriftarten.
Schriftgröße	Die Schriftgröße bestimmen Sie in diesem Listenfeld.
Schriftstil	In diesem Listenfeld legen Sie fest, ob die markierten Zellen fett, kursiv, fett und kursiv oder ohne spezielles Schriftattribut formatiert werden sollen.
Unterstreichung	Wenn Sie Zahlen und Texte unterstreichen möchten, wählen Sie die gewünschte Form aus dieser Liste aus.
Farbe	Über dieses Listenfeld legen Sie die Schriftfarbe fest.
Standardschriftart	Dieses Kontrollkästchen klicken Sie, wenn Sie wollen, daß die zuvor getroffenen Einstellungen als Standardschriftart übernommen werden sollen.

Darstellung	Klicken Sie die Kontrollkästchen *Durchgestrichen*, *Hochgestellt* oder *Tiefgestellt* an, wenn Sie den Text oder die Zahlen in den markierten Zellen so dargestellt haben wollen.
Vorschau	Dies ist ein Feld, das die gewählten Formatierungen schematisch darstellt. Hier können Sie vorab prüfen, ob Ihnen die angeklickte Schriftart gefällt.

Vorteil der Registerkarte *Schriftart* ist, daß Sie mehrere Schriftgestaltungen im einem Arbeitsgang ausführen können und in der Vorschau direkt beim Auswählen der Befehle sehen, wie die Schrift umgesetzt wird.

Rahmen und Linien für den Überblick

Eine wichtige Option zur übersichtlichen Gestaltung der Tabelle sind Rahmen und Linien. Excel bietet die Möglichkeit, Zellen mit verschiedenartigen Linien einzurahmen. Auch das geht - wie fast alles bei Excel - am schnellsten über ein Symbol. Linien können Sie am linken oder rechten, oberen oder unteren Rand jeder Zelle im markierten Bereich setzen. Sie können aber auch um den gesamten markierten Bereich herum einen Rahmen setzen.

Die Rahmen-Palette

In der Beispieltabelle sollen zunächst die Namen der Autohäuser mit Linien herausgestellt werden.

1. Markieren Sie den Bereich B4 bis F4.

2. Klicken Sie in der Symbolleiste das Listenfeld *Rahmenlinien-Palette* an. Ein Feld mit verschiedenen Rahmendefinitionen wird sichtbar. Excel stellt verschiedenartige Linien - dünn, dick oder doppelt - bereit, die zudem an verschiedene Ränder der Zelle gesetzt werden können.

3. Klicken Sie auf das Symbol unten links in der Rahmenlinien-Palette. So wird sowohl am oberen als auch am unteren Rand der markierten Felder eine Linie gesetzt.

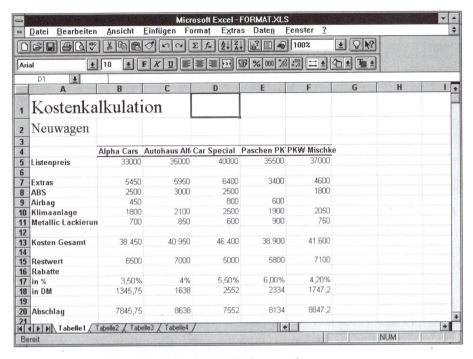

Abb. 75: Der markierte Bereich wird mit Linien gestaltet

Die Registerkarte Rahmen

Eine größere Auswahl, Linienarten auszuwählen und Rahmen zu positionieren, bietet die Registerkarte *Rahmen* des Dialogfeldes *Zellen formatieren*. Hier können Sie nicht nur die Position auswählen, wo Linien gedruckt werden, sondern außerdem festlegen, in welcher Art die Linie erscheint und welche Farbe sie haben soll.

Auch wenn Sie mit der Registerkarte *Rahmen* arbeiten, müssen Sie vorher wissen, welche Linien Sie wo setzen möchten, und den Bereich in der Tabelle entsprechend markieren.

In der Beispieltabelle soll nun der komplette Bereich, in dem die Zahlen stehen, mit Linien strukturiert werden.

1. Markieren Sie den Bereich B5 bis F27.
2. Wählen Sie im Menü *Format* den Befehl *Zellen* oder im Kontext-Menü den Befehl *Zellen formatieren*. Klicken Sie die Registerkarte *Rahmen* an.

Abb. 76: Die Registerkarte Rahmen

Im Dialogfeld zeigt Excel für die einzelnen Rahmenpositionen *Gesamt*, *Links*, *Rechts*, *Oben* und *Unten* an, ob im markierten Bereich Linien gesetzt sind:

Ein leeres Feld bedeutet, daß für den Rand keine Linien definiert sind. Ist das Feld neben *Gesamt*, *Links*, *Rechts*, *Oben* oder *Unten* schraffiert, ist die Formatierung im markierten Bereich uneinheitlich. Für einige Zellen sind Linien definiert, für andere nicht. Wird eine Linie angezeigt, so sind die Zellen im markierten Bereich mit dieser Linie formatiert.

Definieren Sie nun die gewünschte Linie:

1. Wählen Sie über das Auswahlfeld *Art* Gestaltung und Stärke der Linien, im Beispiel die gepunktete Linie in der zweiten Spalte an der zweiten Position.

2. Wählen Sie dann die Position der Linie. Um alle Felder im markierten Bereich rund- herum mit Linien zu gestalten, klicken Sie *Oben*, *Unten*, *Rechts* und *Links* an.

3. Um den markierten Bereich herum soll noch eine dicke Linie stehen. Klicken Sie im Bereich *Rahmen* die Option *Gesamt* an und wählen Sie als Linienart die dicke, durch- gezogene Linie in der ersten Spalte an dritter Position.

4. Bestätigen Sie das Dialogfeld mit *OK*.

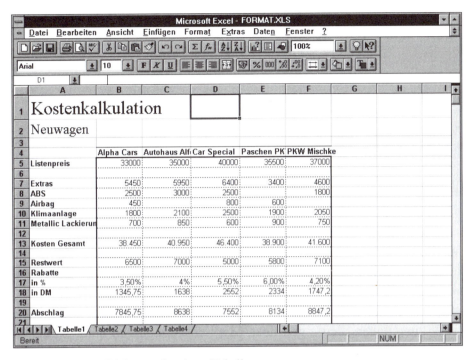

Abb. 77: Die mit Linien strukturierte Tabelle

Wenn Sie gesetzte Linien löschen möchten, markieren Sie den entsprechenden Bereich. Klicken Sie die *Rahmenlinien-Palette* an und wählen Sie das Symbol in der linken oberen Ecke. Dieses Symbol löscht alle Linien im markierten Bereich.

Farben und Schraffuren

Rahmen und Linien waren erst der Anfang. Weitere professionelle Gestaltungen sind mit Farben und Schraffuren möglich. Sie wählen sie über die Registrierkarte *Muster* im Dialogfeld *Zellen formatieren* bzw. über die *Farbe-Palette*. Auch hier ist das Symbol der schnellste Weg der Formatierung.

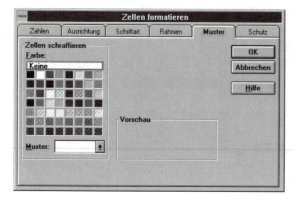

Abb. 78: Die Registerkarte Muster

Im Beispiel sollen die Texte, die Sie eben bereits fett gesetzt haben, mit einer Farbe hinterlegt werden. Wie schon vorhin können Sie auch jetzt die beiden Bereiche markieren und in einem Arbeitsschritt gestalten.

1. Markieren Sie die Namen der Autohäuser. Das ist der Bereich B4 bis F4. Drücken Sie die Taste ⎡Strg⎤ und halten Sie sie gedrückt. Markieren Sie nun in Spalte A den Bereich A5 bis A27 aus. Nun können Sie die Taste ⎡Strg⎤ loslassen.

2. Klicken Sie in der Symbolleiste das Listenfeld *Farbe-Palette* an.

3. Es öffnet sich eine Farbpalette, in der Sie die gewünschte Farbe nur anzuklicken brauchen. Wenn Sie Felder hinterlegen möchten, eignet sich am besten ein möglichst heller Farbton. Klicken Sie Hellgrau an (2. Zeile, Position 7). Das Feld *Keine* löscht alle Farben aus dem markierten Bereich.

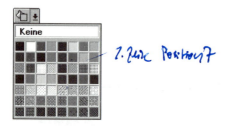

7. Zeile Position 7

Abb. 79: Die geöffnete Farbpalette

ACHTUNG   Drucker s/w – farb

Die farbenprächtige Gestaltung der Tabelle wird beim Druck mit einem Schwarzweißdrucker in Grautöne umgesetzt. Wenn Sie kräftige Farben gewählt haben, kann es passieren, daß der Ausdruck schwer lesbar ist. Probieren Sie am besten in einer Testtabelle aus, welche Farbe welchem Grauton Ihres Druckers entspricht. Dann können Sie die Farbe gezielt einsetzen, um sowohl auf dem Monitor ein ansprechendes Bild zu erzeugen, als auch ein gutes Druckresultat zu erzielen.

Felder ausrichten: Rechts, links und zentriert

Bei der Eingabe haben Sie es bereits bemerkt: Zellen, in denen Texte stehen, werden standardmäßig linksbündig ausgerichtet, Zellen mit Werten oder Formeln rechtsbündig. Diese Standards können Sie beliebig ändern und sowohl Texte als auch Werte linksbündig oder rechtsbündig setzen oder in einem Feld zentrieren.

Innerhalb der Zellen ausrichten

Wie nicht anders zu erwarten, stellt Ihnen Excel auch für die Ausrichtung entsprechende Symbole zur Verfügung. Sie brauchen nur den Bereich zu markieren und das entsprechende Symbol anzuklicken - das war's.

Probieren Sie es selbst aus. Markieren Sie einen Bereich und ändern Sie die Ausrichtung mit den Symbolen *Linksbündiger Text*, *Rechtsbündiger Text* und *Zentrierter Text* aus der Symbolleiste *Format*. Nur eine Bitte: Lassen Sie die Überschrift so, wie Sie ist. Für diese hat Excel eine besondere Formatierung in petto.

Über mehrere Spalten zentrieren

Wie gerade angekündigt, hält Excel für die Ausrichtung der beiden Überschriftenzeilen eine besondere Option bereit: Sie können Texte (oder auch Zahlen) über einen markierten Bereich zentrieren. So ist es möglich, eine Überschrift genau in die Mitte über eine Tabelle zu setzen.

1. Markieren Sie den Bereich, in dem Sie die Überschrift zentrieren möchten. Das ist in der Beispieltabelle der Bereich A1 bis F2. In diesem Bereich sind beide Überschriftenzeilen erfaßt.

2. Klicken Sie das Symbol *Zentriert über Spalten* an. Excel setzt die Texte genau in die Mitte des markierten Bereichs.

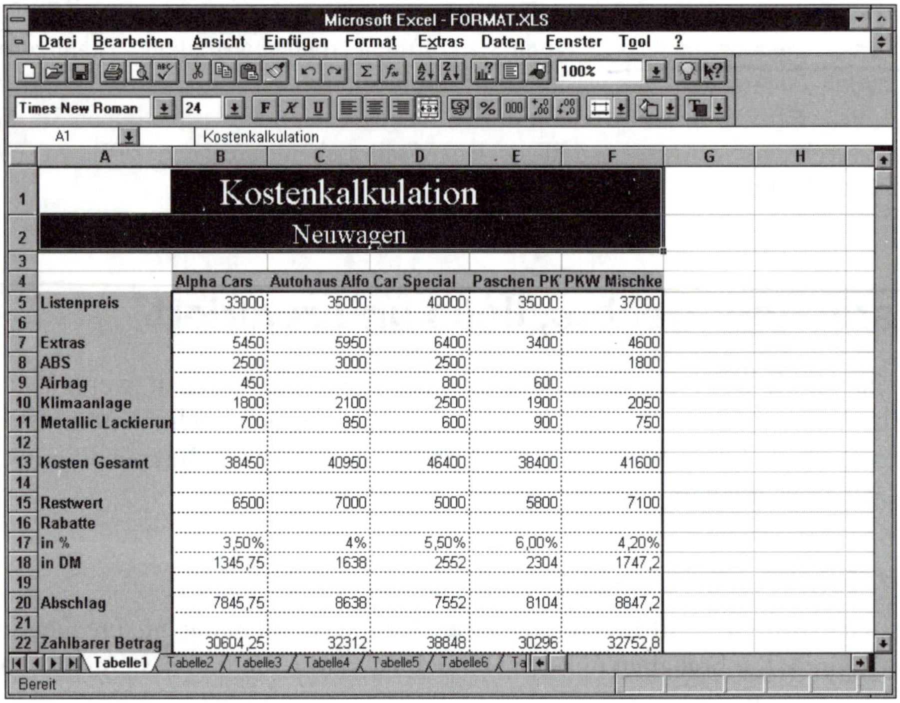

	A	B	C	D	E	F
1	Kostenkalkulation					
2	Neuwagen					
3						
4		Alpha Cars	Autohaus Alfo	Car Special	Paschen PK	PKW Mischke
5	Listenpreis	33000	35000	40000	35000	37000
6						
7	Extras	5450	5950	6400	3400	4600
8	ABS	2500	3000	2500		1800
9	Airbag	450		800	600	
10	Klimaanlage	1800	2100	2500	1900	2050
11	Metallic Lackierun	700	850	600	900	750
12						
13	Kosten Gesamt	38450	40950	46400	38400	41600
14						
15	Restwert	6500	7000	5000	5800	7100
16	Rabatte					
17	in %	3,50%	4%	5,50%	6,00%	4,20%
18	in DM	1345,75	1638	2552	2304	1747,2
19						
20	Abschlag	7845,75	8638	7552	8104	8847,2
21						
22	Zahlbarer Betrag	30604,25	32312	38848	30296	32752,8

Abb. 80: Über Spalten zentrierte Überschriften

Texte über mehrere Spalten zu zentrieren, ist ein sehr wirkungsvolles Gestaltungselement, das aber seine Tücken hat. Der Text steht jetzt nämlich nicht in dem Tabellenfeld, in dem er erscheint. Die Eingabe des Textes erfolgte in Feld A1 - und da steht die Überschrift immer noch, auch wenn Sie scheinbar in Spalte B beginnt.

Probieren Sie es: Klicken Sie das Feld B1 oder C1 an: beide Felder sind leer - wie Sie in der Bearbeitungszeile erkennen können. Klicken Sie jetzt Feld A1 an. In der Bearbeitungszeile erscheint der Text "Kostenkalkulation". Wenn Sie einen Text, der über Spalten zentriert ist, bearbeiten, ändern oder formatieren möchten, müssen Sie das Feld anklicken, in das Sie diesen Text ursprünglich geschrieben haben.

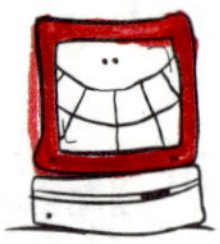

Der Text, den Sie über mehrere Spalten zentrieren möchten, muß immer in der ersten Spalte dieses Bereichs stehen. Schauen Sie sich das Beispiel an: Die beiden Überschriften wurden in Spalte A eingetragen und im Spaltenbereich A bis F zentriert.

Eigentlich sieht die Tabelle ja schon recht ansprechend aus. Störend sind jedoch die langen Namen der Autohäuser, die immer noch übereinander geschrieben werden. Die Spalten breiter zu machen, wäre eine Lösung. Doch es gibt noch andere Möglichkeiten. Wie wäre es, wenn Sie diese Texte in zwei Zeilen untereinander schreiben oder die Texte senkrecht statt waagerecht ausrichten? Excel stellt beide Gestaltungsmöglichkeiten bereit.

Zeilenumbruch innerhalb der Zellen

Der Zeilenumbruch innerhalb der Felder ist eigentlich die eleganteste Methode, lange Texte in einem schmalen Feld unterzubringen.

1. Markieren Sie die Zellen, für die Sie einen Zeilenumbruch zulassen möchten, im Beispiel B4 bis F4.

2. Wählen Sie im Menü *Format* den Befehl *Zellen* oder im Kontext-Menü *Zellen formatieren*. Klicken Sie dann die Registerkarte *Ausrichtung* an.

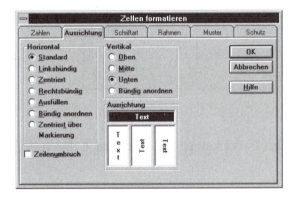

Abb. 81: Die Registerkarte Ausrichtung

3. Klicken Sie im Dialogfeld unten links das Kontrollkästchen *Zeilenumbruch* an. Jetzt darf in den markierten Zellen ein Textumbruch erfolgen.

4. Bestätigen Sie das Dialogfeld mit *OK*.

5. Um die mehrzeiligen Zellen jetzt noch zu zentrieren, markieren Sie die Zellen und klicken das Symbol *Zentriert* an.

Excel führt einen Zeilenumbruch bevorzugt dort durch, wo ein Leerzeichen oder ein Trennungsstrich steht. Sind diese Zeichen nicht vorhanden, wird auch schon mal mitten im Wort umbrochen. Klicken Sie doppelt in diesem Fall auf die Zelle und ergänzen Sie einen Trennungsstrich.

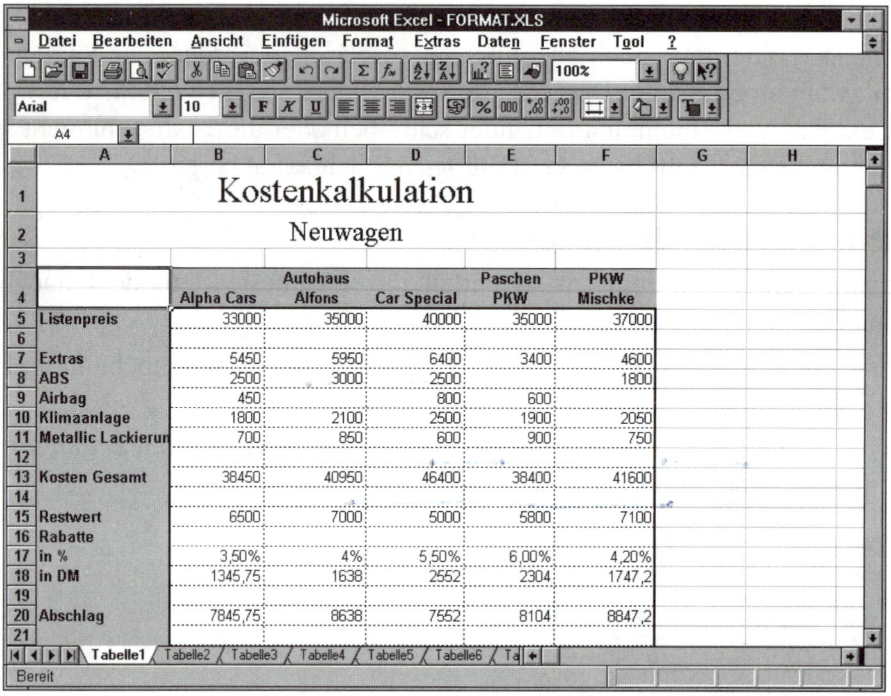

Abb. 82: Zeilenumbruch in einer Zelle

Wenn die Spaltenbreiten groß genug sind, führt Excel keinen Zeilenumbruch durch. Verringern Sie in diesem Fall die Spaltenbreite.

Spaltenüberschriften senkrecht ausrichten

Spaltenüberschriften können auch senkrecht in einem Feld stehen. Diese Möglichkeit bietet sich vor allem dann an, wenn Ihre Tabelle sehr viele, schmale Zahlenspalten nebeneinander enthält. Probieren Sie diese Gestaltung in der Beispieltabelle aus.

1. Markieren Sie die Zellen für den senkrechten Text, im Beispiel B4 bis F4.

2. Wählen Sie im Menü Format den Befehl *Zellen* oder im Kontext-Menü *Zellen formatieren*. Klicken Sie im Dialogfeld *Zellen formatieren* die Registerkarte *Ausrichtung* an.

3. Unter *Vertikal* wählen Sie, ob der senkrecht geschriebene Text am oberen oder unteren Rand der Zelle beginnt bzw. in der Mitte ausgerichtet wird. Klicken Sie die Ausrichtung *Unten* an.

4. Wählen Sie unter *Ausrichtung*, wie der senkrechte Text dargestellt werden soll. Klicken Sie die mittlere Option an.

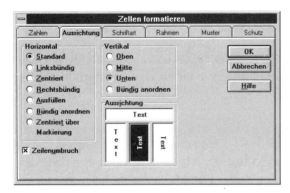

Abb. 83: Die Einstellungen in der Registerkarte Ausrichtung

5. Nur wenn ein Zeilenumbruch erlaubt ist, kann der senkrechte Text in mehreren Zeilen nebeneinander geschrieben werden. Klicken Sie also das Kontrollkästchen *Zeilenumbruch* an.

	Alpha Cars	Autohaus Alfons	Car Special	Paschen PKW	PKW Mischke		
Kostenkalkulation							
Neuwagen							
Listenpreis	33000	35000	40000	35000	37000		
Extras	5450	5950	6400	3400	4600		
ABS	2500	3000	2500		1800		
Airbag	450		800	600			
Klimaanlage	1800	2100	2500	1900	2050		
Metallic Lackierun	700	850	600	900	750		
Kosten Gesamt	38450	40950	46400	38400	41600		
Restwert	6500	7000	5000	5800	7100		
Rabatte							
in %	3,50%	4%	5,50%	6,00%	4,20%		
in DM	1345,75	1638	2552	2304	1747,2		
Abschlag	7845,75	8638	7552	8104	8847,2		

Abb. 84: Überschriften senkrecht ausrichten

Wie eben bereits erwähnt, müssen Sie den Zeilenumbruch ggf. noch anpassen.

Die Anpassung der Zeilenhöhe

Bei Excel können Sie nicht nur die Spaltenbreite, sondern auch die Zeilenhöhe anpassen. Dies ist vor allem wichtig, wenn Sie innerhalb einer Zeile einen Zeilenumbruch zulassen oder wenn Sie Texte senkrecht ausrichten.

Zeilenhöhe mit der Maus anpassen

Am einfachsten ändern Sie die Zeilenhöhe direkt mit der Maus. Dazu bewegen Sie den Mauszeiger auf die untere Begrenzungslinie der Zeile. Die Maus erscheint in Form einer waagerechten Linie mit jeweils einem Pfeil nach oben und unten.

1. Bewegen Sie den Mauszeiger auf die Begrenzungslinie am Rand zwischen der 4. und 5. Zeile.

2. Klicken Sie die Begrenzungslinie an und halten Sie die Maustaste gedrückt. Im Info-Feld der Bearbeitungszeile, wo sonst die Koordinaten der aktuellen Zelle angezeigt werden, wird nun die Zeilenhöhe eingeblendet.

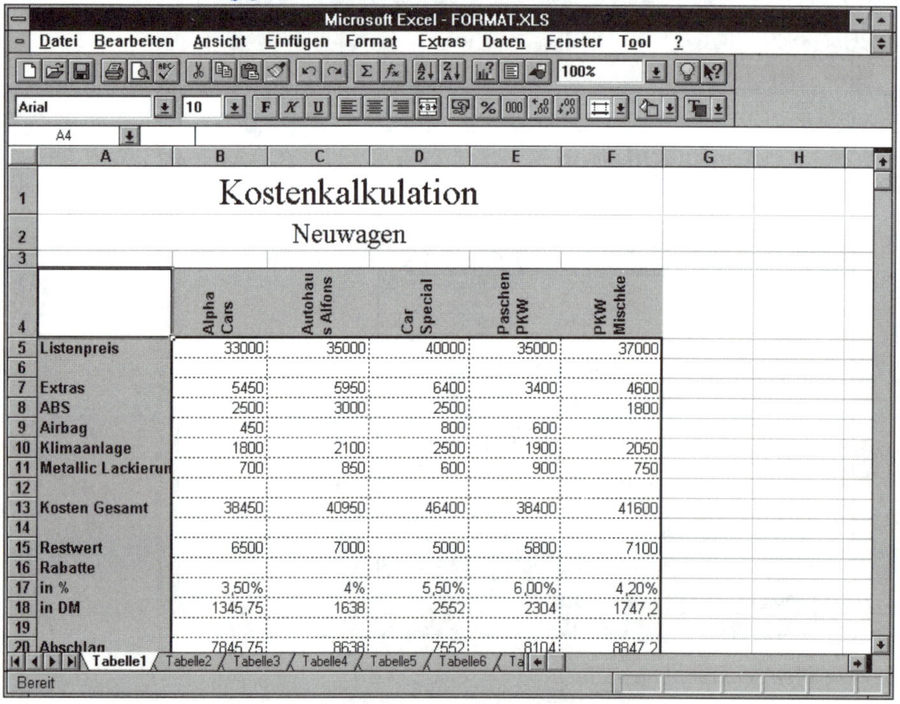

Abb. 85: Die Höhe der Zeile 4 wurde mit der Maus angepaßt

3. Ziehen Sie die Begrenzungslinie bei immer noch gedrückter Maustaste nach unten - Dadurch wird die Zeile breiter.

4. Lassen Sie die Maustaste los, wenn die gewünschte Zeilenhöhe erreicht ist (siehe Abbildung 85).

Wenn Sie die Begrenzungslinie nach oben statt nach unten schieben, verkleinern Sie die Zeilehöhe entsprechend.

Von einer Zelle zur anderen: Formate übertragen

Ein aufwendiges Format in einer Zelle können Sie mit der Maus auf eine andere Zelle oder einen Zellbereich übertragen. Probieren Sie es aus. Doch zuerst erstellen Sie ein Format, daß sich zu übertragen lohnt:

1. Klicken Sie die Zelle A5 an, die den Text "Listenpreis" enthält.

2. Ändern Sie die Schriftgröße auf 12 Punkt.

3. Setzen Sie den Text mit einem Klick auf das entsprechende Symbol kursiv.

4. Setzen Sie über das Symbol unten rechts in der *Rahmenlinien-Palette* einen Rahmen um das Feld.

5. Wählen Sie aus dem Listenfeld *Farbe-Palette* eine andere Farbe, z. B. gelb.

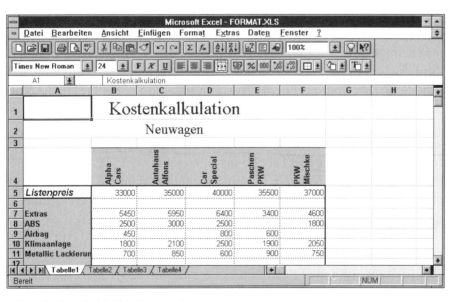

Abb. 86: Das Feld A5 mit neuer Formatierung

143

ANLEGEN der Tabelle "FORMAT01.XLS"

Nun soll dieses Format auf andere Zellen übertragen werden:

1. Markieren Sie die Zelle A5, deren Format Sie übertragen möchten.
2. Klicken Sie in der Symbolleiste *Format* das Symbol *Format übertragen* an. Der Cursor verwandelt sich in einen Pinsel mit einem Kreuz.

3. Klicken Sie die Zelle an, auf die Sie das Format übertragen möchten. Das ist im Beispiel die Zelle A13, "Kosten gesamt".

 Sobald ein Feld angewählt wird, überträgt Excel das Format auf diese Zelle. Wenn Sie eine Pfeiltaste drücken, wird damit automatisch eine Zelle angewählt. Auf diese würde Excel das Format direkt übertragen. Wenn das Symbol *Format übertragen* angeklickt ist, blättern Sie also nur über die Bildlaufleisten durch die Tabelle.

4. Übertragen Sie das Format noch auf die Zelle A27. Zuvor müssen Sie allerdings das Symbol *Format übertragen* nochmals anklicken.

Excel überträgt alle Formate der Ursprungszelle, d. h. Farben und Linien, Schriftart und Schriftgröße, Ausrichtung und Füllmuster. Wenn's nicht gefällt, machen Sie den Befehl über das gleichnamige Symbol rückgängig.

Automatisches Formatieren

Wenn es einmal ganz schnell gehen soll, haben Sie in Excel die Möglichkeit, die Tabelle "automatisch" zu formatieren. In diesen sogenannten AutoFormaten sind Gestaltungen für das Zahlenformat, die Schriftart und -größe, die Ausrichtung, die Spaltenbreite, die Rahmen und Farben hinterlegt.

Für das automatische Formatieren stehen 14 vordefinierte Formate zur Auswahl. Bevor Sie das AutoFormat nutzen, speichern Sie die Tabelle im Verzeichnis C:\STEXCEL\BEISPIEL unter dem Dateinamen FORMAT01.XLS ab. In dem Zustand, in dem die Tabelle jetzt ist, wird sie in der nächsten Lektion nochmals gebraucht. Dann geht es um die Gestaltung der Zahlen.

Im Prinzip genügt es bei dieser Art des Formatierens, ein Feld in dem Tabellenbereich anzuklicken, den Sie "automatisch" formatieren möchten. Excel bezieht den gesamten zusammenhängenden Bereich um diese Zelle herum in die Formatierung ein. Wenn Sie ganz sicher gehen möchten, markieren Sie jedoch den gewünschten Bereich. Das empfiehlt sich vor allem dann, wenn leere Zeilen in der Tabelle sind.

1. Markieren Sie in der Beispieltabelle den Bereich A4 bis F27.

2. Klicken Sie im Menü *Format* den Befehl *AutoFormat* an.

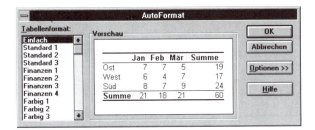

Abb. 87: Das Dialogfenster AutoFormat

In der Liste *Tabellenformat* werden die Namen der vordefinierten Formate angezeigt. Im Feld *Vorschau* wird anhand einer Standardtabelle das gewählte Format schematisch dargestellt.

3. Klicken Sie die verschiedenen Formate der Reihe nach an und schauen Sie sich das Ergebnis in der Vorschau an.

4. Wenn Ihnen ein Format gefällt, bestätigen Sie mit *OK*.

Sind Sie mit dem Ergebnis zufrieden? Wenn nicht, machen Sie die Formatierung rückgängig. Klicken Sie das Symbol *Rückgängig* an, und schon hat die Tabelle wieder Ihre alte Form.

Sie können alle vordefinierten Formateinstellungen aber auch manuell ändern. Im AutoFormat nutzt Excel auch keine anderen Befehle als die, die Sie in dieser Lektion zum Gestalten der Tabelle kennengelernt haben. Die Ausnahme sind die Zahlenformate, die in der nächsten Lektion näher erläutert werden.

 Sie können auch einzelne Formatbefehle vom AutoFormatieren ausnehmen. Im Befehl *AutoFormat* finden Sie dazu die Schaltfläche *Optionen*. Standardmäßig sind hier alle Kontrollkästchen angeklickt. Sie können die Optionen ausschalten, die Sie nicht automatisch verändern möchten. In der Regel werden die Spaltenbreiten bereits beim Erstellen der Tabelle optimal angepaßt. Deshalb empfiehlt es sich, zumindest die Option *Breite / Höhe* im AutoFormat auszuschalten.

Zusammenfassung

Sie wollen...	Sie wählen...	Symbol/Tastenkürzel
die Schriftart ändern.	Menü *Format*, Befehl *Zellen*, Registerkarte *Schriftart*, Listenfeld *Schriftart*.	Arial
die Schriftgröße ändern.	Menü *Format*, Befehl *Zellen*, Registerkarte *Schriftart*, Listenfeld *Schriftgröße*.	10
Text fett formatieren.	Menü *Format*, Befehl *Zellen*, Registerkarte *Schriftart*, Schriftstil *Fett*.	F
Text kursiv formatieren.	Menü *Format*, Befehl *Zellen*, Registerkarte *Schriftart*, Schriftstil *Kursiv*.	K
Text unterstreichen.	Menü *Format*, Befehl *Zellen*, Registerkarte *Schriftart*, Schriftstil *Unterstreichung*.	U
Rahmen und Linien setzen.	Menü *Format*, Befehl *Zellen*, Registerkarte *Rahmen*.	
Zellen mit Farben hinterlegen.	Menü *Format*, Befehl *Zellen*, Registerkarte *Muster*.	
Zellen ausrichten.	Menü *Format*, Befehl *Zellen*, Registerkarte *Ausrichtung*.	
Text über Spalten zentrieren.	Menü *Format*, Befehl *Zellen*, Registerkarte *Ausrichtung*, Option *Zentriert über Markierungen*.	
einen Zeilenumbruch zulassen.	Menü *Format*, Befehl *Zellen*, Registerkarte *Ausrichtung*, Option *Zeilenumbruch*.	
Spaltenüberschriften senkrecht stellen.	Menü *Format*, Befehl *Zellen*, Registerkarte *Ausrichtung*, Option *Ausrichtung*.	

Formate kopieren.	Menü *Bearbeiten*, Befehl *Kopieren*.	
eine Tabelle automatisch formatieren.	Menü *Format*, Befehl *AutoFormat*.	

Zwischentest

Fragen

1. Waagerecht Diese Registerkarte bietet Ihnen eine Auswahl an Linienarten.

2. Waagerecht Befehl im Menü *Format*, der das Dialogfeld *Zellen formatieren* aufruft.

4. Waagerecht Menü, über das Sie Symbolleisten einblenden lassen können.

1. Senkrecht Zellen schraffieren können Sie über diese Registerkarte im Dialogfeld *Zellen formatieren*.

2. Senkrecht Der .... innerhalb der Felder ist eigentlich die eleganteste Methode, lange Texte in einem schmalen Feld unterzubringen.

3. Senkrecht Befehl im Menü *Format*, der das Dialogfeld zum "automatischen" Formatieren öffnet.

4. Senkrecht Auf der Registerkarte *Rahmen* des Dialogfeldes *Zellen formatieren* finden Sie die Rahmenpositionen: Links, Rechts, Oben, Unten und ....

Lösungswort

3. Waagerecht Auf dieser Registerkarte sind alle Gestaltungsbefehle für Schriften zusammen-gefaßt.

Lektion 7
Alles akkurat: Zahlenformate ändern

Wesentliche Gestaltungsmerkmale haben Sie bereits in Lektion 6 kennengelernt. Doch eins blieb in dieser Lektion außen vor: die Darstellung der Zahlen in der Tabelle. Nachkommastellen, Tausenderpunkte oder DM-Zeichen sind einige der Optionen, die Excel diesbezüglich zur Verfügung stellt.

Nach dieser Lektion wissen Sie...

♦ wie Sie per Mausklick die Anzahl der Nachkommastellen ändern.

♦ wie Sie große Zahlen mit Tausenderpunkt darstellen.

♦ wie die Excel-Zahlenformate aufgebaut sind.

♦ wie Sie eigene Zahlenformate erstellen.

♦ wie Sie das Prozentformat einsetzen.

Wer den Pfennig nicht ehrt...: Die Nachkommastellen

Excel stellt alle Zahlen standardmäßig mit der größtmöglichen Genauigkeit dar. Wenn Sie also vier Nachkommastellen eingegeben haben oder eine Formel vier Nachkommastellen errechnet, werden sie in der Tabelle angezeigt. Mit einer Ausnahme: Nullen als Dezimalstellen unterdrückt Excel.

Die Darstellungsform der Zahlen in der Tabelle - man spricht hier vom Zahlenformat - können Sie ändern. Am schnellsten ändern Sie die Anzahl der Nachkommastellen. Für diese Lektion können Sie auf die in der letzten Lektion abgespeicherten Datei FORMAT01.XLS im Verzeichnis C:\STEXCEL\BEISPIEL zurückgreifen.

Sie können für diese Lektion auch die Datei ZAHLEN.XLS aus dem Verzeichnis C:\STEXCEL laden.

laden von FORMAT 01.

149

In der Tabelle sollen nun zuerst die Zahlen bearbeitet werden, die mehrere Nachkommastellen aufweisen. Das sind die DM-Beträge, die als Rabatt ausgewiesen werden.

1. Markieren Sie alle Zellen, für die Sie die Anzahl der Nachkommastellen ändern möchten, im Beispiel den Bereich B18 bis F18.

2. Klicken Sie in der Symbolleiste *Format* das Symbol *Dezimalstelle löschen* an. Excel löscht die Dezimalstelle nicht tatsächlich, sondern rundet die Zahl um eine Nachkommastelle.

	A	B	C	D	E	F	G	H
10	Klimaanlage	1800	2100	2500	1900	2050		
11	Metallic Lackierun	700	850	600	900	750		
12								
13	*Kosten Gesam*	38.450	40.950	46.400	38.900	41.600		
14								
15	Restwert	6500	7000	5000	5800	7100		
16	Rabatte							
17	in %	3,50%	4%	5,50%	6,00%	4,20%		
18	in DM	1345,8	1638,0	2552,0	2334,0	1747,2		
19								
20	Abschlag	7845,75	8638	7552	8134	8847,2		
21								
22	Zahlbarer Betrag	30.604	32.312	38.848	30.766	32.753		
23								
24	Laufzeit /Monate	36	36	36	36	36		
25	Zinssatz	0,00741667	0,006	0,006666667	0,00541667	0,00375		
26								

Abb. 88: Eine Dezimalstelle wurde gelöscht

3. Um dies zu überprüfen, klicken Sie das Symbol *Dezimalstelle hinzufügen* an. Es kommt wieder eine Dezimalstelle dazu, und die Zahl hat wieder ihr ursprüngliches Aussehen.

4. Löschen Sie jetzt für den markierten Bereich alle Nachkommastellen, indem Sie mehrmals auf das Symbol *Dezimalstelle löschen* klicken.

   In der Tabelle existieren noch zwei weitere Bereiche, die Nachkommastellen enthalten: der Abschlag und der zu zahlende Betrag.

5. Markieren Sie die Bereiche B20-F22.

6. Löschen Sie die Nachkommastellen über das Symbol *Dezimalstelle löschen*.

Auf den Punkt gebracht: Tausendertrennzeichen

Eine ebenso beliebte wie sachgerechte Formatierung ist die Darstellung großer Zahlen mit Tausendertrennzeichen, also 10.000.000 statt 10000000. Auch hier reichen eine Markierung und ein Mausklick aus, um zum gewünschten Ergebnis zu kommen. Doch schauen Sie sich die Tabelle zuvor genau an: Es sind nämlich mehrere, nicht zusammenhängende Bereiche, in denen der Tausenderpunkt erforderlich ist:

- zum einen der Bereich B5 bis F15, in dem die Einzelpreise stehen
- zum zweiten der Bereich, in dem Rabatt, Abschlag und zu zahlender Betrag berechnet werden, B18 bis F22.

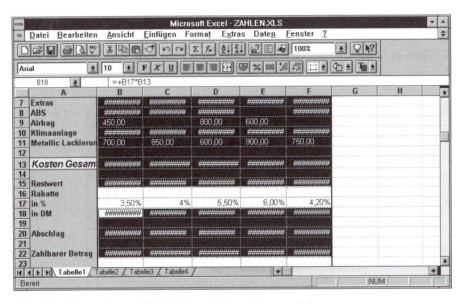

Abb. 89: Die markierten Tabellenbereiche mit Trennzeichen

Beide Bereiche, können zugleich markiert und dann auch zusammen gestaltet werden.

1. Markieren Sie den Bereich B5 bis F15. Halten Sie die Taste ⌨Strg gedrückt und markieren Sie den zweiten Bereich, B18 bis F22.
2. Klicken Sie das Symbol *Tausendertrennzeichen* in der Symbolleiste *Format* an. Das Symbol setzt nicht nur das Trennzeichen, sondern ergänzt automatisch zwei Nachkommastellen, und die Zahlen werden am rechten Rand um zwei Zeichen eingerückt.

Und was ist das Ergebnis? Einige der Zahlen sind aus der Tabelle verschwunden, und statt dessen sind die Felder mit Doppelkreuzen ## gefüllt.

Diese Doppelkreuze sind das Zeichen dafür, daß die Zahl im gewählten Format nicht dargestellt werden kann - die Spaltenbreite ist zu klein dafür. Zwei Möglichkeiten stehen Ihnen zur Verfügung, um dies zu ändern:

Sie können entweder das Zahlenformat ändern, reduzieren also die Anzahl der Nachkommastellen, oder Sie machen die Spalten breiter. Am einfachsten ist es, die Dezimalstellen zu löschen, um somit die Zahlenbreite zu verringern. Gehen Sie dabei folgendermaßen vor:

1. Markieren Sie nochmals die beiden Bereiche B5 bis F15 und B18 bis F22, sofern sie nicht mehr markiert sind.

2. Klicken Sie auf das Symbol *Dezimalstellen löschen*. Sobald Sie alle Dezimalstellen gelöscht haben, reicht die Spaltenbreite aus und die Zahlen werden wieder angezeigt.

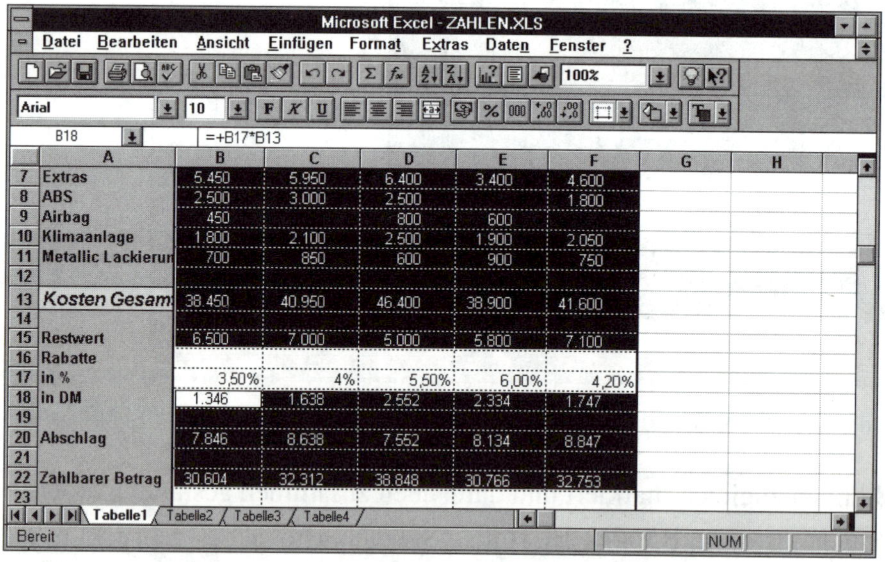

![Screenshot von Microsoft Excel - ZAHLEN.XLS mit der Tabelle]

Abb 90: Die Dezimalstellen sind gelöscht

Die verschiedenen Excel-Zahlenformate

Über die oben besprochenen Symbole sind die gängigsten Gestaltungen für Zahlen per Mausklick zu erreichen. Weitere Optionen finden Sie auf der Registerkarte *Zahlen*. Ob Datumsformate, Währungszeichen oder wissenschaftliche Darstellung, Excel bietet für jede Anwendung ein entsprechendes Format.

1. Markieren Sie in der Beispieltabelle den Bereich B5 bis F15, in dem die Einzelpreise stehen, und bei gedrückter ⌈Strg⌉-Taste den Bereich, in dem Rabatt, Abschlag und zu zahlender Betrag berechnet werden, also den Bereich B18 bis F22.

2. Wählen Sie im Menü *Format* den Befehl *Zellen* oder im Kontext-Menü den Befehl *Zellen formatieren*.

3. Klicken Sie im Dialogfeld *Zellen formatieren* die Registerkarte *Zahlen* an.

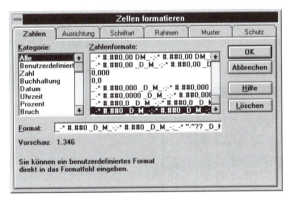

Abb. 91: Die Registerkarte Zahlen

Standardmäßig zeigt Excel alle definierten Formate an, und das sind annähernd 40. Über das Listenfeld *Kategorie* können Sie auswählen, welche Arten von Zahlenformat angezeigt werden sollen. In der Liste *Zahlenformate* werden dann nicht mehr alle Formate, sondern nur noch die entsprechende Auswahl angeboten.

Kategorie	Beschreibung
Alle	Zeigt alle Formate für Zahlen, Datum, Zeit etc. an.
Zahl	Zeigt nur die Zahlenformate an.
Buchhaltung	Stellt gebräuchliche DM-Formate zur Wahl.
Datum	Zeigt nur die Datumsformate an.

Kategorie	Beschreibung
Uhrzeit	Zeigt nur die Uhrzeit-Formate an.
Prozent	Zeigt Prozent-Formate an.
Bruch	Zeigt Formate für die Darstellung von Brüchen an.
Wissenschaftlich	Stellt wissenschaftliche Zahlenformate zur Auswahl.
Währung	Zeigt nur die Währungsformate an.

4. Klicken Sie die Kategorie *Buchhaltung* an. Excel listet jetzt nur noch die Zahlenformate auf, die in dieser Kategorie stehen.

5. Wählen Sie das erste Format, das die Zahlen mit Tausenderpunkt und DM-Zeichen, aber ohne Nachkommastellen anzeigt, und bestätigen Sie das Dialogfeld mit einem Klick auf die Schaltfläche *OK*.

    Die Hieroglyphen in dieser Liste der Formate richtig zu deuten, ist nicht ganz einfach. Mehr dazu lesen Sie im nächsten Abschnitt, deshalb hier nur ein kurzer Tip: Schauen Sie im unteren Teil des Dialogfeldes in die Zeile *Vorschau*. Dort zeigt Excel an, wie das gewählte Zahlenformat umgesetzt wird.

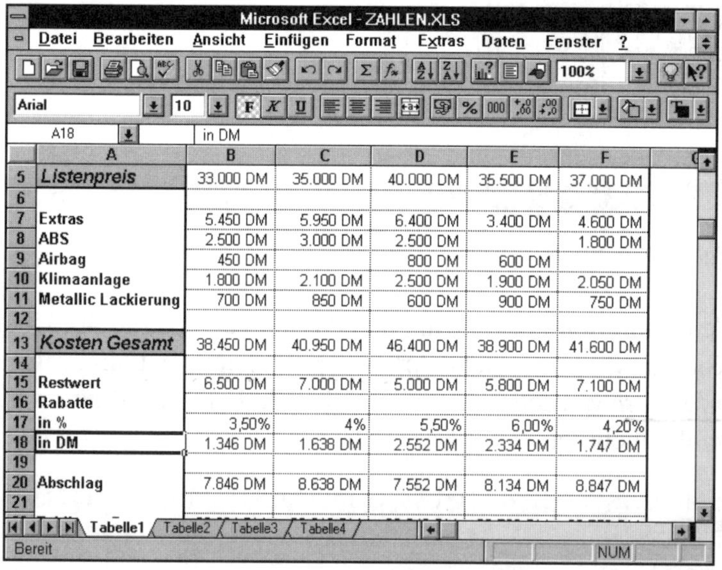

Abb. 92: DM-Format für alle Werte

6. Speichern Sie nun die Tabelle im Verzeichnis C:\STEXCEL\BEISPIEL unter dem Namen ZAHLEN01.XLS ab. Mit der Tabelle wird etwas später weitergearbeitet.

Doch zuvor erfahren Sie etwas Theorie über den Aufbau der Excel-Zahlenformate.

Das Baukasten-Prinzip: Der Aufbau der Zahlenformate

Die Excel-Zahlenformate sind so konzipiert, daß die gängigen Formate vordefiniert sind, Sie aber bei Bedarf zusätzliche, eigene Formate erstellen können. Zahlenformate setzen sich bei Excel aus sogenannten Platzhaltern zusammen, die Einer-, Zehner-, Hunderterstellen usw., aber auch die Dezimalstellen definieren. Aus diesen Platzhaltern können Sie Ihre eigenen Formate basteln. Die wichtigsten Platzhalter sind im folgenden aufgelistet:

0: Verwenden Sie diesen Platzhalter, so werden die definierten Stellen auf jeden Fall angezeigt. Das ist vor allem für Nachkommastellen interessant. Ist keine Ziffer vorhanden, werden Nullen ergänzt. Beim Format 0.00 wird aus 7,3 demnach die Zahl 7,30.

#: Die Stelle wird nur dann angezeigt, wenn tatsächlich eine Ziffer an dieser Position steht. Das Doppelkreuz wird in der Regel in Formaten verwendet, die einen Tausenderpunkt setzen. Das Format #.000 bedeutet, daß Excel die Tausenderstellen mit einem Punkt abtrennt, wenn die Zahl groß genug ist. Aus 10000 wird 10.000; die Zahl 100 bleibt jedoch unverändert.

_X: Dieser Platzhalter bedeutet, daß eine Stelle mit der Breite des auf den Unterstrich folgenden Zeichens leer bleibt. Wenn auf den Unterstrich der Buchstabe "D" folgt, bleibt die Breite des Buchstabens "D" leer. Steht dahinter ein "M", bleibt nur der Platz für ein "M" frei.

Den Unterstrich können Sie vor allem nutzen, wenn hinter einigen Zahlen eine Bezeichnung steht, z. B. "DM", hinter anderen aber nicht. Dennoch möchten Sie alle Zahlen der Kolonne dezimalkommagerecht untereinander schreiben. Dann können Sie mit Hilfe des Unterstrichs die Zelle am rechten Rand oder am linken Rand einrücken. Die meisten Formate in der Zahlenkategorie *Buchhaltung* nutzen diese Option.

Der Unterstrich bietet sich also dann an, wenn Sie die Zahlen um eine ganz bestimmte Buchstabenbreite einrücken möchten. Wenn Sie sie aber einfach nur ein wenig vom Rand abrücken möchten, können Sie es sich leichter machen: Nutzen Sie Leerzeichen.

Wie erwähnt, verfügt Excel über annähernd 40 vordefinierte Zahlenformate. Einige Beispiele sind in der nachfolgenden Tabelle zusammengestellt.

Gewähltes Zahlenformat	Eingabe in die Tabelle	Anzeige in der Tabelle
0	5	5
	100	100
	10,73	10,73
0,00	5	5,00
	100	100,00
	10,7	10,70
#.##0	5	5
	5,5	5
	100	100
	1000	1.000
	100000	100.000
DM #.##0,00	5	5,00 DM
	5,5	5,50 DM
	100	100,00 DM
	1000	1.000,00 DM
0,00 %	0,04	4,00 %
	0,21	2,10 %
	1	100,00 %

Do it yourself: Zahlenformate definieren

Für dieses Beispiel öffnen Sie die Datei PESETEN.XLS, die sich nach der Installation der Beispieldateien im Verzeichnis C:\STEXCEL befindet.

Wenn die vordefinierten Zahlenformate nicht ausreichen, können Sie zusätzliche eigene Formate definieren. Am Beispiel einer Währungstabelle werden Sie eigene Zahlenformate definieren. Nehmen Sie zuvor einige Änderungen vor:

1. Markieren Sie den DM-Eingabebereich (A5 bis A10) und vergeben Sie ein Zahlenformat, das die Währung ausweist. Dazu brauchen Sie nur das Symbol *Währungsformat* anzuklicken.

2. Löschen Sie alle Nachkommastellen, indem Sie mehrmals das Symbol *Dezimalstellen löschen* anklicken.

3. Klicken Sie das Feld B4 an und geben Sie "Peseten" ein. Ändern Sie den Tageskurs in Zelle D1 auf 85.

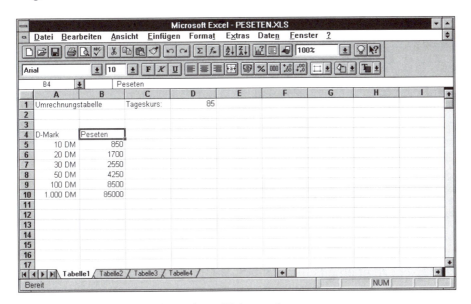

Abb. 93: Der DM-Eingabebereich mit Währungsformat

4. Um das Währungs-Symbol auch für die spanische Währung zu ergänzen, markieren Sie nun den Bereich B5 bis B10, auf den das Format angewendet werden soll.

5. Wählen Sie im Menü *Format* den Befehl *Zellen* oder aus dem Kontext-Menü den Befehl *Zellen formatieren*. Klicken Sie im Dialogfeld *Zellen formatieren* die Register-karte *Zahlen* an.
   Sie können ein Zahlenformat von Grund auf neu konzipieren und mit den oben genannten Platzhaltern zusammenfügen. Einfacher ist, Sie wählen ein bestehendes Format aus und passen es an. So können Sie in der Kategorie *Währung* ein Format für Peseten ergänzen, das den Tausenderpunkt setzt und als Währung "Pts." ausweist.

6. Klicken Sie die Kategorie *Währung* an und wählen Sie hier das erste Format von oben, *#.##0 DM; -#.##0 DM*. Die Definition vor dem Semikolon bezieht sich übrigens auf positive Zahlen, die Definition dahinter auf negative Werte.

157

7. Klicken Sie die Eingabezeile *Format* an. Das angeklickte Format wird in dieser Zeile eingeblendet. Die Pfeiltasten bewegen den Textcursor in dieser Zeile, die Tasten ⌐Rück⌐ und ⌐Entf⌐ löschen einzelne Zeichen.

8. Definieren Sie nun das gewünschte Format. Löschen Sie "DM" und setzen Sie an diese Stelle "Pts.". Klicken Sie anschließend auf die Schaltfläche *OK*.

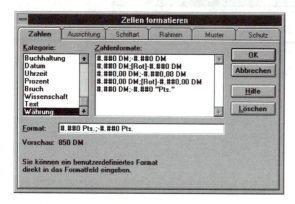

Abb. 94: Die Eingabe in der Zeile Format

Was geschieht? Excel zeigt eine Fehlermeldung an, in der das Programm Ihnen ein "Ungültiges Zahlenformat" meldet. Ungültig ist Ihr Format deshalb, weil Sie einen Text, nämlich "Pts.", verwendet haben. Währungszeichen wie DM oder $ akzeptiert Excel ohne weiteres. Andere Angaben wie Stück, Liter oder Kilogramm und auch Textbezeichnungen für Währungen wie Pts. müssen dagegen in Anführungszeichen stehen.

9. Klicken Sie in der Fehlermeldung *OK* an, damit Sie das Zahlenformat korrigieren können.

10. Setzen Sie im Dialogfeld die Währung "Pts." in der Eingabezeile *Format* jeweils in Anführungszeichen und bestätigen Sie das Dialogfeld mit *OK*.

Abb. 95: Die korrekte Formatdefinition für Peseten

Jetzt akzeptiert Excel das neue Format. Und in der Tabelle erscheinen alle markierten Zahlen mit der Währung "Pts.".

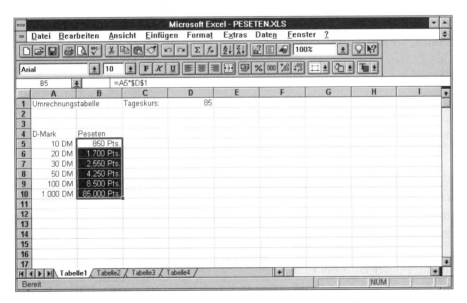

Abb. 96: Die Tabelle mit dem selbstdefinierten Währungsformat für Peseten

Selbstdefinierte Formate werden ans Ende der Gruppe geschrieben, zu der sie gehören, und zusätzlich in die Gruppe *Benutzerdefiniert* aufgenommen.

1. Speichern Sie nun die geänderte Währungstabelle mit dem Befehl *Speichern unter* aus dem Menü *Datei*. Wählen Sie das Verzeichnis C:\STEXCEL\BEISPIEL und als Dateinamen PESET01.XLS.

2. Danach schließen Sie die Tabelle mit dem Befehl *Schließen* aus dem Menü *Datei*.

Damit wird automatisch die nur in den Hintergrund gerückte Tabelle ZAHLEN.XLS mit der Auto-Kalkulation wieder aktiv. Sollten Sie diese zuvor aus Versehen geschlossen haben, so öffnen Sie sie jetzt wieder.

Im Verhältnis: Die Prozentformate

Ein Thema für sich ist die Darstellung im Prozentformat. Dieses Format ist deshalb etwas Besonderes, weil es den Wert der Zahlen scheinbar verändert, aber eben nur scheinbar. Es passiert etwa folgendes, wenn Sie das Prozentformat anwenden:

Eingabe	%-Format
0,05	5,00 %
0,5	50,00 %
5	500,00 %

Das Prozentformat multipliziert eine Zahl optisch mit 100. Das ist aber nur schöner Schein, denn am tatsächlichen Wert der Zahl ändert sich nichts. Probieren Sie es in der Beispieltabelle für die Auto-Kalkulation aus: dort steht immer noch die Zeile mit dem Zinssatz ohne eine entsprechende Formatierung.

1. Markieren Sie die Felder B25 bis F25.

2. Klicken Sie in der Symbolleiste *Format* das Symbol *Prozentformat* an. Excel zeigt nun zwar Prozentzahlen an, jedoch nur als ganze Zahl ohne Nachkommastellen.

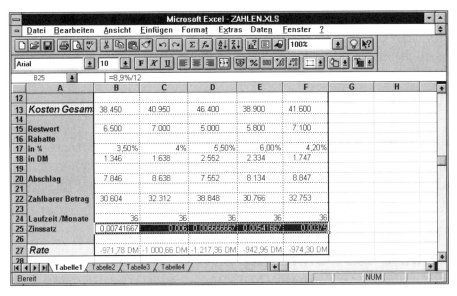

Abb. 97: Die Zeile mit den Zinssätzen ohne Prozentformat

3. Erhöhen Sie über das Symbol *Dezimalstelle hinzufügen* die Anzahl der Nachkommastellen auf zwei.

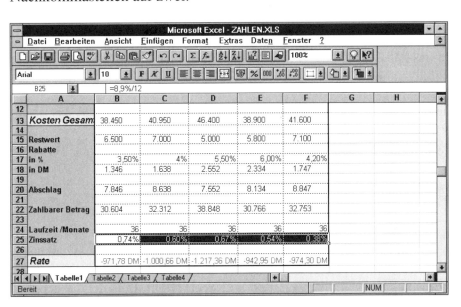

Abb. 98: Die geänderte Zeile mit den Zinssätzen

161

ÖFFNEN *Abweich .XLS*

Excel ändert die Zahlendarstellung. Die vielen Nullen direkt hinter dem Komma verschwinden, und es werden Zahlen zwischen 0,3 und 0,8 als monatlicher Prozentsatz ausgewiesen. Schauen Sie sich auch die anderen Ergebnisse in der Tabelle an. An diesen Werten hat sich nicht das geringste geändert. Somit ist erstmal sichergestellt. daß das Prozentformat keine wertmäßige Änderung vornimmt.

Doch was passiert nun tatsächlich, wenn Sie das Prozentformat anwenden? Excel multipliziert die Zahl optisch mit 100, das ist richtig. Aber nur deshalb, weil das Prozentzeichen mathematisch bedeutet, die Zahl durch 100 zu teilen. Mit 100 multiplizieren und durch 100 dividieren hebt sich gegenseitig auf. Fazit: Die Zahlen sehen besser aus, am Ergebnis ändert sich aber nichts.

Eine prozentuale Abweichung berechnen

Das Prozentformat brauchen Sie auch, wenn Sie eine prozentuale Abweichung errechnen möchten. Das ist immer dann der Fall, wenn Sie zwei Werte miteinander vergleichen. In der Regel geht es um eine Soll-Ist-Abweichung. Ein Soll-Wert soll erzielt werden, der Ist-Wert ist tatsächlich erreicht worden. Und nun will man wissen, um wieviel Prozent beide Werte voneinander abweichen.

Eine solche Berechnung ist bereits in der ersten Lektion angekündigt worden. Dort wurden die Zeiten, die von uns zur Bearbeitung der einzelnen Lektionen angegeben waren, mit Ihrer tatsächlich aufgewendeten Zeit verglichen.

1. Speichern Sie die Tabelle für die Neuwagen-Kalkulation, indem Sie auf das Symbol *Arbeitsmappe speichern* klicken.
2. Schließen Sie die Tabelle dann mit dem Befehl *Schließen* aus dem Menü *Datei*.

 Für das nächste Beispiel öffnen Sie die Datei ABWEICH.XLS aus dem Verzeichnis C:\STEXCEL.

Berechnet werden soll, um wieviel die "Benötigte Zeit" in Spalte C von der "Geplanten Dauer" in Spalte B abweicht. Um die prozentuale Abweichung zu berechnen, ziehen Sie vom Ist-Wert, im Beispiel die benötigte Zeit, den Soll-Wert ab, im Beispiel die geplante

Dauer. Dieser Teil der Formel muß in Klammern stehen. Das Ergebnis teilen Sie durch den Ist-Wert, also wieder die benötigte Zeit. Die Formel lautet also:

```
=(C6-B6)/C6
```

1. Da das Ergebnis in Spalte D ausgewiesen werden soll, klicken Sie das erste Ergebnisfeld D6 an.

2. Geben Sie die Formel =(C6-B6)/C6 ein. Als Ergebnis weist Excel eine Zahl zwischen 0 und 1 aus. Stellen Sie sich diesen Wert im Prozentformat, also mit 100 multipliziert vor.

3. Wählen Sie erneut die Zelle D6. Klicken Sie das Symbol *Prozentformat* an.

4. Fügen Sie nun noch zwei Nachkommastellen hinzu, in dem Sie zweimal das Symbol *Dezimalstelle hinzufügen* anklicken.

5. Kopieren Sie die Formel in die darunterliegenden Felder für alle Lektionen, indem Sie den Mauszeiger auf die rechte untere Ecke der Zelle D6 bewegen und das Erweiterungsfeld anklicken. Die Maus erscheint nun als kleines schwarzes Kreuz. Halten Sie die Maustaste gedrückt und ziehen Sie sie bis zur Zelle D22. Die markierten Zellen werden mit der Formel ausgefüllt.

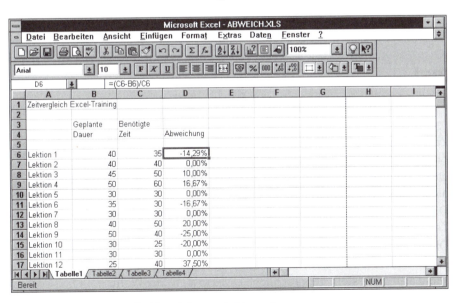

Abb. 99: Die prozentuale Abweichung wird berechnet

Zusammenfassung

Sie wollen...	Sie wählen...	Symbol/Tastenkürzel
eine Nachkommastelle hinzufügen.	das Symbol *Dezimalstelle hinzufügen*.	+,0 ,00
eine Nachkommastelle entfernen.	das Symbol *Dezimalstelle löschen*.	,00 +,0
eine Tausendertrennstelle hinzufügen.	im Dialogfeld *Zellen formatieren* auf der Registerkarte *Zahlen* das entsprechende Format in der Liste *Zahlenformate*.	000
ein Prozentformat zuweisen.	das Symbol *Prozentformat*.	%
das Zahlenformat ändern.	Menü *Format*, Befehl *Zellen*, Registerkarte *Zahlen* im Dialogfeld *Zellen formatieren*.	
ein Zahlenformat selbst definieren.	Menü *Format*, Befehl *Zellen*, Registerkarte *Zahlen* im Dialogfeld *Zellen formatieren*, Eingabefeld *Format*.	

Zwischentest

Fragen

1. Waagerecht Zahlenformate setzen sich bei Excel aus sogenannten .... zusammen, die Einer-, Zehner-, Hunderterstellen usw. definieren.

2. Waagerecht Diese Zeichen sind in den Zellen zu sehen, in denen die Zahl im gewählten Format nicht dargestellt werden kann.

4. Waagerecht Dieses Symbol in der Symbolleiste *Format* klicken Sie an, wenn Sie ein Zahlenformat vergeben wollen, das die Währung ausweist.

1. Senkrecht Dieses Symbol setzt nicht nur ein Trennzeichen, sondern ergänzt automatisch zwei Nachkommastellen.

2. Senkrecht Diese Kategorie stellt gebräuchliche DM-Formate zur Wahl.

3. Senkrecht Über dieses Listenfeld der Registerkarte *Zahlen* können Sie auswählen, welche Arten von Zahlenformaten angezeigt werden können.

4. Senkrecht Dieses Format multipliziert eine Zahl optisch mit 100.

Lösungswort

3. Waagerecht Darstellungsform der Zahlen in der Tabelle.

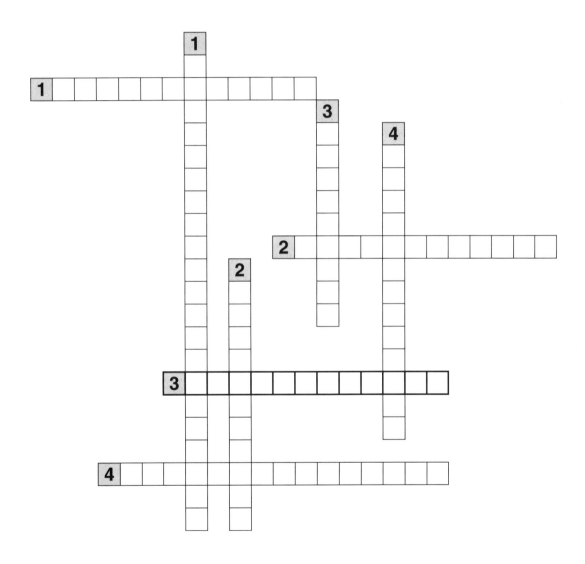

Lektion 8
Schwarz auf weiß: Tabelle drucken

In den vorangegangenen Lektionen haben Sie die Möglichkeiten kennengelernt, Daten in die Tabelle einzugeben, Formeln zu berechnen und die Tabelle ansprechend zu gestalten. Ernten Sie nun die Früchte Ihrer Arbeit: Drucken Sie die Tabelle aus.

Nach dieser Lektion wissen Sie...

♦ wie Sie eine Tabelle drucken.

♦ wie Sie Seitenränder einstellen.

♦ wie Sie Kopf- und Fußzeilen definieren.

♦ wie Sie die Tabelle für den Druck vergrößern oder verkleinern.

♦ wie Sie nur einen Bereich der Tabelle drucken.

♦ wie Sie Zeilen oder Spalten verstecken.

♦ wie Sie mit der Seitenansicht arbeiten.

Der erste Ausdruck

 Öffnen Sie für diese Lektion die Datei DRUCK.XLS aus dem Verzeichnis C:\STEXCEL.

Am schnellsten können Sie über das Symbol *Drucken* arbeiten. Klicken Sie es an, und Excel druckt ohne weitere Abfrage die gesamte Tabelle.

Doch meist ist der erste Ausruck etwas enttäuschend. Erstens werden standardmäßig alle Gitternetzlinien mitgedruckt, so daß die aufwendige Gestaltung mit Rahmen und Schraffuren gar nicht so richtig zur Geltung kommt. Außerdem ist die Tabelle an den oberen Blattrand gequetscht. Eine mehr mittige Ausrichtung wäre schöner. Diese und andere Druckoptionen können Sie ändern. Wie Sie das machen, erfahren Sie auf den nachfolgenden Seiten.

SEITE EINRICHTEN

Mal hoch, mal quer: Die Druckseite definieren

Für den Druck Ihrer Tabelle stellt Excel zahlreiche Gestaltungsmöglichkeiten zur Verfügung. Sie können die Seitenränder einstellen, zwischen Hoch- und Querformat wählen und Kopf- und Fußzeilen definieren.

Alle diese Einstellungen nehmen Sie über den Befehl *Seite einrichten* im Menü *Datei* vor. Alternativ können Sie den Befehl *Seite einrichten* auch aus dem Datei-Kontext-Menü (Menüleiste mit rechter Maustaste anklicken) wählen.

1. Klicken Sie den Befehl *Seite einrichten* im Menü *Datei* an. Das gleichnamige Dialogfeld erscheint. Die Gestaltungsbefehle zur Einrichtung der Druckseite sind auf die vier Registerkarten *Seite, Ränder, Kopf-/Fußzeile* und *Tabelle* verteilt.

Abb. 100: Das Dialogfeld Seite einrichten mit der Registerkarte Seite

Die Registerkarte Seite

Die Registerkarte *Seite* enthält als wichtigsten Befehl die Auswahl zwischen Hoch- und Querformat. Hier verbirgt sich aber auch die sogenannte Skalierung, über die Sie die Druckseite vergrößern oder verkleinern können.

Hoch- und Querformat

Das Hoch- oder Querformat brauchen Sie nur anzuklicken. Im oberen Teil der Registerkarte *Seite* können Sie die gewünschte Option auswählen. Lassen Sie für die Beispieltabelle die Option *Hochformat* eingestellt.

Druck vergrößern oder verkleinern

Über die Skalierung können Sie den Ausdruck vergrößern oder verkleinern. Dies kann entweder prozentual geschehen oder bei großen Tabellen, indem Sie angeben, auf wieviele Seiten der Druck komprimiert werden soll.

Die Beispieltabelle kann beim Druck noch ein wenig vergrößert werden. Links und unten ist Platz genug.

1. Klicken Sie das Optionsfeld *Vergrößern / Verkleinern* an .

2. Als gewünschte Prozentzahl geben Sie den Wert 110 ein. Werte unter 100 verkleinern den Druck, Werte über 100 vergrößern ihn.

 Bei großen Tabellen ist die zweite Skalier-Option praktisch. Sie geben hier an, auf wieviele Druckseiten das Dokument komprimiert werden soll. Dazu klicken Sie das Feld *Anpassen* an. Geben Sie im Feld *Seite(n) breit* ein, wieviele Seiten nebeneinander gedruckt werden sollen und im Feld *Seite(n) hoch*, wieviele Seiten übereinander gedruckt werden sollen.

3. Um zu sehen, wie sich die Vergrößerung auf das Druckbild auswirkt, klicken Sie die Schaltfläche *Seitenansicht* an.

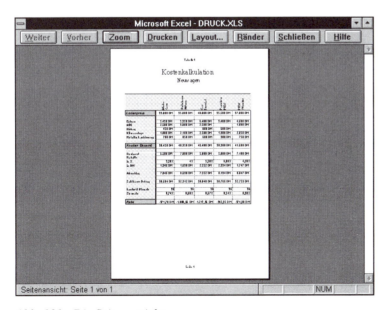

Abb. 101: Die Seitenansicht

Excel blendet eine stark verkleinerte Ansicht der Druckseite ein. Wie Sie sehen, hält die Seitenansicht weitere Optionen bereit, die Sie über die Schaltflächen am oberen Rand aktivieren. Diese Optionen lernen Sie noch näher im Abschnitt "First Look: Die Seitenansicht" in diesem Kapitel kennen.

4. Um die Seitenansicht zu beenden und wieder zur Definition der Druckseite zurückzuschalten, klicken Sie nun die Schaltfläche *Layout* an.

 Wenn Sie die Seitenansicht aufgerufen und über die Schaltfläche *Layout* zur Seitendefinition zurückgeschaltet haben, bleibt die Seitenansicht im Hintergrund aktiv. Wenn Sie jetzt *OK* anklicken, schaltet Excel direkt wieder zur Seitenansicht um.

Die Registerkarte Ränder

Weitere Druckoptionen stellen Sie über die Registerkarte *Ränder* ein. Sie enthält eine nochmals vereinfachte und stilisierte Seitenansicht. Im Feld *Vorschau* sehen Sie schematisch, wie die Tabelle gedruckt wird. Hoch- oder Querformat ist zu sehen, die eingestellten Ränder werden angezeigt, Kopf- und Fußzeilen sind eingeblendet. Ferner ist zu sehen, ob die Tabelle mit Gitternetzlinien gedruckt wird.

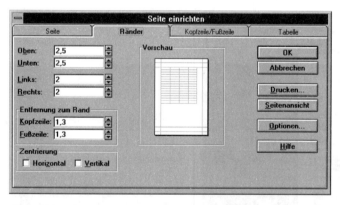

Abb. 102: Die Registerkarte Ränder

Seitenränder

Die Seitenränder stellen Sie über die Eingabefelder *Oben* und *Unten* sowie *Rechts* und *Links* ein.

170

Zentrierung

Besonders bei kleinen Tabellen, bietet es sich an, die Tabelle beim Druck auf der Seite zu zentrieren. Standardmäßig wird sie sonst in die obere linke Ecke der Seite gedruckt.

1. Klicken Sie im Befehl *Seite einrichten* die Registerkarte *Ränder* an.

2. Klicken Sie das Feld *Oben* an und geben Sie 3 cm ein.

3. Klicken Sie das Feld *Rechts* an. Statt den Wert 3 direkt einzugeben, wählen Sie die Angabe diesmal, indem Sie einmal auf die Schaltfläche mit dem nach oben weisenden Pfeil klicken. Das Maß wird auf diese Weise in 0,5 cm-Schritten verändert.

4. Klicken Sie im Bereich *Zentrierung* beide Kontrollkästchen *Horizontal* und *Vertikal* an.

5. Klicken Sie auf die Schaltfläche *Seitenansicht*, um die Wirkung dieser Einstellung in der Seitenansicht zu prüfen.

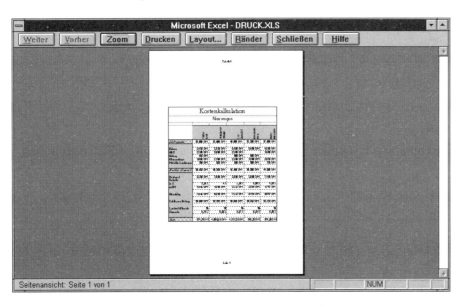

Abb. 103: Die zentrierte Tabelle mit geänderten Seitenrändern

6. Wechseln Sie erneut zum Dialogfeld *Seite einrichten*, indem Sie die Schaltfläche *Layout* anklicken.

Die Registerkarte Kopfzeile/Fußzeile

In Kopf- und Fußzeilen stehen Texte, die auf jeder Druckseite wiederholt werden. Sie eignen sich besonders, um Informationen darzustellen, für die in der Tabelle kein Platz ist. Dazu gehört z. B. der Name der Tabelle, damit Sie Ihre Kalkulation sofort wiederfinden. Sie können auch Ihren eigenen Namen oder den Ihrer Firma vermerken. Datum oder Seitenzahl sind weitere nützliche Angaben für diesen Bereich.

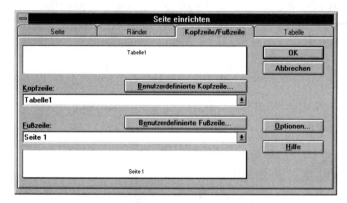

Abb. 104: Die Registerkarte Kopfzeile / Fußzeile

Kopfzeile

Standardmäßig wird hier von Excel der Name der Tabelle, z. B. DRUCK, ausgegeben.

Fußzeile

Die Fußzeile enthält standardmäßig die Seitenzahl, z. B. Seite 3.

Außer diesen Standardeinträgen für Kopf- und Fußzeilen verfügt Excel über weitere vordefinierte Formate. Diese Auswahl ist für Kopfzeilen und Fußzeilen gleich.

1. Klicken Sie im Befehl *Seite einrichten* die Registerkarte *Kopfzeile / Fußzeile* an.
2. Klicken Sie den Listenpfeil der Liste *Kopfzeile* bzw. *Fußzeile* an. Es stehen dann verschiedene Einträge zur Auswahl, die u. a. von den in der Installation eingegebenen Benutzerdaten abhängen.

Abb. 105: Vordefinierte Kopfzeilen

3. Klicken Sie in der Liste den gewünschten Eintrag an, um ihn als Kopf- bzw. Fußzeile zu übernehmen.

Zusätzlich bietet Excel die Möglichkeit, Kopf- und Fußzeilen selbst zu definieren. Die Gestaltungsmöglichkeiten sind für Kopf- und Fußzeilen identisch. Sie können jeweils einen Text eingeben, der am linken oder rechten Seitenrand bzw. in der Mitte der Druckseite ausgerichtet wird. Weiterhin können Sie durch einfaches Anklicken von Symbolen z. B. die Seitenzahl oder das aktuelle Tagesdatum einfügen.

Für den Ausdruck soll jetzt eine individuelle Kopfzeile definiert werden.

1. Klicken Sie auf der Registerkarte *Kopfzeile / Fußzeile* die Schaltfläche *Benutzerdefinierte Kopfzeile* an. Es öffnet sich ein Dialogfeld, in dem Sie die Kopfzeile definieren können. Ein identisches Dialogfeld öffnet sich, wenn Sie eine benutzerdefinierte Fußzeile anlegen.

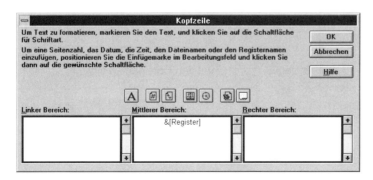

Abb. 106: Kopf- oder Fußzeilen selbst definieren

In der Mitte sehen Sie verschiedene Symbole, über die Sie vordefinierte Codes für Tagesdatum, Uhrzeit, Seitenzahl etc. in die Kopf- oder Fußzeile einfügen können. Wenn Sie eins
dieser Symbole einfügen, setzt Excel dafür den entsprechenden Steuercode ein.

Symbol	Steuercode	Wirkung
Beispiel Definition: Seite &[Seite] Ausdruck: Seite 3	&[Seite]	Fügt die aktuelle Seitenzahl in Kopf- oder Fußzeile ein und numeriert die Druckseiten fortlaufend durch
Beispiel Definition: Seite &[Seite] von &[Seiten] Ausdruck: Seite 2 von 5	&[Seiten]	Fügt die Gesamt-Seitenzahl der Tabelle in Kopf- oder Fußzeile ein
Beispiel Definition: Datum: &[Datum] Ausdruck: Datum: 05.03.93	&[Datum]	Fügt das aktuelle Tagesdatum ein
Beispiel Definition: Druckzeit &[Zeit] Ausdruck: Druckzeit 12:00	&[Zeit]	Fügt die aktuelle Uhrzeit ein
Beispiel Definition: &[Datei] Ausdruck: KOSTEN	&[Datei]	Fügt den Dateinamen ein

Symbol	Steuercode	Wirkung
Beispiel Definition: &[Datei], Blatt &[Register] Ausdruck: Kosten, Tabelle Lieferanten	&[Register]	Fügt aus dem Tabellenregister den Namen der Tabellen ein

Für Ihre Definition stehen Ihnen drei Bereiche zur Verfügung:

Linker Bereich

Tragen Sie hier den Text ein, der am linken Seitenrand erscheinen soll.

Mittlerer Bereich

Geben Sie in diesen Bereich Text ein, der in der Mitte der Druckseite erscheinen soll.

Rechter Bereich

Was Sie hier eintragen, erscheint am rechten Seitenrand.

Gewünschten Text, z. B. Ihren Namen, können Sie direkt eintragen.

1. Klicken Sie das Feld *Linker Bereich* an und tragen Sie Ihren Namen ein. Kopf- und Fußzeilen dürfen auch mehrzeilig sein. Drücken Sie ⌷Enter⌷, um in die nächste Zeile zu schalten, und tragen Sie hier Ihren Wohnort ein.

2. Das mittlere Feld soll leer bleiben. Markieren Sie den Text im Feld *Mittlerer Bereich* und drücken Sie ⌷Entf⌷.

3. Am rechten Seitenrand sollen die Seitenzahl und das aktuelle Tagesdatum erscheinen. Klicken Sie das Feld *Rechter Bereich* an. Tragen Sie zuerst den Text "Seite" ein und klicken Sie dann auf das Symbol *Seitenzahl*. Excel fügt das Steuerzeichen &[SEITE] an, das die Seiten automatisch numeriert.

4. Ergänzen Sie nun den Text "von" und klicken Sie das Symbol *Gesamtseitenzahl* an. Excel setzt diesen Befehl in das Steuerzeichen &[SEITEN] um. Vergessen Sie nicht, das Leerzeichen jeweils nach "Seite" und vor und nach "von" zu machen. Beim Druck werden alle Seiten durchnumeriert und zugleich ausgegeben, wie viele Seite Ihre Tabelle insgesamt hat. In der einseitigen Beispieltabelle wird natürlich nur bis "Seite 1 von 1" numeriert.

5. Drücken Sie ⌐Enter⌐, um in die nächste Zeile zu schalten. Klicken Sie das Symbol *Datum* an. Das entsprechende Steuerzeichen lautet &[DATUM]. An dieser Stelle erscheint im Druck das aktuelle Tagesdatum.

6. Markieren Sie den Text im linken Bereich. Klicken Sie dann das Symbol *Schriftart* an. Dieses Symbol öffnet die Registerkarte *Schriftart*, die Sie bereits von der Gestaltung der Tabelle kennen.

7. Wählen Sie als Schriftart "Times New Roman". Bestätigen Sie dieses Dialogfeld mit *OK*.

Abb. 107: Die benutzerdefinierte Kopfzeile

8. Beenden Sie dann auch die Definition der Kopfzeile, indem Sie im Dialogfeld *Kopfzeile* die Schaltfläche *OK* anklicken.

9. Wenn wieder die Registerkarte *Kopfzeile / Fußzeile* aktiv ist, klicken Sie nochmals auf *OK*. Excel wechselt dann zur Seitenansicht und stellt dar, wie die definierte Kopfzeile gedruckt wird (siehe Abbildung 108).

10. Klicken Sie in der Seitenansicht die Schaltfläche *Layout* an, um diese zu beenden.

Als letzte Einstellung für die Druckseite sollen die Gitternetzlinien im Druck unterdrückt werden.

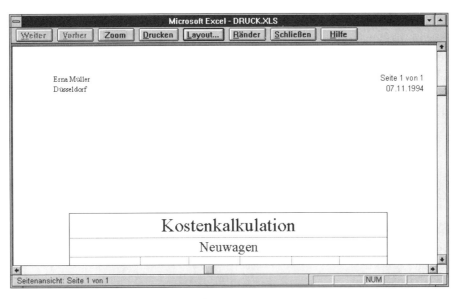

Abb. 108: Die geänderte Seitenansicht

Die Registerkarte Tabelle

Grundlegende Einstellungen für den Druck der Tabelle sind auf der Registerkarte *Tabelle* zusammengefaßt. Hier können Sie definieren, ob die Gitternetzlinien gedruckt werden sollen oder nicht, wie groß der Druckbereich ist und ob Drucktitel definiert werden.

Abb. 109: Die Registerkarte Tabelle

Was die Größe des Druckbereichs und die Definition eines Drucktitels angeht, so sind dies Optionen, die primär in großen Tabellen interessant sind. Und weil "Arbeiten mit großen Tabellen" eine eigene Lektion (Lektion 12) füllt, finden Sie dort auch die Erläuterungen zu Druckbereich und Drucktitel.

Wenn in der Tabelle Gitternetzlinien angezeigt werden, druckt Excel diese Gitternetzlinien standardmäßig mit aus. Das können Sie unterdrücken.

1. Klicken Sie im Dialogfeld *Seite einrichten* die Registerkarte *Tabelle* an.
2. Klicken Sie das Kontrollkästchen *Gitternetzlinien* aus.
3. Klicken Sie *OK* an, um diese Einstellung in der Seitenansicht zu kontrollieren.

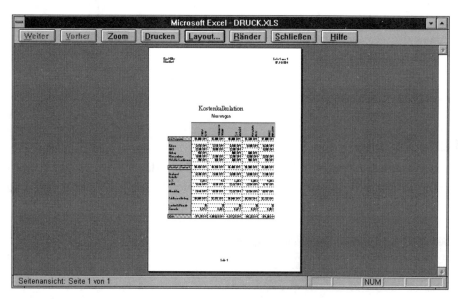

Abb. 110: Die Gitternetzlinien werden nicht mit ausgedruckt

4. Schalten Sie aus der Seitenansicht über die Schaltfläche *Layout* zurück zur Definition der Seite.

Auf der Registerkarte *Tabelle* finden Sie noch eine weitere interessante Einstellung: den Schwarzweißdruck. Hier definieren Sie, ob der Ausdruck schwarzweiß oder farbig erfolgen soll. Falls Sie Farben in der Tabelle verwendet haben, aber schwarzweiß ausdrucken, sollten Sie die folgende Einstellung kontrollieren.

1. Falls sie nicht mehr angezeigt ist, klicken Sie im Befehl *Seite einrichten* die Registerkarte *Tabelle* an.

2. Im Bereich *Drucken* steht das Kontrollkästchen *Schwarzweißdruck*. Dieses Kästchen sollte angeklickt sein, wenn Farben in der Tabelle verwendet wurden, aber schwarzweiß ausgedruckt wird. Excel setzt die Farben dann in Grautöne um. Klicken Sie das Kontrollkästchen *Schwarzweißdruck* jetzt an.

3. Klicken Sie nochmals *OK* an, um die Änderung in der Seitenansicht zu kontrollieren.

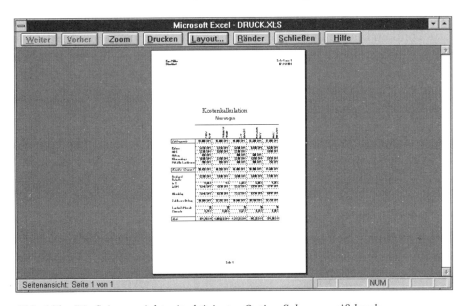

Abb. 111: Die Seitenansicht mit aktivierter Option Schwarzweißdruck

Der Schwarzweißdruck bietet leider nicht immer optimale Ergebnisse. Wenn Sie diese Option anklicken, sollten Sie in jedem Fall die Seitenansicht kontrollieren, bevor Sie ausdrucken lassen.

Die nächsten Schritte

Wenn Sie die Druckseite eingerichtet und einmal die Seitenansicht aufgerufen haben, schaltet Excel beim Anklicken von *OK* immer wieder zur Seitenansicht um. Sie haben von der Seitenansicht aus zwei Möglichkeiten, die Arbeit fortzusetzen: Wenn Sie zurück zur Tabelle wollen, klicken Sie am oberen Bildschirmrand die Schaltfläche *Schließen* an.

Wenn Sie die Tabelle drucken wollen, klicken Sie die Schaltfläche *Drucken* an. Schließen Sie die Seitenansicht jetzt, indem Sie auf die Schaltfläche *Schließen* klicken.

First Look: Die Seitenansicht

Vielleicht haben Sie die Seitenansicht während der Definiton der Druckseite schon häufiger genutzt, um das Druckbild zu kontrollieren. Diese Kontrollfunktion ist eindeutig der wichtigste Aspekt der Seitenansicht. Doch in dieser Darstellungsform ist noch mehr möglich.

1. Klicken Sie in der Symbolleiste *Standard* das Symbol *Seitenansicht* an oder wählen Sie den Befehl *Seitenansicht* aus dem Menü *Datei*.

Am oberen Rand der Seitenansicht sehen Sie verschiedene Schaltflächen. Eine davon, *Layout*, haben Sie bei der Definition der Druckseite bereits genutzt. Was die einzelnen Schaltflächen bewirken, wird Ihnen im folgenden kurz vorgestellt:

Weiter / Vorher:
Wenn Ihre Tabelle auf mehreren Seiten gedruckt wird, blättert die Schaltfläche *Weiter* auf die folgende Druckseite um und die Schaltfläche *Vorher* auf die vorgehende Druckseite zurück.

Zoom:
Excel verfügt bei der Seitenansicht über zwei Darstellungsmodi, die normale Seitenansicht, in der die gesamte Druckseite verkleinert dargestellt wird, und den Zoom-Modus, in dem die Tabelle vergrößert wird. Zwischen beiden Ansichten schalten Sie um, indem Sie entweder auf die dargestellte Seite klicken oder die Schaltfläche *Zoom* anklicken.

2. Klicken Sie die Schaltfläche *Zoom* an.

    Mit den waagerechten und senkrechten Bildlaufleisten können Sie nun den angezeigten Tabellenausschnitt verschieben.

3. Klicken Sie erneut die Schaltfläche *Zoom*, um wieder die normale Darstellungsgröße zu wählen.

Drucken:

Um die Tabelle zu drucken, klicken Sie die Schaltfläche *Drucken* an.

Layout:

Wie Sie es bereits kennengelernt haben, gehören zum *Layout* bei Excel z. B. die Seitenränder, Hoch- oder Querformat sowie die Einstellung, ob Gitternetzlinien gedruckt werden sollen. Das Dialogfeld *Seite einrichten*, das diese und weitere Optionen enthält, aktivieren Sie direkt aus der Seitenansicht heraus, indem Sie das Feld *Layout* anklicken.

Ränder:

Die Seitenansicht bietet die zusätzliche Option, die Seitenränder und die Breite der Spalten direkt anzupassen. Das ist ein sehr praktischer Befehl. Wenn z. B. lediglich eine Spalte nicht mehr auf die Druckseite paßt, können Sie in der Seitenansicht Ränder und Spaltenbreiten verändern.

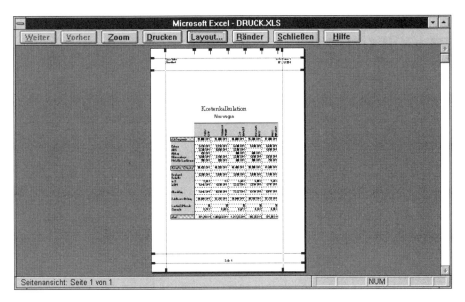

Abb. 112: Seitenansicht mit Randeinstellungen

1. Klicken Sie in der *Seitenansicht* die Schaltfläche *Ränder* an. Die Randeinstellungen werden in der Seitenansicht durch gestrichelte Linien links und rechts, oben und unten angedeutet. Die Spaltenbreiten werden durch kurze senkrechte Balken am oberen Rand des Papierblattes dargestellt.

2. Klicken Sie die Markierung für den linken Seitenrand an, halten Sie die Maustaste gedrückt und verschieben Sie die Markierung.

3. Lassen Sie die Maustaste los, damit Excel die Seitenränder entsprechend korrigiert.

4. Klicken Sie die Schaltfläche *Ränder* nochmals an, um die Seitenrand- und Spaltenmarkierungen wieder auszublenden.

Schließen:

Um die Seitenansicht zu beenden, ohne zu drucken, klicken Sie die Schaltfläche *Schließen* an.

Hilfe:

Um Hilfe-Informationen zum Thema Seitenansicht zu erhalten, klicken Sie diese Schaltfläche an.

Bestimmte Bereiche drucken

Standardmäßig druckt Excel die gesamte Tabelle. Wenn Sie jedoch nur einen Bereich drucken möchten, müssen Sie zuvor diesen Druckbereich definieren. Beispielsweise soll von der Auto-Kalkulation nur der obere Bereich gedruckt werden, in dem die Preise der verschiedenen Anbieter stehen.

1. Markieren Sie den Bereich, den Sie drucken möchten, im Beispiel A1 bis F13.

2. Einen Bereich können Sie leider nicht über das Symbol *Drucken* ausdrucken. Sie müssen den Menü-Befehl aufrufen. Klicken Sie im Menü *Datei* den Befehl *Drucken* an.

3. Klicken Sie im Dialogfeld *Drucken* die Option *Markierung* an. So wird nur die aktuelle Markierung in der Tabelle gedruckt.

4. Klicken Sie die Schaltfläche *Seitenansicht* an, um den Ausdruck zu kontrollieren.

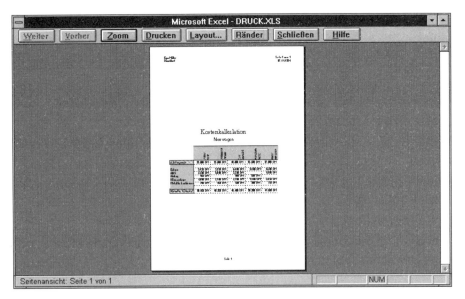

Abb. 113: Nur der markierte Bereich wird ausgedruckt

5. Beenden Sie die Seitenansicht, indem Sie die Schaltfläche *Schließen* anklicken.

 Der gewählte Druckbereich gilt nur für den nächsten Ausdruck. Danach wird wieder die gesamte Tabelle gedruckt. Wenn Sie den Druckbereich dauerhaft definieren möchten, lesen Sie bitte in der Lektion 12 "Arbeiten mit großen Tabellen" nach.

Spalten oder Zeilen ausblenden

Häufig geht es gar nicht darum, einen bestimmten Bereich zu drucken: Vielmehr sollen nur bestimmte Spalten oder Zeilen, die z. B. Kalkulationen offenlegen oder Zwischenrechnungen enthalten, nicht gedruckt werden.

In diesem Fall können Sie die entsprechenden Spalten oder Zeilen "ausblenden". Solcherart versteckte Spalten und Zeilen werden weder auf dem Bildschirm angezeigt noch ausgedruckt.

In der Kalkulation für die Neuwagenpreise sollen die Zeilen versteckt werden, die Laufzeit und Zinssatz enthalten.

1. Markieren Sie die Spalten oder Zeilen, die Sie verstecken möchten, im Beispiel die Zeilen 23 bis 25.

2. Wählen Sie aus dem Menü *Format* je nachdem, was Sie ausblenden möchten, entweder den Befehl *Spalte* oder *Zeile*. Im Beispiel ist es der Befehl *Zeile*.

3. Klicken Sie dann den Befehl *Ausblenden* an. Die markierten Zeilen (oder Spalten) verschwinden vom Bildschirm. An der nun nicht mehr fortlaufenden Zeilennumerierung bzw. Buchstabenbezeichnung der Spalten können Sie erkennen, daß einzelne Zeilen oder Spalten versteckt sind.

4. Blenden Sie auf die gleiche Art und Weise auch noch die Zeile 17 aus.

5. Klicken Sie das Symbol *Seitenansicht* an und prüfen Sie, ob die versteckten Spalten auch im Druck ausgeblendet werden.

	Alpha Cars	Autohaus Alfons	Car Special	Paschen PKW	PKW Mischke
Listenpreis	33.000 DM	35.000 DM	40.000 DM	35.500 DM	37.000 DM
Extras	5.450 DM	5.950 DM	6.400 DM	3.400 DM	4.600 DM
ABS	2.500 DM	3.000 DM	2.500 DM		1.800 DM
Airbag	450 DM		800 DM	600 DM	
Klimaanlage	1.800 DM	2.100 DM	2.500 DM	1.900 DM	2.050 DM
Metallic Lackierung	700 DM	850 DM	600 DM	900 DM	750 DM
Kosten Gesamt	38.450 DM	40.950 DM	46.400 DM	38.900 DM	41.600 DM
Restwert	6.500 DM	7.000 DM	5.000 DM	5.800 DM	7.100 DM
Rabatte in DM	1.346 DM	1.638 DM	2.552 DM	2.334 DM	1.747 DM
Abschlag	7.846 DM	8.638 DM	7.552 DM	8.134 DM	8.847 DM
Zahlbarer Betrag	30.604 DM	32.312 DM	38.848 DM	30.766 DM	32.753 DM
Rate	-971,78 DM	-1.000,66 DM	-1.217,36 DM	-942,95 DM	-974,30 DM

Abb. 114: Die Tabelle mit ausgeblendeten Zeilen

Spalten oder Zeilen wieder einblenden

Genauso einfach, wie die Zeilen (oder Spalten) versteckt wurden, können sie auch wieder sichtbar gemacht werden.

1. Markieren Sie die Zeilen ober- und unterhalb der versteckten Zeile bzw. die Spalten rechts und links neben der versteckten Spalte. Wenn, wie im Beispiel, die Zeilen 23 bis 25 versteckt sind, markieren Sie die Zeilen 22 bis 26.

2. Wählen Sie dann im Menü *Format* je nach Markierung *Zeile* oder *Spalte*.

3. Klicken Sie den Befehl *Einblenden* an.

Zusammenfassung

Sie wollen...	Sie wählen...	Symbol/Tastenkürzel
eine Tabelle drucken.	Menü *Datei*, Befehl *Drucken*.	
die Seitenansicht aufrufen.	Menü *Datei*, Befehl *Seitenansicht*.	
eine Druckseite definieren.	Menü *Datei*, Befehl *Seite einrichten*.	
die Seitenränder einstellen.	Menü *Datei*, Befehl *Seite einrichten*, Registerkarte *Ränder*.	
das Hoch- oder Querformat wählen.	Menü *Datei*, Befehl *Seite einrichten*, Registerkarte *Seite*, Bereich *Ausrichtung*.	
Kopf- oder Fußzeilen definieren.	Menü *Datei*, Befehl *Seite einrichten*, Registerkarte *Kopfzeile / Fußzeile*.	
einen markierten Bereich drucken.	einen *Bereich*, Menü *Datei*, Befehl *Drucken*, Option *Markierung*.	
eine Zeile oder Spalte ausblenden.	die Zeile oder Spalte, Menü *Format*, Befehl *Zeile* oder *Spalte*, Befehl *Ausblenden*.	

Zwischentest

Fragen

1. Waagerecht In diesem Feld der Registerkarte *Ränder* sehen Sie schematisch, wie die Tabelle gedruckt wird.

2. Waagerecht Diese Registerkarte enthält als wichtigsten Befehl die Auswahl zwischen Hoch- und Querformat.

3. Waagerecht In dieser Zeile wird von Excel standardmäßig der Name der Tabelle ausgegeben.

4. Waagerecht Menü, in dem Sie den Befehl *Seite einrichten* finden.

1. Senkrecht Auf dieser Registerkarte des Dialogfeldes *Seite einrichten* definieren Sie z. B., ob die Gitternetzlinien gedruckt werden sollen.

3. Senkrecht Über die .... auf der Registerkarte *Seite* können Sie den Ausdruck vergrößern oder verkleinern.

4. Senkrecht Über diese Schaltfläche beenden Sie die Seitenansicht.

Lösungswort

2. Senkrecht Mit diesem Kontrollkästchen definieren Sie, ob der Ausdruck schwarzweiß oder farbig erfolgen soll.

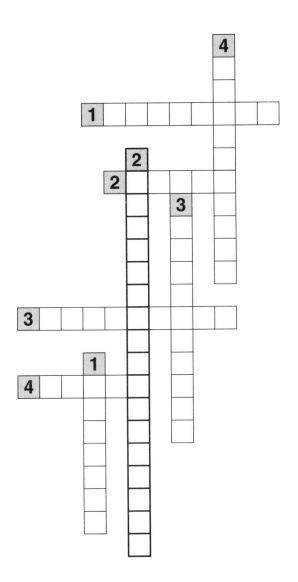

SoftwareTraining

Teil C Arbeiten mit Diagrammen

Lektion 9
Daten grafisch darstellen: Das Diagramm

Excel bietet nicht nur ausgezeichnete Möglichkeiten, eine Tabelle aufzubauen, zu gestalten und zu berechnen, sondern verfügt über mindestens ebenso gute Befehle zum Erstellen und Bearbeiten von Diagrammen.

In dieser ersten Lektion zum Thema Diagramm geht es darum, was beim Erstellen eines Diagramms zu beachten ist und wie Sie mit dem Diagramm-Assistenten in kurzer Zeit eine aussagefähige Grafik auf den Bildschirm zaubern.

Nach dieser Lektion wissen Sie...

- ♦ was man unter einem Diagramm zu verstehen hat.
- ♦ was der Unterschied zwischen einem eingebetteten Diagramm und einem Diagrammblatt ist.
- ♦ wie Sie Daten für die grafische Umsetzung richtig markieren.
- ♦ wie Sie mit Hilfe des Diagramm-Assistenten ein Diagramm erstellen.

Was ist eigentlich ein Excel-Diagramm?

"Ein Diagramm ist eine grafische Darstellung von Tabellendaten", so ist es in der Hilfe und im Excel-Handbuch zu lesen. Doch bei dieser simplen Antwort wollen wir es nicht bewenden lassen.

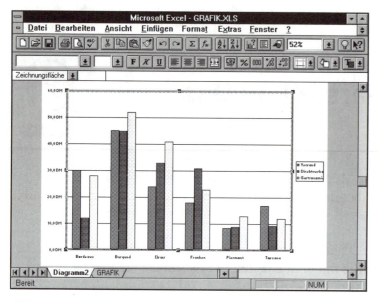

3 Datenreihen !

Abb. 115: So kann ein einfaches Excel-Diagramm aussehen

Excel verwendet bei der Erstellung eines Diagramms Werte aus der Tabelle. Sie markieren zuvor, welche Werte grafisch umgesetzt werden sollen. Wenn sich diese Bezugswerte ändern, wird das Diagramm automatisch aktualisiert und auf Basis der neuen Zahlen erstellt.

Die Tabellenwerte stellt Excel im Diagramm als sogenannte Datenpunkte dar. Diese Datenpunkte werden je nach gewähltem Diagrammtyp in Form von Balken, Linien, Säulen, Segmenten, Punkten und anderen Symbolen dargestellt. Im oben abgebildeten Diagramm sind die Datenpunkte als Balken zu sehen.

mitbereits Gruppen von Datenpunkten, die entweder nebeneinander in einer Tabellenzelle oder untereinander in einer Tabellenspalte stehen, werden zu Datenreihen zusammengefaßt. Die obige Grafik enthält nur drei Datenreihen. Die Datenreihen unterscheiden sich eindeutig voneinander, und zwar durch verschiedene Farben auf dem Monitor bzw. verschiedene Grautöne oder Muster beim Ausdruck mit einem Schwarzweißdrucker.

Wenn Sie ein Diagramm erstellt haben, können Sie es bearbeiten und z. B. eine Legende, einen Titel oder Gitternetzlinien hinzufügen. Die meisten Diagrammelemente lassen sich verschieben und in der Größe ändern. Sie können diese Elemente auch mit Mustern, Farben und Rahmen gestalten. Für Textelemente können Sie Ausrichtung, Schriftart und -größe ändern.

Eingebettet oder als separates Blatt: Diagramme plazieren

Bevor Sie ein Diagramm erstellen, sollten Sie sich überlegen, wo Sie das Diagramm plazieren möchten.

Eingebettetes Diagramm

Ein Diagramm kann in der Tabelle stehen, aus der die Daten kommen. Sie markieren in der Tabelle, in welchem Bereich das Diagramm stehen soll. Dabei ist das Diagramm ein Objekt, das Sie verschieben und dessen Größe Sie ändern können. Diese Plazierung in der Tabelle erlaubt es, Daten und zugehöriges Diagramm zusammen auf eine Seite zu drucken. Das ist der wesentliche Vorteil der eingebetteten Diagramme. Ansonsten kann es eher störend sein, wenn das Diagramm inmitten der Kalkulation steht.

Separates Diagrammblatt

Ein Diagramm kann auch auf einem separaten Blatt stehen. In diesem Fall sind Daten und zugehöriges Diagramm auf zwei separaten Blättern einer Arbeitsmappe verteilt. Beide Plazierungen stellen wir Ihnen in dieser Lektion vor. Doch wie immer Sie das Diagramm plazieren, zuvor müssen Sie die Daten markieren, die im Diagramm umgesetzt werden sollen.

Auf die Auswahl kommt es an: Diagramm-Daten markieren

Wie eingangs erwähnt, basiert das Diagramm auf Zahlen in der Tabelle. Genauer gesagt, es basiert auf den Zahlen, die zuvor in der Tabelle markiert worden sind. Doch mit den Zahlen allein ist es nicht getan. Es müssen Beschriftungen hinzukommen, die die Zahlen erläutern. Das kann eine Legende oder eine Beschriftung entlang der Diagrammachse sein. Auch diese Texte werden aus der Tabelle genommen und müssen deshalb Teil der Markierung für das Diagramm sein.

ÖFFNEN von WEIN.XLS

Aufbau der Beispieltabelle

Das Diagramm, das in dieser Lektion erstellt wird, vergleicht die Umsätze verschiedener Weinsorten in den drei Regionen Nord, Mitte und West.

 Öffnen Sie als Grundlage für das Diagramm die Datei WEIN.XLS. Sie befindet sich nach der Installation der dem Buch beiliegenden Diskette standardmäßig im Verzeichnis C:\STEXCEL.

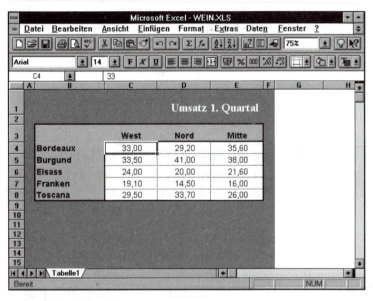

Abb. 116: Auf dieser Tabelle basiert das Diagramm

Die Gestaltung der Tabelle ist darauf abgestimmt, daß Tabelle und Diagramm zusammen auf einem Arbeitsblatt erscheinen, das Diagramm ist also eingebettet.

Daten für das Diagramm markieren

Für die Markierung von Daten für ein Diagramm gilt eine ganz einfache Regel: Die Texte, die Sie in der Tabelle brauchen, um eine Zahl eindeutig zu beschreiben, brauchen Sie im Diagramm, um die einzelnen Datenpunkte zu kennzeichnen. Im Beispiel sind dies die Namen der Weinsorten Bordeaux, Burgund usw. und die drei Regionen West, Nord und Mitte. Wie Sie sehen, enthalten die Textspalte links neben dem Zahlenblock und die Textzeile oberhalb des Zahlenblocks die für das Diagramm notwendigen Beschriftungen. Die Markierung für das Diagramm muß neben den Zahlen auch diese Texte umfassen.

Diagramme leichtgemacht: Der Diagramm-Assistent

Der Diagramm-Assistent macht das Erstellen selbst aufwendig gestalteter Grafiken einfach. Dabei kann das erstellte Diagramm direkt ins Arbeitsblatt eingebunden oder auf einem separaten Blatt erstellt werden.

Zu Beginn dieser Lektion haben wir bereits den Unterschied zwischen eingebetteten Diagrammen und Diagrammen auf separaten Blättern angesprochen. Die gerade erstellte Tabelle ist in ihrer Gestaltung für das Einbinden eines Diagramms vorbereitet. Deshalb wird Ihnen im ersten Schritt gezeigt, wie Sie ein Diagramm in die Tabelle einbetten. Der letzte Abschnitt in dieser Lektion informiert Sie dann, wie Sie ein Diagramm auf einem separaten Blatt erstellen.

1. Markieren Sie in der Tabelle den Bereich, den Sie grafisch umsetzen möchten. Denken Sie daran, daß auch die Beschriftungen markiert werden müssen. Der korrekte Bereich in der Beispieltabelle lautet also B3 bis E8.

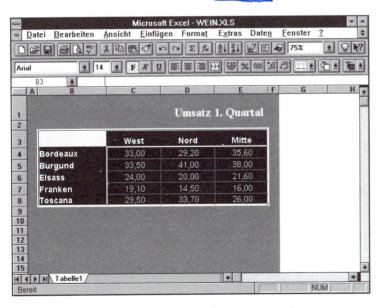

Abb. 117: Der markierte Bereich mit den Diagrammdaten

2. Klicken Sie in der Symbolleiste das Symbol *Diagramm-Assistent* an.

Fast könnte man meinen, es tut sich gar nichts. Doch schauen Sie genau hin: Die Form des Mauszeigers hat sich geändert. Es ist nun ein kleines Kreuz, an das eine Balkengrafik angehängt ist. Sie müssen nun den Bereich in der Tabelle markieren, in den das Diagramm eingefügt werden soll.

Über die Rollbalken am rechten und unteren Bildschirmrand können Sie in der Tabelle blättern, bis ein leerer Tabellenbereich für das Diagramm erscheint. Um das Diagramm zu plazieren, ziehen Sie mit der Maus einen Rahmen auf.

Damit der Rahmen am Gitternetz ausgerichtet wird, also an die zugehörige Tabelle genau angepaßt werden kann, drücken Sie die Taste Alt , während Sie den Rahmen aufziehen.

3. Versuchen Sie es: Ziehen Sie wie oben beschrieben einen Rahmen über den Bereich B12 bis E24.

4. Lassen Sie nun zuerst die Maustaste und dann die Taste Alt los. Das erste Dialogfeld des Diagramm-Assistenten erscheint.

Wählen Sie den Diagrammbereich nie zu klein, sonst kann das Diagramm in der Tabelle nicht aussagekräftig dargestellt werden.

Schritt für Schritt führt Excel Sie nun über fünf Dialogfelder durch den Diagramm-Assistenten. Einige Schaltflächen finden Sie in jedem der fünf Dialogfelder:

Abbrechen   Unterbricht die Erstellung des Diagramms, der Cursor springt zurück in die Tabelle.

Weiter   Setzt die Erstellung des Diagramms fort und schaltet zur nächsten Abfrage.

Zurück   Springt zurück zum vorhergehenden Dialogfeld.

Ende   Erstellt das Diagramm.

Schritt 1: Datenbereich überprüfen

Das erste Dialogfeld ist mehr eine Pro-forma-Abfrage, in der Excel prüft, ob der im Arbeitsblatt markierte Datenbereich richtig gewählt ist. Die Koordinaten werden angezeigt.

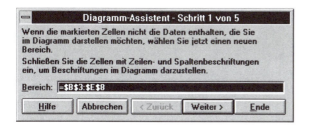

Abb. 118: Schritt 1 im Diagramm-Assistenten: Datenbereich prüfen

1. Überprüfen Sie ggf. die Koordinaten und klicken Sie dann auf die Schaltfläche *Weiter*.

Schritt 2: Diagrammtyp auswählen

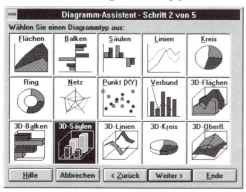

Abb. 119: Schritt 2 im Diagramm-Assistenten: Diagrammtyp auswählen

Im zweiten Schritt wählen Sie den Grundtyp der Grafik:

1. Klicken Sie den gewünschten Diagrammtyp an, für dieses Beispiel den Typ *3D-Säulen*
2. Klicken Sie auf die Schaltfläche *Weiter*, um zum nächsten Dialogfeld zu gelangen.

197

Schritt 3: Diagrammformat wählen

Für jeden Diagrammtyp stellt Excel verschiedene Variationen zur Verfügung. Im dritten Schritt des Diagramm-Assistenten wählen Sie das sogenannte AutoFormat für das Diagramm aus.

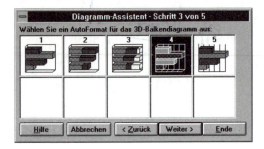

Abb. 120: Schritt 3 im Diagramm-Assistenten: Diagrammformat wählen

1. Wählen Sie das Format 4 mit einem Klick aus.
2. Klicken Sie auf die Schaltfläche *Weiter*, um den vierten Schritt ausführen zu können.

Schritt 4: Darstellungsart bestimmen

Während Excel bislang immer nur stilisierte Diagrammformen dargestellt hat, sehen Sie hier beim vierten Schritt im Bereich *Beispieldiagramm* zum erstenmal, wie Ihre konkreten Zahlen umgesetzt werden.

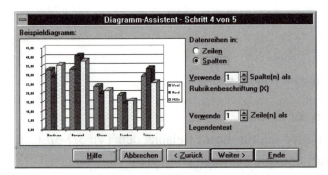

Abb. 121: Schritt 4 im Diagramm-Assistenten: Darstellungsart

Probieren Sie ruhig verschiedene Diagrammtypen aus. Klicken Sie die Schaltfläche *Zurück* an und wählen Sie im Schritt 3 ein anderes Format. Oder klicken Sie auch hier *Zurück* an und definieren Sie in Schritt 2 einen ganz anderen Diagrammtyp. Nutzen Sie die Möglichkeit, über die beiden Schaltflächen *Weiter* und *Zurück* zwischen den verschiedenen Schritten im Diagramm-Assistenten zu springen und die Einstellungen zu wechseln.

In Schritt 4 geht es primär um die Datenreihen, also den Aufbau eines Diagramms. Wenn Sie einen Zahlenblock grafisch darstellen möchten, können die Datenreihen aus den parallelen Zeilen bzw. aus den nebeneinander stehenden Spalten gebildet werden. Je nach Markierung in der Tabelle legt Excel fest, wie die Datenreihen zusammengesetzt sind.

Im oben abgebildeten Beispiel sind die Datenreihen aus den Spalten gebildet worden. Eine Datenreihe erkennen Sie daran, daß die Diagrammelemente, also Punkte, Linien, Säulen oder im Beispiel Balken, dieselbe Farbe oder dasselbe Muster haben. Das obige Diagramm hat drei Datenreihen. Welche das sind, wird rechts in der Legende erläutert. West, Nord und Mitte ist in der Legende am rechten Rand des Beispieldiagramms zu lesen. Außer in Datenreihen werden die Diagrammelemente in sogenannten Rubriken zusammengefaßt. Welche Rubriken es gibt, steht an der waagerechten Diagrammachse. Im Beispiel sind hier die Weinsorten aufgeführt. In Schritt 4 des Diagramm-Assistenten können Sie die Zusammensetzung der Datenreihen ändern. Statt aus Spalten, können Sie die Datenreihen auch aus Zeilen bilden lassen, oder umgekehrt.

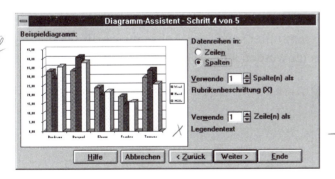

Abb. 122: Die Datenreihen sind in Spalten angeordnet

Klicken Sie probeweise die verschiedenen Optionen an: Datenreihen in *Zeilen* oder *Spalten*. Prüfen Sie, welches Diagramm der von Ihnen gewünschte Aussage am ehesten entspricht.

199

Primäre Aussage dieses Diagramms ist, welche Weinsorte am besten verkauft wurde. Auf einen Blick wird klar, daß das der Burgunder ist.

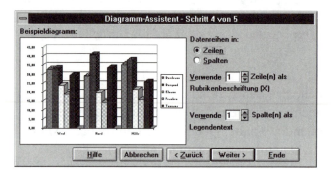

Abb. 123: Die Datenreihen sind in Zeilen angeordnet

Primäre Aussage dieses Diagramms ist dagegen, welche Region die besten Umsätze gemacht hat. Hier zeigt sich, daß die Verkäufe in allen Regionen recht schwankend sind. Favorit ist dennoch der Norden.

1. Im weiteren Beispiel ist der Diagrammaufbau nach Spalten beibehalten worden. Wählen Sie daher das Optionsfeld *Spalten* aus.

2. Klicken Sie auf *Weiter*, um den fünften und letzten Schritt im Diagramm-Assistenten aufzurufen.

Schritt 5: Legende und Beschriftungen hinzufügen

In der letzten Abfrage können Sie einen Diagrammtitel sowie die Achsenbeschriftung eingeben und entscheiden, ob eine Legende angezeigt werden soll.

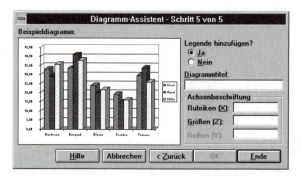

Abb. 124: Schritt 5 im Diagramm-Assistenten: Legende und Beschriftungen

1. Klicken Sie im Bereich *Legende hinzufügen* das gewünschte Optionsfeld an. In der Regel ist es sinnvoll, die Legende einzublenden. Sofern Excel aus der Markierung in der Tabelle einen für die Legende geeigneten Textbereich identifiziert, wird die Legende standardmäßig erstellt.

2. Jetzt geht's um den Diagrammtitel. Klicken Sie die Zeile *Diagrammtitel* an und geben Sie den gewünschten Text ein, z. B. "Umsatz nach Weinsorten".

3. Schauen Sie noch einmal das Beispieldiagramm an. Gefällt es Ihnen? Dann klicken Sie auf *Ende*, um das Diagramm zu erstellen. Wenn nicht, klicken Sie auf *Zurück* und ändern Sie die Definition.

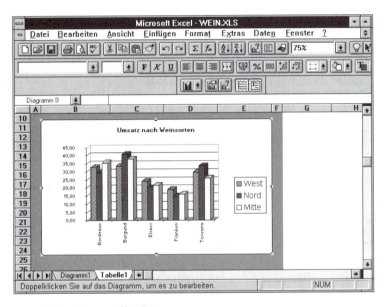

Abb. 125: Das erstellte Diagramm

Excel fügt das Diagramm in den Bereich ein, den Sie zuvor in der Tabelle markiert haben.

So korrigieren Sie ein Diagramm

Wenn Sie unserem Beispiel gefolgt sind, müßte Ihr erstes Diagramm ganz passabel aussehen und gut in der Tabelle plaziert sein. Wenn Sie nun selbständig Diagramme erstellen, kann es sein, daß nachträglich kleine Korrekturen notwendig werden. Das Diagramm kann z. B. zu klein geraten und auf dem Bildschirm kaum zu erkennen sein. Wenn das passiert, war der

Bereich, den Sie vorab zur Darstellung des Diagramms ausgewählt haben, zu klein. Sie können dann die Größe des Diagramms nachträglich mit der Maus verändern. Vielleicht überlagert das Diagramm auch Tabellendaten? Dann können Sie es an eine andere Stelle ziehen.

Einen Diagrammrahmen anpassen

Das erstellte Diagramm wird genau in den Bereich eingefügt, den sie nach Anklicken des Diagramm-Assistenten markiert haben. Dabei können sich Probleme mit der Größe des Diagramms ergeben.

Je nach Form der Markierung kann die Grafik verzerrt sein, d. h. zu sehr in die Höhe oder Breite gezogen sein. Wenn der Rahmen zu klein definiert ist, können sich darüber hinaus Diagramm und Beschriftungen überlagern.

In diesem Fall können Sie die Größe des Diagrammrahmens anpassen:

1. Klicken Sie das Diagramm an. Am Rand des Rahmens sind kleine Quadrate zu sehen. Über diese Markierungen können Sie die Größe ändern. Die Markierung am rechten und linken Rand verändert den Diagrammrahmen in der Breite. Die Markierung am oberen und unteren Rand verändert den Diagrammrahmen in der Höhe. Die Markierungspunkte in den Ecken verändern den Diagrammrahmen in Höhe und Breite.

2. Klicken Sie einen Markierungspunkt an, halten Sie die Maustaste gedrückt und verändern Sie den Rahmen mit der Maus. Um die Diagrammgröße am Gitternetz der Tabelle auszurichten, drücken Sie dabei gleichzeitig die Taste `Alt` und halten Sie sie gedrückt.

3. Eine gestrichelte Linie zeigt die neue Größe des Rahmens an. Lassen Sie die Maustaste los, um den Rahmen zu fixieren.

Diagramm verschieben

Die Position des Diagramms kann auch nachträglich verschoben werden.

1. Klicken Sie das Diagramm einmal an. Bitte nicht doppelt klicken, da Sie das Diagramm sonst aktivieren (zu erkennen am blau gestrichelten Rahmen um das Diagramm).

2. Klicken Sie in das Diagramm, halten Sie die Maustaste gedrückt und verschieben Sie das Diagramm. Hier gilt wie immer: Wenn Sie beim Verschieben die Taste `Alt`

gedrückt haben, wird der Diagrammrahmen am Gitternetz in der Tabelle ausgerichtet. Ein gestrichelter Rahmen zeigt die neue Position an.

3. Lassen Sie die Maustaste los, um das Diagramm in der Tabelle zu fixieren.
4. Speichern Sie die Tabelle im Verzeichnis C:\STEXCEL\BEISPIEL ab. Als Datei-namen wählen Sie WEIN01.XLS.

Steht für sich: Das separate Diagrammblatt

Wie eingangs erwähnt, muß das Diagramm nicht innerhalb der Tabelle stehen. Es kann auch auf einem separaten Diagrammblatt erstellt werden.

1. Markieren Sie die Daten für das Diagramm. Im Beispiel ist das der Bereich B3 bis E8.
2. Drücken Sie die Funktionstaste `F11`. Excel erstellt das Diagramm vollautomatisch und blendet es auf einem separaten Blatt ein.

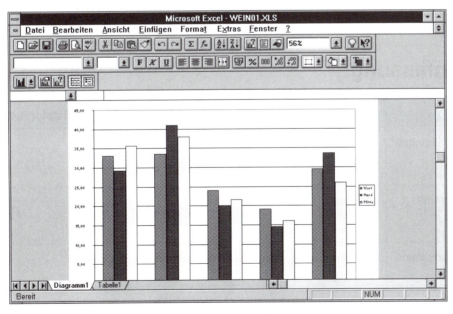

Abb. 126: Das Diagramm auf einem separaten Blatt

Das ist die schnellste Methode überhaupt, um ein Diagramm zu erstellen. Allerdings ist sie nicht so flexibel wie das Erstellen mit dem Diagramm-Assistenten. Excel erstellt automatisch ein Diagramm in sogenannter "Vorzugsform", einem vordefinierten Standardformat.

Falls erforderlich, können Sie das Diagramm nachträglich bearbeiten. Mehr dazu in der nächsten Lektion. Doch eine ganz wesentliche Frage steht noch aus: Wie erreichen Sie vom Diagramm aus wieder die Tabelle? Zwischen Diagramm und Tabelle wechseln Sie über das Blattregister am unteren Bildschirmrand. Hier ist durch das Einfügen des Diagramms ein neues Blatt hinzugekommen, nämlich *Diagramm1*. Die eigentliche Tabelle finden Sie weiterhin auf dem Blatt *Tabelle1*. Um die Tabelle zu aktivieren, klicken Sie mit der Maus das Register *Tabelle1* an. Entsprechend klicken Sie mit der Maus das Blatt *Diagramm1* an, um zum Diagramm zu wechseln.

 Weitere Hinweise für die Arbeit mit mehreren Blättern finden Sie in Lektion 14 "Arbeiten mit Arbeitsmappen".

Speichern Sie die Tabelle erneut ab. Sowohl das eingebettete Diagramm als auch das separate Blatt *Diagramm1* werden gespeichert. In der nächsten Lektion wird Ihnen gezeigt, wie Sie die erstellten Diagramme bearbeiten und noch anschaulicher gestalten können.

Zusammenfassung

Sie wollen...	Sie wählen...	Symbol/Tastenkürzel
ein eingebettetes Diagramm erstellen.	die Diagrammdaten mit der Maus aus. Danach Menü *Einfügen*, Befehl *Diagramm*, Option *Auf dieses Blatt*.	
ein separates Diagramm-blatt erstellen.	die Diagrammdaten mit der Maus aus. Danach Menü *Einfügen*, Befehl *Diagramm*, Option *Als neues Blatt*.	
die Größe eines Diagramms ändern.	einen der Markierungspunkte, nachdem Sie das Diagramm einmal angeklickt haben.	
ein Diagramm verschieben.	das markierte Diagramm, klicken in das Diagramm und ziehen es mit gedrückter linker Maustaste.	
ein Diagramm in Vorzugs-form erstellen.		F11

Zwischentest

Fragen

2. Waagerecht Die Tabellenwerte stellt Excel im Diagramm als sogenannte .... dar.

3. Waagerecht Aus wie vielen Schritten besteht die Arbeit mit dem Diagramm-Assistenten?

1. Senkrecht Außer in Datenreihen werden die Diagrammelemente in sogenannten .... zusammengefaßt.

2. Senkrecht Diese Schaltfläche unterbricht die Erstellung des Diagramms.

3. Senkrecht So nennt man in Excel die grafische Darstellung von Tabellendaten.

4. Senkrecht Gruppen von Datenpunkten werden zu .... zusammengefaßt.

5. Senkrecht Diese Taste drücken Sie, wenn der Diagrammrahmen beim Verschieben am Gitternetz der Tabelle ausgerückt werden soll.

Lösungswort

1. Waagerecht Er macht das Erstellen selbst aufwendig gestalteter Grafiken einfach.

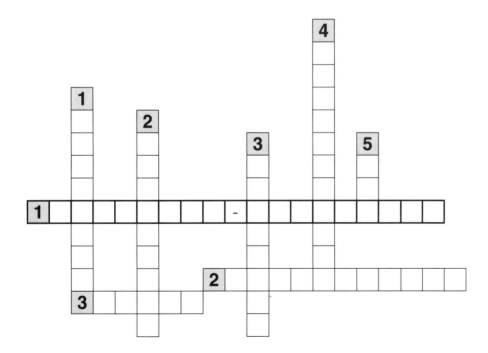

Lektion 10
Bunte Vielfalt: Diagramme formatieren

Erstellte Diagramme können Sie nachträglich umformatieren. Dabei ist es unerheblich, ob Sie das Diagramm in die Tabelle eingebettet haben oder ob es auf einem separaten Blatt dargestellt wird. Sie können den Diagrammtyp, Farben und Rahmen für die Elemente sowie Schriftart und -größe für Texte nach Belieben einstellen.

Nach dieser Lektion wissen Sie...

♦ wie Sie ein Diagramm aktivieren.

♦ wie Sie den Diagrammtyp ändern.

♦ wie Sie Titel hinzufügen und ändern.

♦ wie Sie ein Digrammelement auswählen.

♦ wie Sie Farben, Muster und Rahmen ändern.

♦ wie Sie für Texte eine andere Schriftart wählen.

♦ wie Sie die Größenachse skalieren und formatieren.

Erster Schritt: Diagramm aktivieren

Öffnen Sie die in Lektion 9 erstellte Tabelle. Sie befindet sich im Verzeichnis C:\STEXCEL\BEISPIEL. Der vorgeschlagene Dateiname war WEIN01.XLS.

Sie können für dieses Beispiel auch die vorbereitete Datei GRAFIK.XLS öffnen. Sie befindet sich nach der Installation der dem Buch beiliegenden Diskette im Verzeichnis C:\STEXCEL.

Bevor Sie ein Diagramm bearbeiten können, muß es aktiviert sein. Wenn das Diagramm auf einem separaten Blatt steht, reicht wieder ein Mausklick: Zwischen Diagramm und Tabelle wechseln Sie über das Blattregister am unteren Bildschirmrand. Das Diagramm steht standardmäßig auf dem Blatt *Diagramm1*, die Tabelle auf Blatt *Tabelle1*. Um zu wechseln, klicken Sie das gewünschte Blatt mit der Maus an.

Bei einem eingebetteten Diagramm muß zwischen Markieren und Aktivieren unterschieden werden.

Markieren: Durch einen Klick in das Diagramm markieren Sie es. Die Markierung erkennen Sie an den schwarzen Markierungspunkten an den Rändern des Diagramms. Diese Anfasser haben Sie bereits genutzt, um die Größe der Grafik zu ändern.

Aktivieren: Um ein Diagramm zu aktivieren, ist ein Doppelklick in das Diagramm erforderlich. Das Diagramm ist aktiviert, wenn ein blau gestrichelter Rahmen sichtbar ist.

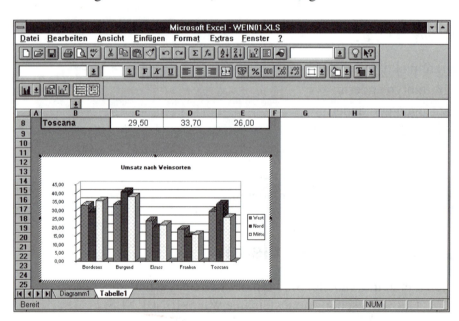

Abb. 127: Das Diagramm ist aktiviert

Um die Markierung oder Aktivierung des Diagramms aufzuheben, klicken Sie in ein beliebiges Feld der Tabelle.

1.   Wählen Sie für die weiteren Beispiele über das Blattregister das Blatt *Diagramm1* aus, auf dem das automatisch erstellte Diagramm steht.

Formatieren über die Symbolleiste Diagramm

Wenn das Diagramm aktiv ist, wird standardmäßig die Symbolleiste *Diagramm* eingeblendet. Sie macht es leicht, das Diagramm nachträglich zu bearbeiten.

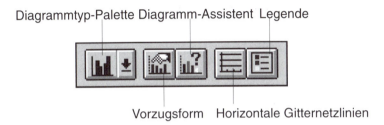

Abb. 128: Die Symbolleiste Diagramm

Falls auf dem separaten Diagrammblatt die Symbolleiste *Diagramm* nicht angezeigt wird, blenden Sie sie ein:

1. Klicken Sie mit der rechten Maustaste in eine der Symbolleisten.
2. Das Symbolleisten-Menü rollt auf. Klicken Sie die Leiste *Diagramm* an.

Abb. 129: Das Kontext-Menü für Symbolleisten

Die Symbolleiste wird nun als Fenster im Arbeitsbereich angezeigt. Die Darstellung als Symbolleiste im oberen Bildschirmbereich, erreichen Sie, indem Sie den blauen Titelbalken des Fensters anklicken und es bei gedrückter linker Maustaste in den oberen Bildschirmbereich ziehen.

Nun einige Erklärungen zu den einzelnen Symbolen:

Diagrammtyp-Palette

Über das erste Symbol *Diagrammtyp-Palette* können Sie den Typ des Diagramms ändern. Excel stellt in dieser Palette allerdings nur eine kleine Auswahl der insgesamt verfügbaren Formate bereit. Mehr Möglichkeiten bietet der Befehl *AutoFormat*, der im folgenden Abschnitt erläutert wird.

Vorzugsform

Das Symbol *Vorzugsform* stellt den Standardgrafik-Typ ein. Das ist eine Balkengrafik mit waagerechten Gitternetzlinien, einem grau hinterlegten Grafikbereich und eingeblendeter Legende. In genau diesem Format erscheinen die von Excel über die Funktionstaste F11 automatisch erstellten Diagramme.

 Doch bitte Vorsicht, wenn Sie ein Diagramm über den Assistenten erstellt oder bereits aufwendig geändert haben. All Ihre individuellen Formatierungen werden gelöscht, wenn Sie das Symbol *Vorzugsform* anklicken.

Diagramm-Assistent

Sie können auch aus der Symbolleiste *Diagramm* den Diagramm-Assistenten erneut aufrufen. Die Vorbesetzungen beziehen sich dann automatisch auf das momentan aktive Diagramm.

Gitternetzlinien

Das Symbol *Horizontale Gitternetzlinien* blendet das waagerechte Gitternetz ein und aus.

Legende

Das Symbol *Legende* blendet die Legende ein und aus.

Diese Symbolleiste ist die einfachste und schnellste Methode, ein Diagramm zu bearbeiten. Doch sie stellt nicht alle Optionen zur Verfügung, die Excel bezüglich der Diagrammformatierung bereitstellt. Welche anderen Befehle Excel zur Diagrammgestaltung bietet, zeigen die folgenden Abschnitte.

Fertige Diagramme auf Abruf: Das AutoFormat

Als Sie ein Diagramm mit Hilfe des Diagramm-Assistenten erstellt haben, hat Excel Ihnen verschiedene Diagrammtypen zur Auswahl angeboten. Zusätzlich wurden zu jedem Typ verschiedene Variationen angeboten. Diese AutoFormate sind bereits gestaltet und einige enthalten Gitternetzlinien, Legende und Überschrift. Ein AutoFormat können Sie auch im nachhinein für ein Diagramm wählen.

1. Klicken Sie im Blattregister *Diagramm1* an.

2. Wählen Sie aus dem Menü *Format* den Befehl *AutoFormat*. Es erscheint das folgende Dialogfeld:

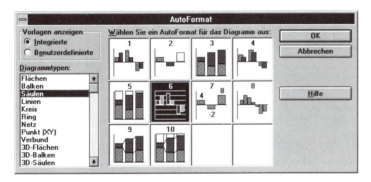

Abb. 130: Das Dialogfeld AutoFormat

 Beachten Sie, daß bei Kreisdiagrammen immer nur eine Datenreihe umgesetzt werden kann. Die im Prinzip ähnlichen Ringdiagramme erlauben demgegenüber mehrere Datenreihen.

In dem Listenfeld *Diagrammtypen* zeigt Excel alle 15 verfügbaren Diagrammtypen an.

3. Klicken Sie den gewünschten Diagrammtyp an, z. B. *3D- Säulen*. Excel zeigt die verfügbaren Formate an.

4. Klicken Sie das gewünschte AutoFormat an, z. B. Format 4, und bestätigen Sie mit *OK*. Die Formatierung wird nun angezeigt.

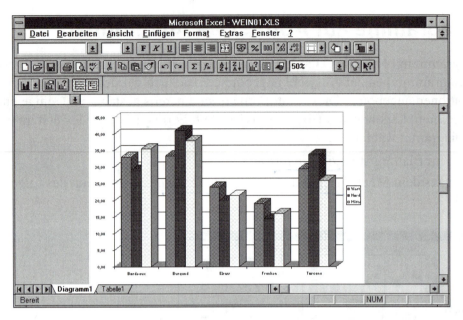

Abb. 131: Das angepaßte Diagramm

In diesem Arbeitsschritt haben Sie das automatisch erstellte Diagramm recht schnell an das Diagrammformat angeglichen, das in Lektion 9 mit dem Diagramm-Assistenten erstellt wurde. Als nächstes soll ein Titel hinzukommen.

Diagrammtitel einfügen

Ein wichtiger Titel im Diagramm ist die Überschrift. Sie können aber auch Titel entlang der Rubrikenachse oder der Größenachse definieren.

Diagrammtitel

Beim Diagramm-Assistenten wird der Diagrammtitel bereits beim Erstellen des Diagramms eingetragen. Falls er fehlt, können Sie ihn folgendermaßen ergänzen.

1. Wählen Sie aus dem Menü *Einfügen* den Befehl *Titel*. Es erscheint das folgende Dialogfeld:

Abb. 132: Klicken Sie an, welchen Titel Sie hinzufügen möchten

2. Excel unterscheidet insgesamt vier Titel. Klicken Sie das Kontrollkästchen <u>*Diagramm-*</u>
<u>*titel*</u> an und bestätigen Sie mit *OK*. Excel blendet den "Titel" in das Diagramm ein und
wartet darauf, daß Sie die korrekte Überschrift eingeben.

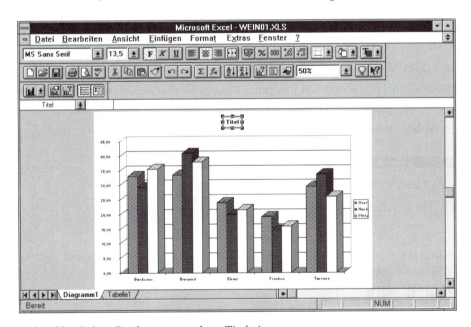

Abb. 133: Geben Sie den gewünschten Titel ein

3. Geben Sie den Text "Umsatz nach Weinsorten" ein und bestätigen Sie Ihre Eingabe mit
Enter .

Sie möchten einen Titel ändern? Klicken Sie den Titel an und bewegen Sie den Maus-zeiger in den Text. Der Mauszeiger erscheint nun als Textcursor. Klicken Sie die Text-stelle an, die Sie ändern möchten. Der Cursor springt in den Text und Sie können die gewünschten Korrekturen vornehmen. Doch Vorsicht: ⌈Enter⌉ beendet in diesem Fall nicht die Eingabe, sondern bewirkt eine Zeilenschaltung. Um die Textbearbeitung zu beenden, klicken Sie in das Diagramm.

DIAGRAMM 1 = Registrierkarte !

Achsentitel

Außer der Überschrift können Sie dem Diagramm auch Achsentitel zuordnen. In einem Achsentitel können Sie die Art oder die Darstellung der Achse beschreiben. Im Beispieldia-gramm sind die Werte in Tausend DM angegeben. Diese Information können Sie in den Titel für die Größenachse schreiben.

1. Wählen Sie aus dem Menü *Einfügen* den Befehl *Titel*.

2. Klicken Sie zusätzlich zum Kontrollkästchen *Diagrammtitel* das Kontrollkästchen *Größenachse* an und bestätigen Sie mit *OK*.

3. Geben Sie die Achsenbeschriftung "in 1.000 DM" ein und bestätigen Sie mit ⌈Enter⌉.

Info Feld

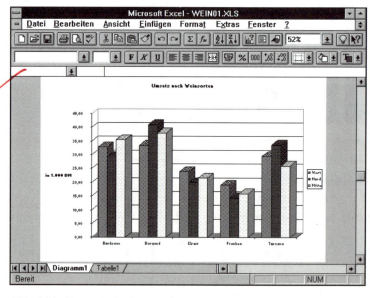

Abb. 134: Das mit Titeln gestaltete Diagramm

Die eingefügten Titel können Sie weiter bearbeiten, indem Sie z. B. Schriftart oder Ausrichtung ändern. Mehr dazu im nächsten Absatz.

Farben, Muster und Schriften: Diagrammelemente gestalten

Nachdem Sie ein Grundformat für das Diagramm gewählt haben, bietet Excel zahlreiche weitere Optionen zur Gestaltung. Für fast alle Elemente können Sie Rahmen und Farben definieren; bei allen Texten steht die Schriftart zur Wahl. Die anderen Optionen sind jeweils elementspezifisch. Für die Legende wählen Sie beispielsweise die Position. Ist die Größenachse angeklickt, können Sie die Art der Skalierung festlegen.

In diesem Absatz möchten wir Ihnen zeigen, wie Sie ein Diagrammelement auswählen und welche Möglichkeiten es gibt, einen Befehl zur Gestaltung aufzurufen. Die einzelnen Optionen zur Formatierung des Diagramms stellen wir Ihnen im weiteren Verlauf dieser Lektion vor.

Diagrammelement auswählen (= Einzel-Teile des Diagramms!)

Klicken Sie das Diagrammelement an, das Sie bearbeiten möchten. Welches Element gewählt ist, wird im Info-Feld links in der Bearbeitungsleiste angezeigt.

Um beispielsweise die Legende zu bearbeiten, klicken Sie diese zunächst an. Das ausgewählte Element erkennen Sie an den Markierungskästchen.

Die meisten Elemente sind im Diagramm deutlich zu erkennen: Diagrammtitel, Legende, Achsen usw. Zu den Elementen gehören aber auch das Diagramm selbst und die Zeichnungsfläche. Für diese Elemente können Sie z. B. Rahmen und Muster auswählen.

Um die Zeichnungsfläche zu markieren, klicken Sie links neben die senkrechte bzw. unterhalb der waagerechten Achse. Im Info-Feld wird der Hinweis *Zeichnungsfläche* angezeigt.

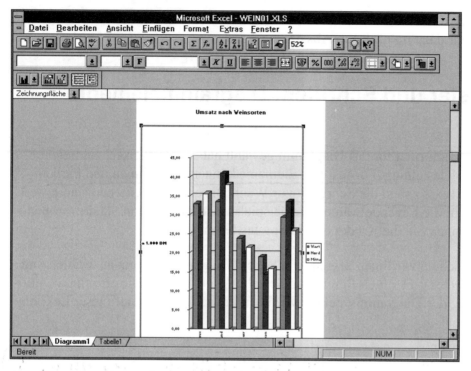

Abb. 135: Die markierte Zeichnungsfläche

Um das gesamte Diagramm zu markieren, klicken Sie außerhalb der Zeichnungsfläche, z. B. neben die Überschrift. Im Info-Feld wird dann *Diagramm* angezeigt.

Gestaltungsbefehle aufrufen

Das markierte Element des Diagramms können Sie gestalten. Vorab ein Überblick über die verschiedenen Optionen, die dazu zur Verfügung stehen. Praktische Beispiele zum Nachvollziehen finden Sie im nächsten Absatz.

Symbolleiste Format

Wie in der Tabelle, so können Sie auch im Diagramm Schriftart und -größe, Ausrichtung, Rahmen und Muster über die Symbolleiste *Format* wählen. Klicken Sie das gewünschte Element an und gestalten Sie es über das entsprechende Symbol in der Symbolleiste *Format*.

Menü Format und Kontext-Menü

Die Befehle zur Formatierung des Diagramms finden Sie im Menü *Format.* Der oberste Befehl in diesem Menü öffnet das zum markierten Element passende Dialogfeld. Wie dieser Befehl heißt, hängt von der Markierung im Diagramm ab. Wenn beispielsweise die Legende markiert ist, lautet der Befehl *Markierte Legende...*

Auch für das Diagramm gibt es ein Kontext-Menü. Es öffnet sich, wenn Sie ein Diagrammelement mit der rechten Maustaste anklicken. Hier lautet der Befehl zur Formatierung des angeklickten Elements z. B. *Legende formatieren* oder *Diagrammwände formatieren*.

Doppelklick zum Öffnen einer Registerkarte

Eine sehr schnelle Methode, ein Element zu gestalten, ist, wenn Sie auf das Diagrammelement, das Sie bearbeiten möchten, doppelt klicken. Automatisch öffnet Excel das zu diesem Element passende Dialogfeld mit der zugehörigen Registerkarte.

Die wichtigsten Befehle und Registerkarten werden wir Ihnen im folgenden jeweils an einem Beispiel vorstellen. Zusätzlich finden Sie Hinweise, für welche anderen Diagrammelemente diese Registerkarte auch zur Verfügung steht.

Muster und Rahmen

Um Muster und Rahmen für das markierte Diagrammelement zu wählen, können Sie die beiden Symbole *Farbe-Palette* und *Rahmenlinien-Palette* aus der Format-Symbolleiste oder die Registerkarte *Muster* nutzen.

In der Registerkarte *Muster* sind sämtliche Farben, Muster und Rahmen zusammengestellt.

1. Klicken Sie doppelt auf das Element *Wände* oberhalb der Diagrammsäulen. Sie können das Element auch anklicken und aus dem Menü *Format* den Befehl *Markierte Diagrammwände* bzw. aus dem Kontext-Menü den Befehl *Diagrammwände formatieren* wählen. Ob Sie das richtige Elememt angewählt haben, erkennen Sie am Eintrag im Info-Feld. Es erscheint das Dialogfeld *Diagrammwände formatieren*.

2. Im Feld *Rahmen* definieren Sie, ob das angeklickte Element eingerahmt wird, und wenn ja, mit welcher Linienart, -farbe und -stärke. Wählen Sie eine dünne Linie, indem Sie das Optionsfeld *Benutzerdefiniert* anklicken und die *Art*, *Farbe* und *Stärke* auswählen.

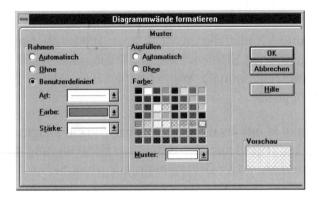

Abb. 136: Die Registerkarte Muster

3. Im Bereich *Ausfüllen* wählen Sie die Farbe und Schraffur. Die Farbe klicken Sie in der Farbpalette an. Wählen Sie ein helles Blau.

4. Bestätigen Sie das Dialogfeld mit *OK*.

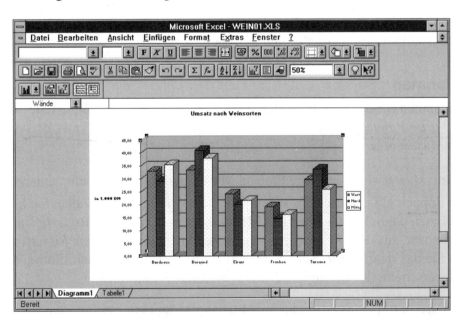

Abb. 137: Das veränderte Diagramm

Die Registerkarte *Muster* und die Symbole *Farbe-Palette* und *Rahmenlinien-Palette* sind unter anderem für folgende Elemente verfügbar:

- Legende
- Datenreihen
- Diagrammtitel
- Diagramm

Art und Größe der Schrift: Die Registerkarte Schriftart

Für alle Schriften im Diagramm können Sie die Schriftart und -größe ändern. Dies geschieht am schnellsten über die Symbolleiste *Format*.

Auch für diese Formatierung steht eine Registerkarte zur Verfügung, die Registerkarte *Schriftart*. Es ist dieselbe Registerkarte, die Sie schon von der Gestaltung der Tabelle kennen.

Abb. 138: Die Registerkarte Schriftart

Die Schriftformatierungen stehen immer dann zur Verfügung, wenn Sie einen Text angeklickt haben, z. B. bei folgenden Diagrammelementen:

- Legende
- Diagrammtitel
- Achsen
- Titel entlang der Achsen

Eine andere Schriftart empfiehlt sich z. B. für die Überschrift. Die Formatierungen können Sie über die Symbole der Format-Symbolleiste oder über die Registerkarte *Schriftart* wählen.

Methode 1: Symbolleiste

1. Klicken Sie die Diagrammüberschrift an. Im Info-Feld erscheint "Titel".

2. Klicken Sie das Listenfeld *Schriftart* an und wählen Sie die Schrift  *Times New Roman.*

3. Klicken Sie das Listenfeld Schriftgröße an und wählen Sie die Größe *20*.

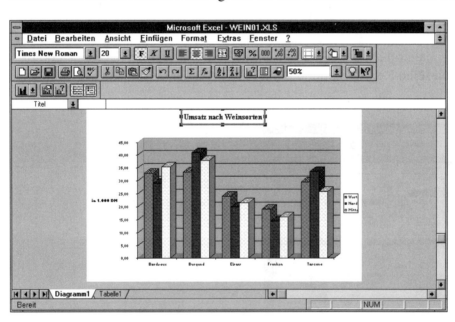

Abb. 139: Der Diagrammtitel mit neuer Schrift

Methode 2: Registerkarte

1. Klicken Sie doppelt auf die Überschrift, damit Excel das passende Dialogfeld öffnet.

2. Klicken Sie die Registerkarte *Schriftart* an.

3. Wählen Sie die gewünschte Schriftart und -größe.

4. Bestätigen Sie das Dialogfeld mit *OK*.

Ausrichtung der Texte: Die Registerkarte Ausrichtung

Auch die Registerkarte *Ausrichtung* ist nichts Neues für Sie: Über diesen Befehl wurden in der Tabelle die Spaltenüberschriften senkrecht gestellt. Dies ist auch im Diagramm ohne weiteres möglich. Auch hier können Sie Texte, z. B. einen Titel oder Beschriftungen, entlang der waagerechten Achse senkrecht stellen.

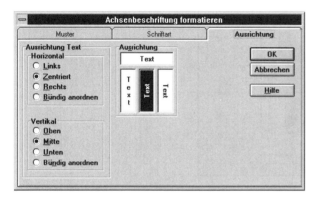

Abb. 140: Die Registerkarte Ausrichtung

Die Registerkarte *Ausrichtung* steht ebenfalls zur Verfügung, wenn Sie einen Text angeklickt haben, z. B. bei den folgenden Diagrammelementen:

- Legende
- Diagrammtitel
- Achsentitel
- Achsen

Den Text senkrecht auszurichten, empfiehlt sich vor allem für einen Titel entlang der senkrechten Achse:

1. Klicken Sie doppelt auf den Achsentext "in 1.000 DM", damit Excel das passende Dialogfeld öffnet.
2. Klicken Sie die Registerkarte *Ausrichtung* an.
3. Klicken Sie im Bereich *Ausrichtung* die gewünschte Textdarstellung an.
4. Bestätigen Sie das Dialogfeld mit *OK*.

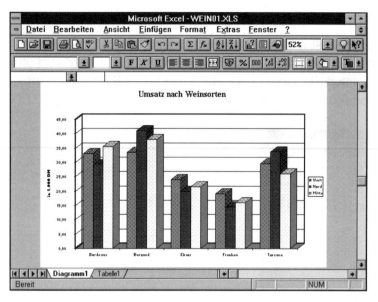

Abb. 141: Das Diagramm mit senkrecht gestellter Achsenbeschriftung

Mit den gestalteten Texten sieht die Grafik schon besser aus. Nun geht es darum, die Achsen- und die Zahlendarstellung zu verbessern.

Skalierung und Zahlenformat: Die Größenachse

Die Skalierung und das Format der Größenachse wählt Excel automatisch und meist so, daß die Einstellung nicht geändert werden muß. Mit Skalierung ist die Einteilung der Größenachse gemeint, d. h., in welchen Abständen die Achse beschriftet wird. Wenn Sie Gitternetzlinien anzeigen lassen, richten sich diese ebenfalls nach der Skalierung.

Im Beispieldiagramm beträgt die Hauptskalierung 5. D. h., in Abständen von 5er-Schritten ist die Größenachse beschriftet, und entsprechend werden die Gitternetzlinien gezogen. Ändern Sie die Skalierung nun so, daß nur noch in 10er-Schritten unterteilt wird.

1. Klicken Sie doppelt auf das Element *Achse1* oder markieren Sie das Element und wählen Sie im Menü *Format* den Befehl *Achsen formatieren*, damit Excel das passende Dialogfeld öffnet. Am einfachsten markieren Sie das Element *Achse1*, indem Sie auf die bisherigen Größeneinheiten klicken.

2. Klicken Sie im Dialogfeld *Achsen formatieren* die Registerkarte *Skalierung* an.

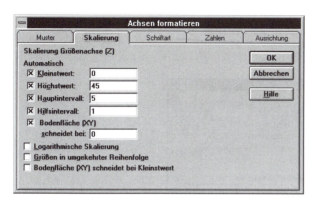

Abb. 142: Das Dialogfeld zum Skalieren der Größenachse

Kleinstwert:	Der kleinste Wert, der im Diagramm dargestellt wird, standardmäßig ist dieser 0.
Höchstwert:	Der größte darzustellende Wert; er ergibt sich aus den markierten Zahlen in der Tabelle, im Beispiel ist dies 45.
Hauptintervall:	Schrittgröße, mit der die Achse beschriftet wird und entsprechend Gitternetzlinien gezogen werden, im Beispiel ist dies 5.
Hilfsintervall:	Schrittgröße für Teilstriche in der Achse, im Beispiel ist dies 1.
Bodenfläche:	Legt fest, wo die Bodenfläche die Größenachse schneidet.

Das Kreuz im Kontrollkästchen bedeutet, daß Excel diesen Wert automatisch ermittelt. Wenn Sie eine Einstellung ändern möchten, klicken Sie zuerst das entsprechende Kontrollkästchen für die automatische Berechnung aus.

3. Beginnen Sie mit dem *Hauptintervall*. Klicken Sie das Kontrollkästchen aus. Der Cursor springt automatisch in die entsprechende Eingabezeile. Tragen Sie hier den gewünschten Wert ein, im Beispiel 10.

4. Ändern Sie nun das *Hilfsintervall*. Klicken Sie wieder das Kontrollkästchen aus und tragen Sie als neuen Wert 2 ein.

5. Klicken Sie nun die Registerkarte *Zahlen* im gleichen Dialogfeld an, um das Zahlenformat zu prüfen. Auch diese Registerkarte ist bereits von der Gestaltung der Zahlen in der Tabelle bekannt.

Im Diagramm erscheinen die Zahlen entlang der Größenachse mit zwei Nachkommastellen. Das ist im Beispiel unsinnig, weil nur ganzzahlige Werte angezeigt werden.

6. Wählen Sie aus der Kategorie *Zahl* das erste Format, 0.

7. Beenden Sie die Eingabe mit *OK*.

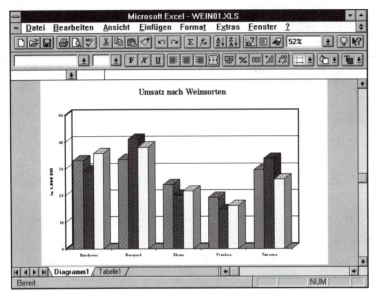

Abb. 143: Das Diagramm mit umgestalteter Größenachse

Nachdem die Achse bearbeitet wurde, geht es nun weiter mit der Gestaltung und Positionierung der Legende.

Position und Größe für die Legende festlegen

Das Ein -und Ausblenden der Legende geht am einfachsten über das Symbol in der Diagramm-Symbolleiste. Doch ist es nicht damit getan, die Legende anzuzeigen. Sie sollte in Größe und Position so gewählt werden, daß sie die Darstellung des Diagramms nicht stört.

1. Blenden Sie die Legende ein, sofern Sie es noch nicht gemacht haben, indem Sie auf das Symbol *Legende* klicken.

2. Klicken Sie doppelt auf die Legende, damit Excel das Dialogfeld *Legende formatieren* öffnet.

3. Klicken Sie die Registerkarte *Anordnung* an. Über diese Registerkarte wählen Sie, wo die Legende stehen soll.

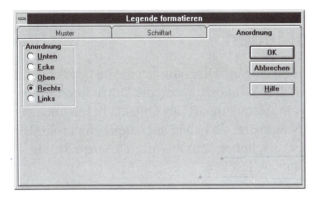

Abb. 144: Die Registerkarte Anordnung

4. Klicken Sie die Position *Unten* an und bestätigen Sie mit *OK*. Die Legende wird nun außerhalb des Diagramms positioniert.

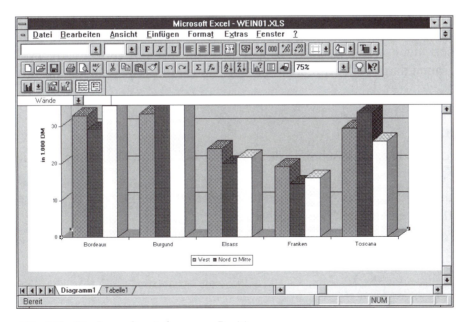

Abb. 145: Die Legende mit der neuen Position

Zahlreiche Gestaltungsmöglichkeiten für das Diagramm haben Sie nun kennengelernt, nur eine wesentliche Option fehlt: Elemente des Diagramms zu bewegen.

Diagrammelemente verschieben

Die Bestandteile des Diagramms haben wir bislang als Diagrammelemente bezeichnet. Das ist nicht falsch, aber auch nicht ganz richtig. Bei Windows haben die Dinge ihren festen Namen. Die Bestandteile eines Diagramms müßten demnach als Objekte bezeichnet werden. Objekte können bei Windows vielfältiger Natur sein, sie haben aber eins gemeinsam, sie sind flexibel. Objekte können mit der Maus verschoben werden. Meist können Sie auch vergrößert und verkleinert werden und man kann sie löschen.

In diesem Sinne typische Objekte des Diagramms sind z. B. die Legende und die Zeichnungsfläche. Beide können vergrößert und verkleinert sowie verschoben werden. Löschen können Sie allerdings nur die Legende.

Titel zählen ebenfalls zu den Objekten. Sie können allerdings nur mit der Maus verschoben, aber nicht in der Größe geändert werden. Dafür kann man sie per Knopfdruck löschen.

Lassen Sie sich überzeugen, wie einfach die Objektbearbeitung ist. Doch wohlgemerkt, nicht alles, was im Diagramm dargestellt wird, ist in diesem Sinne ein Objekt und kann bearbeitet werden.

Ein Objekt löschen

Was weg ist, ist weg, das haben Sie schon in der Tabelle gesehen. Im Diagramm funktioniert das genauso.

1. Klicken Sie das Objekt an, das Sie löschen möchten, in diesem Beispiel den Achsentitel "in 1.000 DM" entlang der Größenachse.
2. Drücken Sie die Taste Entf .
3. Klicken Sie das Symbol *Rückgängig* an, um die Löschung wieder aufzuheben.

Ein Objekt verschieben

Einige der Diagrammobjekte sind frei beweglich. Dazu gehören die Titel und die Legende.

1. Klicken Sie das Objekt an, das Sie verschieben möchten, in diesem Beispiel den Diagrammtitel.

2. Bewegen Sie die Maus auf den grauen Rahmen, halten Sie die linke Maustaste gedrückt und verschieben Sie den Diagrammtitel an den linken Rand.

3. Lassen Sie die Maustaste los, um die neue Position für den Titel zu übernehmen.

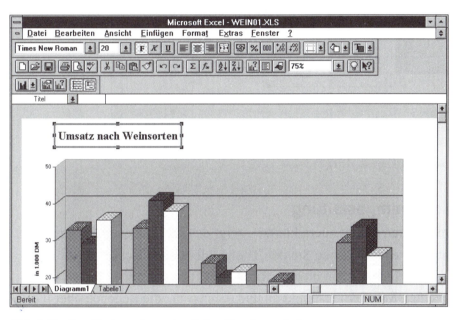

Abb. 146: Der Titel wurde an den linken Rand verschoben

Objekt vergrößern oder verkleinern

Wenn ein Objekt angeklickt ist, erscheinen die Markierungspunkte. Durch Anklicken und Ziehen dieser Punkte können Sie das Objekt verkleinern und vergrößern. Das geht nicht mit allen Objekten im Diagramm, aber z. B. mit der Legende.

1. Klicken Sie das Objekt Legende an.

2. Klicken Sie einen Markierungspunkt an, halten Sie die Maustaste gedrückt und ziehen Sie das Objekt größer oder kleiner.

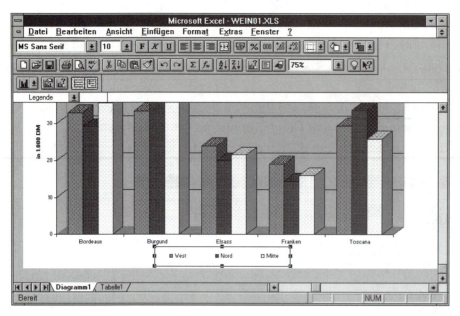

Abb. 147: Die Legende wurde vergrößert

Beispiel für die Diagrammgestaltung

Wie Sie die Objekte im Diagramm verändern können, zeigt das nachstehende Beispiel.

1. Soweit noch nicht geschehen, löschen Sie den Titel an der Größenachse. ✓
2. Ziehen Sie die Legende links an den unteren Rand, und zwar ganz nach links. ✓
3. Klicken Sie den rechten Markierungspunkt an und dehnen Sie die Legende über die gesamte Breite des Diagramms aus. ✓
4. Klicken Sie den oberen Markierungspunkt an und verringern Sie die Höhe der Legende. ✓
5. Klicken Sie die Zeichnungsfläche an und schieben Sie sie nach unten bis an die Legende heran. ✓
6. Dehnen Sie die Zeichnungsfläche soweit wie es geht nach links und oben aus. ✓

Zur Erinnerung: Die Zeichnungsfläche wählen Sie aus, indem Sie knapp neben die Größenachse oder knapp unterhalb der Rubrikenachse klicken. Dadurch rutscht die Diagrammüberschrift in die Zeichnungsfläche.

228

7. Verschieben Sie die Überschrift so, daß sie oberhalb der letzten Gitternetzlinie steht.

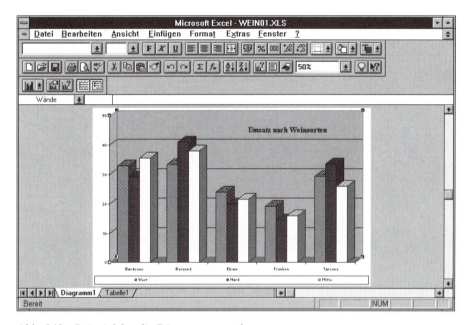

Abb. 148: Beispiel für die Diagrammgestaltung

8. Speichern Sie nun Diagramm und Tabelle. Wählen Sie dazu aus dem Menü *Datei* den Befehl *Speichern unter*. Als Verzeichnis wählen Sie C:\STEXCEL\BEISPIEL. Als Dateiname bietet sich GRAFIK01.XLS an.

Wenn gar nichts mehr geht, und das Diagramm nur noch kreuz und quer steht, gibt es immer noch einen Ausweg: Klicken Sie in der Diagramm-Symbolleiste das Symbol *Vorzugsform* an. Alle individuellen Gestaltungen verschwinden, und es erscheint wieder das Standarddiagramm.

Zum Schluß zeigt Ihnen die folgende Tabelle, welche Gestaltungsmöglichkeiten für welche Diagrammelemente bzw. Objekte zur Verfügung stehen:

Diagrammelement	Gestaltungsmöglichkeiten
Legende	Muster Schriftart Anordnung
Textachse + Größenachse	Muster (z. B. Art und Linienstärke der Achsen) Skalierung Schriftart Zahlenformat
Datenreihe	Muster (Linien und Farbe) Datenbeschriftungen (z. B. Datenwerte oder Prozentangabe) Diagrammtitel
Titel für Achsen	Muster (hinterlegte Farbe und Rahmen) Schriftart Ausrichtung
Diagramm	Muster (Farbe oder Schraffur, mit der die Grafik hinterlegt wird)

Zusammenfassung

Sie wollen...	Sie wählen...	Symbol/Tastenkürzel
den Diagrammtyp ändern.	Menü *Format*, Befehl *AutoFormat*.	
die Legende ein- oder ausblenden.		
die Gitternetzlinien ein- oder ausblenden.		
die Schrift verändern, Rahmen oder Farbe definieren.	Menü *Format*, Befehl *Markiertes Element...*	
einen Titel hinzufügen.	Menü *Einfügen*, Befehl *Titel*.	
die Größenachsen skalieren oder das Zahlenformat ändern.	Menü *Format*, Befehl *Markierte Achse...*	

Zwischentest

Fragen

1. Waagerecht Bei dieser Art Diagramm kann immer nur eine Datenreihe umgesetzt werden.

2. Waagerecht Name des Dialogfelds mit dem Sie einen Diagrammtitel hinzufügen können.

3. Waagerecht In einem .... können Sie die Art oder die Darstellung einer Achse beschreiben.

4. Waagerecht In dieser Registerkarte sind sämtliche Farben, Muster und Rahmen für Diagramme zusammengestellt.

1. Senkrecht Dieses Symbol stellt den Standardgrafik-Typ ein.

2. Senkrecht Das Dialogfeld *Diagrammtitel formatieren* beinhaltet die Registerkarten *Muster*, *Schriftart* und ....

4. Senkrecht Um ein Diagramm zu aktivieren, ist ein .... in das Diagramm erforderlich.

Lösungswort

3. Senkrecht Damit ist die Einteilung der Größenachse gemeint, d. h., in welchen Abständen die Achse beschriftet wird.

Lektion 11
Diagramme drucken und kopieren

Wenn das Diagramm wunschgemäß erstellt ist, werden Sie es speichern und drucken wollen. Sie können das Diagramm separat ausdrucken oder, sofern es in die Tabelle eingebettet ist, zusammen mit der Tabelle. Sie können das Diagramm aber auch in andere Programme übernehmen und von dort aus drucken. Das bietet sich dann an, wenn Sie z. B. mit einer Textverarbeitung einen Text erstellt haben, der auf das Diagramm Bezug nimmt.

Nach dieser Lektion wissen Sie...

♦ wie Sie das Diagramm separat drucken.

♦ wie Sie ein eingebettetes Diagramm mit der Tabelle drucken.

♦ wie Sie ein Diagramm in ein anderes Programm, übernehmen.

Jedes für sich: Nur das Diagramm drucken

Bei der Excel-Tabelle haben Sie bereits zahlreiche Möglichkeiten kennengelernt, den Druck zu gestalten. Dazu gehörte unter anderem die Einstellung der Seitenränder und die Definition von Kopf- und Fußzeilen. Diese Optionen stehen Ihnen für den Ausdruck des Diagramms ebenfalls zur Verfügung.

Wie schon mehrfach erwähnt, kann ein Excel-Diagramm in die Tabelle eingebettet sein oder auf einem separaten Blatt stehen. In beiden Fällen können Sie das Diagramm separat ohne Tabelle drucken.

Öffnen Sie für dieses Beispiel die vorbereitete Datei DIA-DRU.XLS. Sie befindet sich nach der Installation der dem Buch beiliegenden Diskette im Verzeichnis C:\STEXCEL.

Zum Drucken muß das Diagramm aktiviert sein. Zur Erinnerung: Ein eingebettetes Diagramm aktivieren Sie durch Doppelklick. Steht das Diagramm auf einem separaten Blatt, klicken Sie dieses Blatt im Blattregister an, um das Diagramm zu aktivieren.

1. Aktivieren Sie das Diagrammblatt *Diagramm1*.

2. Klicken Sie das Symbol *Seitenansicht* an, um zuvor das Layout des Diagramms zu überprüfen.

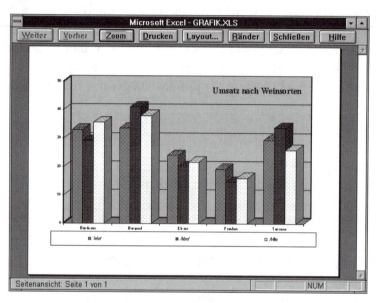

Abb. 149: Seitenansicht für das Diagramm

Sie können nun das Layout ändern. Im Diagramm sind zahlreiche Farben verwendet, gedruckt wird aber meist auf einem Schwarzweißdrucker.

3. Um auf einem Schwarzweißdrucker ein besseres Druckergebnis zu erzielen, klicken Sie die Schaltfläche *Layout* in der Seitenansicht an und wählen im daraufhin erscheinenden Dialogfeld *Seite einrichten* die Registerkarte *Diagramm*.

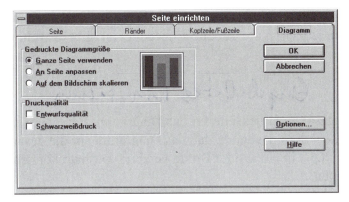

Abb. 150: Die Registerkarte Diagramm

4. Klicken Sie das Kontrollkästchen *Schwarzweißdruck* an.

5. Klicken Sie auf *OK*, um wieder die Seitenansicht aufzurufen.

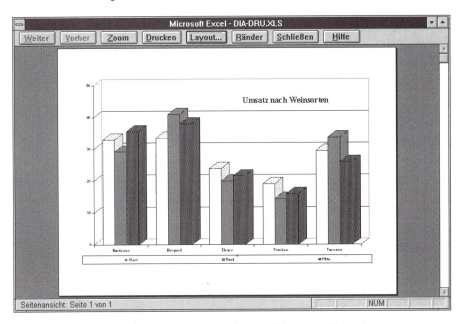

Abb. 151: Das Diagramm mit aktivierter Option Schwarzweißdruck

6. Wenn Sie mit der Ansicht zufrieden sind, klicken Sie auf die Schaltfläche *Drucken*, um das Diagramm auszudrucken. Ansonsten beenden Sie die Seitenansicht mit *Schließen*.

Bei einem Diagramm, das auf einer separaten Seite steht, ist das schon alles, was für den Druck zu tun ist. Wenn Ihr Diagramm jedoch in die Tabelle eingebettet ist, gibt es weitere Optionen.

Gedruckte Diagrammgröße   *Eingebettetes Diagramm*

Standardmäßig verwendet Excel die gesamte Druckseite für das Diagramm. Bei einem eingebetteten Diagramm können Sie dies ändern. Dadurch, daß das Diagramm auf die gesamte Druckseite ausgedehnt wird, wird es meist in Höhe oder Breite verzerrt. Deshalb können Sie die gedruckte Diagrammgröße festlegen.

1. Klicken Sie die Registerkarte *Tabelle1* an.
2. Aktivieren Sie das eingebettete Diagramm durch einen Doppelklick.
3. Wählen Sie aus dem Menü *Datei* den Befehl *Seite einrichten* und klicken Sie die Registerkarte *Diagramm* an.

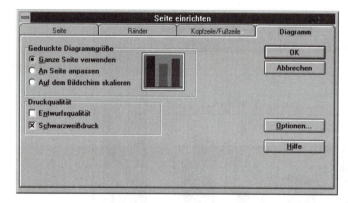

Abb. 152: Die Registerkarte Diagramm

4. Klicken Sie das Optionsfeld *Schwarzweißdruck* erneut an.

Außerdem wählen Sie auf dieser Registerkarte die *Gedruckte Diagrammgröße*. Dabei gibt es drei Alternativen:

*   Ganze Seite verwenden
*   An Seite anpassen
*   Auf dem Bildschirm skalieren

Ganze Seite verwenden

Excel dehnt das Diagamm auf die gesamte Druckseite aus. Je nach Größe des Diagramms in der Tabelle muß das Diagramm dabei in Höhe und Breite angepaßt werden. So kann es sein, daß das Diagramm im Ausdruck stark verzerrt erscheint.

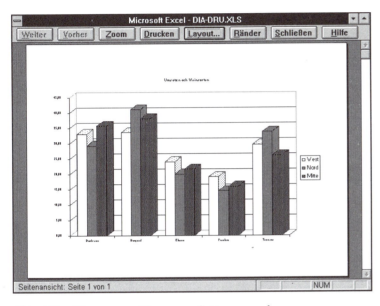

Abb. 153: Diagrammgröße: ganze Seite verwenden

Auf dem Bildschirm skalieren

Bei dieser Option wird die Darstellung für den Druck so übernommen, wie sie auf dem Bildschirm zu sehen ist. Das Diagramm wird nicht vergrößert und erscheint in der oberen linken Ecke der Druckseite.

Wenn Sie sich für diese Ansicht entscheiden, können Sie im Dialogfeld *Seite einrichten* auf der Registerkarte *Ränder* im Bereich *Zentrierung* die Optionen *Horizontal* und *Vertikal* aktivieren. Die Auswirkung sehen Sie auf der folgenden Abbildung.

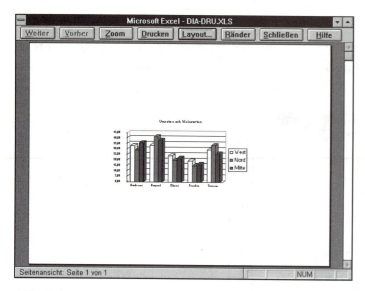

Abb. 154: Diagrammgröße: auf dem Bildschirm skalieren

An Seite anpassen

Diese Option paßt das Diagramm ebenfalls an die Seitengröße an, jedoch unter Beibehaltung der Proportionen auf dem Bildschirm.

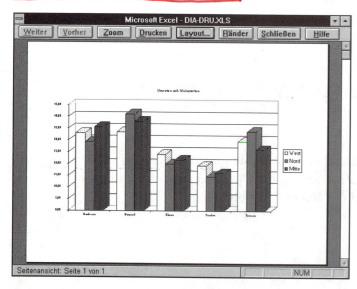

Abb. 155: Diagrammgröße: an Seite anpassen

5. Wählen Sie die Darstellung, die Ihnen am besten gefällt, und drucken Sie das Diagramm über die Schaltfläche *Drucken* in der Seitenansicht aus.

Die beschriebenen Optionen gelten nur, wenn Sie ein eingebettetes Diagramm separat drucken. Ein eingebettetes Diagramm kann aber auch mit der Tabelle zusammen gedruckt werden.

Alles in einem: Diagramm und Tabelle drucken

Excel bietet die Option, Diagramm und Tabelle zusammen auszudrucken. Aber nur dann, wenn das Diagramm in die Tabelle eingebettet ist. Bei Diagrammen, die auf einem separaten Blatt stehen, gibt es diese Möglichkeit nicht. Wie Sie Tabelle und Diagramm zusammen drucken, zeigt folgendes Beispiel.

1. Klicken Sie die Registerkarte *Tabelle1* an.
2. Markieren Sie in der Tabelle das Diagramm und den Zahlenbereich, den Sie drucken möchten. Das ist im Beispiel der Bereich A1 bis F26.

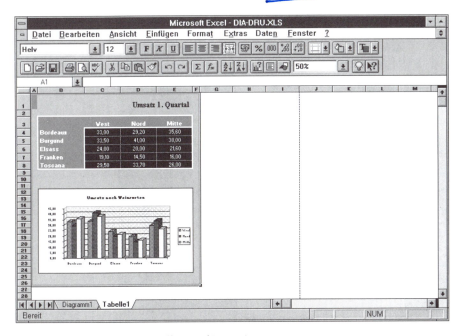

Abb. 156: Dieser Bereich sollte markiert sein

Prüfen Sie zuvor Größe und Darstellung des Diagramms und korrigieren Sie ggf. die Größe des Diagrammrahmens (siehe Lektion 9). Das Diagramm wird so gedruckt, wie es auf dem Bildschirm zu sehen ist.

3. Wählen Sie aus dem Menü *Datei* den Befehl *Drucken*.

4. Klicken Sie im Dialogfeld *Drucken* die Option *Markierung* an.

Abb. 157: Das Dialogfeld Drucken

5. Bevor Sie drucken, kontrollieren Sie das Druckbild. Klicken Sie dazu die Schaltfläche *Seitenansicht* an.

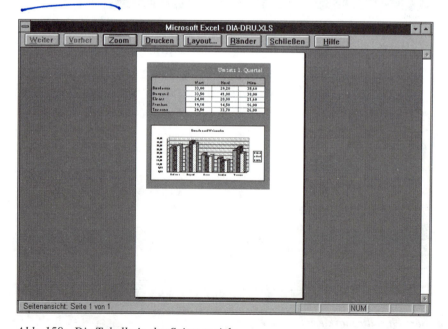

Abb. 158: Die Tabelle in der Seitenansicht

6. Korrigieren Sie das Layout. Klicken Sie dazu in der Seitenansicht die Schaltfläche *Layout* an.

7. Wählen Sie auf der Registerkarte *Seite* die Ausrichtung *Querformat*. Als Vergrößerungsfaktor stellen Sie 110 ein.

8. Klicken Sie nun die Registerkarte Ränder an und aktivieren Sie die Kontrollkästchen *Horizontal* und *Vertikal* im Bereich *Zentrierung*.

9. Klicken Sie *OK* an, um die Seitenansicht zu prüfen.

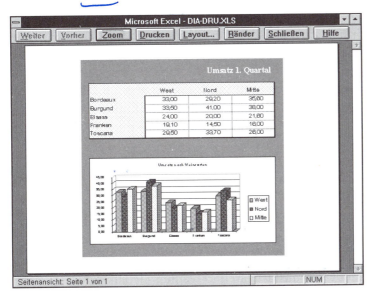

Abb. 159: Tabelle und Diagramm in der Seitenansicht

10. Starten Sie nun den Druck über die Schaltfläche *Drucken* oder beenden Sie die Seitenansicht, indem Sie die Schaltfläche *Schließen* anklicken.

Tabelle und Diagramm zusammen auszudrucken, ist kein Problem. Doch was ist, wenn Sie das Diagramm in einem Text, z. B. in WinWord, drucken möchten? Auch kein Problem. Übernehmen Sie das Diagramm aus Excel in die Textverarbeitung.

TRANSFER!

Excel geht fremd: Diagramme in WinWord

Stellen Sie sich vor, Sie schreiben einen aufwendigen Bericht mit Zahlen, Tabellen und Übersichten. Wäre es nicht schön, wenn Sie entsprechende Diagramme ergänzen könnten?

OLE !!

Diese Möglichkeit bietet Ihnen Microsoft durch OLE. OLE steht für Object Linking and Embedding, was soviel heißt wie Objekte verknüpfen und einbetten. Gemeint ist damit, daß Daten aus einem Programm, z. B. ein Diagramm aus Excel, in ein anderes Programm, z. B. WinWord, übertragen werden können.

Im Prinzip ist das ganz einfach, es ist nämlich nicht mehr als ein Kopieren und Einfügen. Nur daß es nicht innerhalb einer Anwendung passiert, sondern zwischen verschiedenen Programmen. Die Windows-Programme nutzen dabei die gemeinsame Zwischenablage.

Genug der Theorie. Kommen wir nun zur Praxis. Damit Sie dieses Beispiel nachvollziehen können, muß auf Ihrem Rechner WinWord installiert sein.

Sie können ein Diagramm auf einem separaten Blatt in WinWord übernehmen, Sie können aber auch ein in eine Tabelle eingebettetes Diagramm wählen. Es soll nun ein eingebettetes Diagramm übertragen werden.

1. Klicken Sie in Excel das Diagramm "Umsatz nach Weinsorten" an, das Sie in Win-Word übertragen möchten. Bitte markieren Sie das Diagramm nur und aktivieren Sie es nicht per Doppelklick.

2. Klicken Sie in der Symbolleiste das Symbol *Kopieren* an. Sie können den Befehl *Kopieren* auch aus dem Menü *Bearbeiten* wählen.

3. Lassen Sie nun eine zusätzliche Symbolleiste einblenden. Klicken Sie dazu eine der Symbolleisten mit der rechten Maustaste an und wählen Sie aus dem Symbolleisten-Menü die Leiste *Microsoft*. Hier finden Sie Symbole für die verschiedenen Microsoft-Programme.

Abb. 160: Die Symbolleiste Microsoft

4. Klicken Sie das Symbol *Microsoft Word* an. WinWord wird automatisch gestartet, und der leere Textbildschirm erscheint. Sie können nun wie gewohnt arbeiten und z. B. ein gespeichertes Dokument aufrufen, bearbeiten und gestalten.

Nur eins dürfen Sie in der Zwischenzeit nicht tun: Sie dürfen weder den Befehl *Ausschneiden* noch den Befehl *Kopieren* nutzen. Beide Befehle verändern den Inhalt der Zwischenablage und würden das hier deponierte Diagramm löschen.

5. Plazieren Sie den Textcursor an die Stelle, an der Sie das Diagramm einfügen möchten.
6. Klicken Sie das Symbol *Einfügen* an. Das Excel-Diagramm wird an der Stelle eingefügt, an der der Textcursor steht.

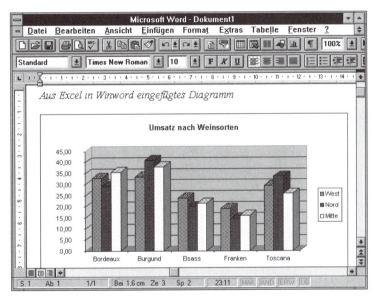

Abb. 161: In WinWord eingefügtes Excel-Diagramm

7. Um zu Excel zurückzukehren, klicken Sie eine der Symbolleisten mit der rechten Maustaste an und wählen Sie aus dem Symbolleisten-Menü die Leiste *Microsoft*. Hier finden Sie wie bei Excel die Symbole für die verschiedenen Microsoft-Programme.
8. Klicken Sie das Symbol für Excel an.

Sie sehen, es ist ein leichtes, ein Diagramm aus Excel in WinWord zu übertragen. Genauso einfach ist es, eine Tabelle oder einen Teil einer Tabelle von Excel in Word zu übernehmen.

Funktionsfähigkeit testen !?

245

Der Ablauf ist entsprechend: Sie markieren den gewünschten Bereich, kopieren ihn und wechseln zu WinWord. Hier öffnen Sie das gewünschte Dokument, plazieren den Textcursor und fügen die Tabelle ein.

Eine Excel-Tabelle wird in WinWord übrigens als Tabelle eingefügt und kann über die Tabellenfunktionen bearbeitet werden.

 Sie können Excel-Objekte natürlich auch in andere Programme übertragen, die nicht von Microsoft stammen. Es stehen Ihnen dann jedoch nicht die Schaltflächen zum schnellen Wechseln zwischen den Programmen zur Verfügung. Der Wechsel muß dann über den Programm-Manager von Windows erfolgen.

Zusammenfassung

Sie wollen...	Sie wählen...	Symbol/Tastenkürzel
Diagramm und Tabelle speichern.	Menü *Datei*, Befehl *Speichern* bzw. *Speichern unter*.	
ein Diagramm drucken.	nach Aktivierung des Diagramms Menü *Datei*, Befehl *Drucken*.	
Diagramm und Tabelle drucken.	nach Aktivierung des Bereichs Menü *Datei*, Befehl *Drucken*, Option *Markierung*.	
ein Diagramm in WinWord übernehmen.	das Diagramm, Menü *Bearbeiten*, Befehl *Kopieren*, wechseln zu WinWord, Menü *Bearbeiten*, Befehl *Einfügen*.	

Zwischentest

Fragen

2. Waagerecht Wenn das Diagramm in die Tabelle .... ist, bietet Excel die Option, Diagramm und Tabelle zusammen auszudrucken.

3. Waagerecht Name der Symbolleiste, in der Sie z. B. das Symbol für WinWord finden.

1. Senkrecht Name der Schaltfläche in der Seitenansicht zwischen *Layout* und *Schließen*.

2. Senkrecht Über welche Ansicht kontrollieren Sie das Druckbild?

3. Senkrecht Wie viele Optionsfelder stehen Ihnen im Bereich *gedruckte Diagrammgröße* in der Registerkarte *Diagramm* zur Verfügung?

4. Senkrecht Menü, in dem sich der Befehl *Drucken* befindet.

5. Senkrecht Das Dialogfeld *Seite einrichten* beinhaltet die Registerkarten *Ränder*, *Kopfzeile/ Fußzeile*, *Diagramm* und ....

Lösungswort

1. Waagerecht   Auf der Registerkarte *Diagramm* im Dialogfeld *Seite einrichten* können Sie zwischen zwei Druckqualitäten wählen: Schwarzweißdruck oder ....

Software Training

Teil D Fortgeschrittenes Arbeiten mit Excel

Lektion 12
Arbeiten mit großen Tabellen

Die Beispieltabellen, mit denen Sie in den vorhergehenden Lektionen gearbeitet haben, waren klein und übersichtlich. Eine Seite - und das meist noch nicht mal - und die Kalkulation war beendet. Dabei kann Excel viel mehr. Erinnern Sie sich an die Beschreibung in der ersten Lektion: ca. 250 Spalten und mehr als 16.000 Zeilen stehen für eine Tabelle zur Verfügung.

Daß alle Optionen, die das Arbeiten in kleinen Tabellen erleichtern, in großen Berechnungen um so wirkungsvoller sind, versteht sich von selbst. Jedoch gibt es auch einige Funktionen, die nur in großen Tabellen wirklich Sinn machen. Einige davon werden Ihnen in diesem Kapitel vorgestellt.

Nach dieser Lektion wissen Sie...

- ♦ wie Sie eine Tabelle zoomen.
- ♦ wie Sie einen Bereich in der Tabelle benennen.
- ♦ wie Sie den Befehl *Gehezu* nutzen.
- ♦ wie Sie Titelzeilen für den Bildschirm und für den Ausdruck definieren.
- ♦ wie Sie einen Druckbereich speichern.
- ♦ wie Sie eine Bildschirmansicht speichern.

Nach Maß: Tabelle zoomen

Normalerweise stellt Excel die Tabelle 1 : 1 oder in der Vergrößerung 100 Prozent dar. Die Darstellungsform ist für die meisten Anwendungen ausreichend. Excel bietet darüber hinaus den Zoombefehl, um die Bildschirmdarstellung optimal auf den jeweiligen Arbeitsschritt anzupassen.

LADE VEREIN.XLS

 Für die Beispiele in dieser Lektion finden Sie die Datei VEREIN.XLS im Verzeichnis C:\STEXCEL. Öffnen Sie diese Tabelle.

	Microsoft Excel - VEREIN.XLS									
	Datei	**Bearbeiten**	**Ansicht**	**Einfügen**	**Format**	**Extras**	**Daten**	**Fenster**	**?**	

A2

	A	B	C	D	E	F	G	H	I	J
1				**Mitgliederverwaltung**						
2										
3	Name	Vorname	Telefon-nummer	Zah-lendes Mit-glied	Junior	Senior	Mitglieds-betrag	Einge-zahlter Betrag	Spende	
4	Adam	Karin	14 12 25	x			12,50	15,00	2,50	
5	Asche	Herbert	14 12 85	x			12,50	20,00	7,50	
6	Behrend	Monika	32 56 84	x			12,50	20,00	7,50	
7	Brunner	Alfons	25 33 15	x			12,50	15,00	2,50	
8	Claudius	Stefan	25 22 54	x			12,50	15,00	2,50	
9	Claudius	Nicolas			x				0,00	
10	Clemens	Sabine	36 85 49	x			12,50	15,00	2,50	
11	Dammer	Erich	25 46 25	x			12,50	15,00	2,50	
12	Dessler	Martin	15 36 58	x			12,50		-12,50	

Tabelle1 / Tabelle2 / Tabelle3 / Tabelle4

Bereit — NUM

Abb. 162: Die Beispieltabelle VEREIN.XLS

Die Tabelle ist für den Kassenwart eines Vereins oder eines Clubs zugeschnitten und verwaltet die monatlichen Beitragszahlungen und Spenden. In den ersten drei Spalten sind Name, Vorname und Telefonnummer aller Mitglieder aufgeführt. In den drei folgenden Spalten wird angekreuzt, ob es sich um ein zahlendes Mitglied, einen Senior oder einen Junior handelt. In der nächsten Spalte steht der zu zahlende Mitgliedsbetrag. Dann folgt der im jeweiligen Monat eingezahlte Betrag. Von diesem Betrag wird in der Spalte "Spende" der zu zahlende Mitgliedsbeitrag abgezogen.

Alle Texte, Werte und Formeln sind in der Tabelle schon eingetragen, jedoch haben wir auf Formatierungen weitgehend verzichtet. Lediglich Schriftart und Ausrichtung für die Texte wurden eingestellt und die Spaltenbreite angepaßt.

Wenn Sie große Tabellen formatieren, gibt es meist ein Problem: Beim Markieren mit der Maus rollt der Bildschirm durch, die Maus "beschleunigt", und ehe man sich versieht, sind viel zu viele Zellen markiert. Das kann man korrigieren, man kann es sich aber auch einfacher machen.

Vor allem wenn Sie formatieren möchten, sollten Sie die Möglichkeiten zum Zoomen nutzen. Sie können damit die Darstellungsgröße auf dem Monitor auf bis zu 25 % verkleinern. Sinnvoll sind in der Regel Werte zwischen 40 und 70 Prozent.

1. Den Zoom-Faktor stellen Sie am schnellsten über die Symbolleiste ein. Klicken Sie das Listenfeld *Zoom* an, also den Listenpfeil hinter dem Symbol.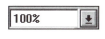

2. Ein Menü mit verschiedenen Zoom-Werten rollt herunter. Wählen Sie den gewünschten Zoom-Faktor aus, z. B. 50 %.

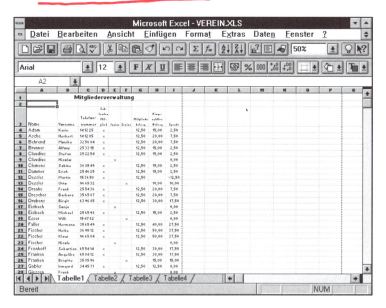

Abb. 163: Die Tabelle wurde auf 50 % gezoomt

3. Sie können auch andere Zoom-Werte als die in der Liste vorgegebenen wählen. Klicken Sie in den Eingabebereich des Feldes *Zoom*, also auf die Prozentzahl.

4. Die Zahl wird markiert, und Sie können den gewünschten Faktor eingeben, z. B. 30. Die Zahl allein reicht, Sie müssen das Prozentzeichen nicht hinzufügen und können die Eingabe mit ⌈Enter⌋ bestätigen.

5. Wenn Sie möchten, können Sie das Zoom auch über das Menü einstellen. Wählen Sie im Menü *Ansicht* den Befehl *Zoom*.

6. Klicken Sie den gewünschten Zoom-Faktor an, wieder 50 %.

In der verkleinerten Darstellung ist es oft einfacher, einen großen Bereich zu markieren und z. B. Rahmen und Linien zu setzen oder eine Farbe zu hinterlegen.

Nutzen Sie das Listenfeld *Zoom* auch, um die Tabelle wieder in eine lesbare Größe zurückzuverwandeln.

 Der Zoom-Faktor verändert übrigens ausschließlich die Darstellung auf dem Bildschirm. Der Ausdruck wird von dieser Einstellung nicht betroffen.

Wohin Sie wollen: Der Befehl Gehe zu

In kleinen Tabellen ein bestimmtes Feld oder einen Bereich auszuwählen, ist kein Problem. Ein paar Mausklicks, und schon ist das gewünschte Feld erreicht.

In großen Tabellen sieht die Sache schon anders aus. Da muß geblättert werden, bis ein bestimmter Ausschnitt der Tabelle zu sehen ist und das gesuchte Feld angewählt werden kann. Die bessere und schnellere Lösung ist das gezielte Auswählen mit dem Befehl *Gehe zu*. Der Befehl *Gehe zu* wählt die angegebene Zelle oder den genannten Bereich ohne lästiges Blättern aus.

1.   Drücken Sie die Funktionstaste F5 .

Abb. 164: Das Dialogfeld Gehe zu

Excel blendet das Dialogfeld *Gehe zu* ein. In der Eingabezeile *Bezug* erwartet das Programm die Angabe, wohin "gegangen" werden soll, d. h., welche Zelle bzw. welcher Bereich ausgewählt werden soll.

2. Geben Sie die Koordinate ein, in der Beispieltabelle etwa I78. Das ist die Zelle, in der die Summe der verbuchten Spenden berechnet wird.

3. Bestätigen Sie mit `Enter` oder klicken Sie *OK* an. In der Tabelle ist nun die Zelle ausgewählt, deren Koordinaten Sie eingegeben haben.

Sie können aber nicht nur eine Zelle, sondern genausogut einen Bereich auswählen. Wenn Sie im Dialogfeld *Gehe zu* einen Bereich eingeben, markiert Excel die genannten Zellen.

4. Drücken Sie nochmals die Funktionstaste `F5`.

5. Tragen Sie diesmal als Bezug H4:H77 ein. Das ist der Bereich, in dem in der Beispieltabelle die eingezahlten Beträge eingetragen werden. Die so markierten Zellen können Sie wie gewohnt bearbeiten und gestalten.

6. Klicken Sie ein Tabellenfeld an, um die Markierung aufzuheben.

Wenn Sie die Koordinaten für einen Bereich eingeben, wird jeweils nur die erste Koordinate (oben links) und die letzte Koordinate (unten rechts) eingetragen und durch einen Doppelpunkt getrennt. Der Eintrag H4:H77 erfaßt also alle Zellen von H4 bis H77.

Der Befehl *Gehe zu* merkt sich übrigens, welche Zellen oder Bereiche Sie bereits angewählt haben. Diese "Adressen" werden im Dialogfeld notiert und können erneut angeklickt werden. Das macht es leicht, einen Bereich nochmals anzuwählen.

Leicht zu behalten: Namen in der Tabelle

Koordinaten sind hilfreich und nützlich, um sich in der Tabelle zurechtzufinden. Doch es ist nicht immer einfach, sich die Koordinaten eines Bereichs oder einer Zelle zu merken. Es besteht nur ein logischer Bezug zwischen Zelle und Koordinate, eine inhaltliche Verbindung läßt sich nicht herstellen.

Wenn Sie beschreibende Bezüge in der Tabelle wünschen, kann Ihnen dennoch geholfen werden. Sie brauchen für die Zelle oder den Bereich nur einen Namen zu vergeben.

Namen sind quasi Pseudonyme für die Koordinaten. Die Zelle G24 kann auch "Gewinn" heißen oder der Bereich A4 bis G24 "Ausgaben". Namen können Sie z. B. beim Befehl *Gehe zu* nutzen. Sie können sie in Formeln einbinden und in Dialogfeldern immer dann verwenden, wenn eine Bereichsangabe verlangt wird.

In der Tabelle VEREIN.XLS enthält Zelle I78 die Summe der Spenden. Vergeben Sie für diese Zelle einen Namen.

1. Markieren Sie die Zelle I78, am besten mit dem Befehl *Gehe zu*.

2. Klicken Sie im Info-Feld in der Bearbeitungsleiste auf die Koordinate. Momentan steht hier I78.

3. Excel markiert die Koordinate, und Sie können den gewünschten Namen eingeben, z. B. "Spenden".

	A	B	C	D	E	F	G	H	I	J	K	L
60	Rahlen	Sonja	25 45 78	x			12,50	20,00	7,50			
61	Risfeld	Helmut	25 40 68	x			12,50	20,00	7,50			
62	Rissert	Sabine			x				0,00			
63	Rissert	Robert	20 36 54	x			12,50	15,00	2,50			
64	Rotert	Petra	25 46 39	x			12,50	20,00	7,50			
65	Sahlfeld	Carmen	30 69 87	x			12,50	20,00	7,50			
66	Schäfer	Harald	78 54 29	x			12,50	25,00	12,50			
67	Schäfer	Simon			x				0,00			
68	Schürrner	Manuela	25 93 60	x			12,50	13,00	0,50			
69	Simon	Gisela	15 20 49	x			12,50	13,00	0,50			
70	Strecker	Klaus	20 41 95	x			12,50	13,00	0,50			
71	Strube	Franz	70 85 26			x			0,00			
72	Tehlen	Beate	15 48 40	x			12,50	15,00	2,50			
73	Trebbert	Stefan	15 87 62	x			12,50	15,00	2,50			
74	Van Gahlen	Ingrid	13 97 50	x			12,50	20,00	7,50			
75	Wassen	Roland	85 94 62	x			12,50	40,00	27,50			
76	Wickert	Christa	15 78 26	x			12,50	40,00	27,50			
77	Zanders	Frank	60 C1384 8	x			12,50	50,00	37,50			
78	**Gesamt**						700,00	1196,00	496,00			

Abb. 165: Namen definieren

4. Bestätigen Sie mit [Enter]. Excel übernimmt den definierten Namen.

Beachten Sie bitte, daß sich die Namen eindeutig von Funktionsnamen und Koordinaten unterscheiden müssen. Namen wie AX10 sind verboten, denn das ist eine Koordinate. Ebenso ist z. B. die Eingabe "Mittelwert" unzulässig, denn das ist der Name einer Funktion.

Ein Name muß sich nicht nur auf eine einzelne Zelle beziehen, es kann auch ein Bereich sein.

1. Markieren Sie mit Hilfe des Befehls *Gehe zu* den Bereich A3 bis C77. Das ist in der Beispieltabelle der Bereich, in dem Name, Vorname und Telefonnummer stehen.

2. Klicken Sie im Info-Feld in der Bearbeitungsleiste die Koordinate an und geben Sie den gewünschten Namen ein, z. B. "Adresse".

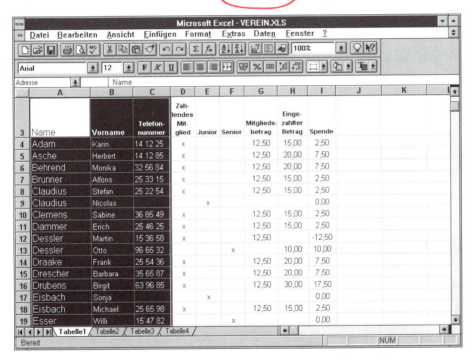

Abb. 166: Der Name Adresse wird für den gewünschten Bereich vergeben

3. Bestätigen Sie mit ⌨Enter, um den definierten Namen zu übernehmen.

Namen sind auch dann praktisch, wenn Sie eine bestimmte Zelle oder einen bestimmten Bereich in der Tabelle erreichen möchten.

wieviele Namen sind einstellbar?

Am einfachsten wählen Sie eine benannte Zelle oder einen Bereich über das Info-Feld in der Bearbeitungsleiste. Wie Sie an dem kleinen Pfeil nach unten erkennen können, verbirgt sich hier ein Listenfeld.

1. Klicken Sie den Pfeil an, um das Listenfeld aufrollen zu lassen. Alle definierten Namen sind aufgelistet.

2. Klicken Sie an, zu welchem Namen Excel wechseln soll, z. B. *Spenden*. Schon wird die gewünschte Zelle oder der Bereich markiert.

Einen Druckbereich definieren

Wie bereits angekündigt, geht es jetzt darum, für den Ausdruck einen bestimmten Bereich als Druckbereich zu definieren, und zwar mit Hilfe von Namen.

Standardmäßig druckt Excel die gesamte Tabelle aus. Wenn Sie jedoch nur einen Bereich drucken möchten, müssen Sie diesen Druckbereich zuvor definieren.

Dabei können Sie den Druckbereich entweder nur für den nächsten Ausdruck ändern oder den Druckbereich fest einstellen.

Druckbereich für einen Ausdruck ändern

Diese Option wurde bereits in Lektion 8 "Schwarz auf weiß: Tabelle drucken" erläutert.

1. Markieren Sie den Bereich, den Sie drucken möchten.

2. Wählen Sie im Menü *Datei* den Befehl *Drucken*.

3. Klicken Sie im Dialogfeld im Bereich *Drucken* die Option *Markierung* an. So wird nur die aktuelle Markierung in der Tabelle gedruckt.

Der so gewählte Druckbereich gilt nur für diesen Ausdruck. Beim nächsten Ausdruck wird wieder die gesamte Tabelle gedruckt.

Druckbereich fest einstellen

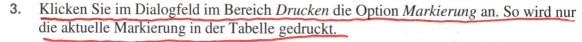

Wenn Sie den Druckbereich dauerhaft für mehrere Ausdrucke definieren möchten, müssen Sie den Befehl *Seite einrichten* nutzen.

Die Tabelle VEREIN.XLS beinhaltet aufgrund ihrer Daten eine kleine Mitgliederliste des Vereins. So ist es denkbar, daß Name, Vorname und Telefonnummer ausgedruckt und allen Mitgliedern zur Verfügung gestellt werden sollen. Wer welchen Beitrag gezahlt hat, soll in dieser Liste jedoch nicht veröffentlicht werden. Wenn sich eine Telefonnummer ändert, muß die Liste erneut ausgedruckt werden. Daher ist es sinnvoll, den Druckbereich so zu bestimmen, daß er mehrmals genutzt werden kann.

Am einfachsten legen Sie einen Druckbereich fest, wenn Sie für diesen Bereich zuvor einen Namen vergeben haben. Das ist bereits geschehen. Im vorherigen Abschnitt haben Sie für den Bereich A3 bis C77 den Namen *Adresse* vergeben.

1. Wählen Sie im Menü *Datei* den Befehl *Seiten einrichten* und klicken Sie hier die Registerkarte *Tabelle* an.

2. Klicken Sie die Eingabezeile *Druckbereich* an.

3. Geben Sie den Namen des Bereichs ein, den Sie drucken möchten, im Beispiel "Adresse".

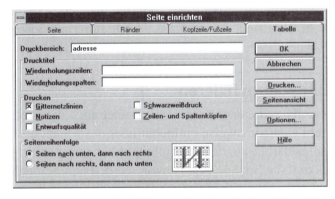

Abb. 167: Das Dialogfeld zum Eingeben des Druckbereichs

4. Bestätigen Sie die Eingabe mit *OK*.

Wenn Sie keinen Namen vergeben haben, können Sie den Druckbereich auch anders festlegen:

• Geben Sie die Koordinaten des gewünschten Bereichs ein.

• Markieren Sie direkt den Bereich in der Tabelle.

Wenn Sie direkt markieren möchten, überlagert das Dialogfeld *Seite einrichten* die Tabelle zu einem großen Teil. Klicken Sie in die Titelleiste des Dialogfeldes, halten Sie die

Maustaste gedrückt und ziehen Sie das Feld zur Seite, am besten in die unteren rechte Ecke des Bildschirms. Markieren Sie den gewünschten Bereich und ziehen Sie das Dialogfeld *Seite einrichten* dann wieder in die Mitte des Bildschirms.

Den so definierten Druckbereich behält Excel. d. h., ab jetzt wird standardmäßig dieser Bereich gedruckt. Der definierte Druckbereich wird auch gespeichert. Um standardmäßig wieder die gesamte Tabelle auszudrucken, rufen Sie den Befehl *Seite einrichten* nochmals auf und löschen auf der Registerkarte *Tabelle* die Bereichsdefinition. Die Namen machen es leicht, mehrere Druckbereiche zu definieren und zu wechseln. Vergeben Sie für jeden Druckbereich einen Namen. Wenn Sie den Druckbereich wechseln möchten, brauchen Sie nur auf der Registerkarte *Tabelle* im Eingabefeld *Druckbereich* den anderen Namen einzutragen.

Lange Tabellen haben eine besonders unangenehme Eigenschaft: Wenn Sie nach unten blättern, rutschen die ersten Zeilen aus dem darstellbaren Bereich heraus, wenn Sie zur Seite blättern, sind es die ersten Spalten. Diese Zeilen und Spalten enthalten aber oftmals die beschreibenden Texte, die eine Orientierung in der Tabelle erst möglich machen. Fehlen sie, gleicht das Arbeiten in der Tabelle einem Blindflug. Ausweg aus der Orientierungslosigkeit: Fixieren Sie die Zeilen und Spalten als Titel.

Zeilen oder Spalten auf dem Bildschirm fixieren

In der Tabelle VEREIN.XLS bietet es sich an, die ersten drei Zeilen, aber auch die erste Spalte zu fixieren. Diesmal ist der Befehl ausnahmsweise einfacher über das Menü, als mit der Maus auszuführen. Dabei kommt alles darauf an, daß das richtige Feld ausgewählt wird. Die Zeilen oberhalb des aktiven Feldes und die Spalten links davon werden nämlich fixiert.

Die obersten drei Zeilen sollen als Titel definiert werden, also muß ein Feld in Zeile 4 ausgewählt sein. Nur die erste Spalte soll Titel sein. Also muß ein Feld in Spalte B ausgewählt werden. Spalte B, Zeile 4, daraus ergibt sich die Koordinate B4. Diese Zelle muß ausgewählt sein.

1.   Klicken Sie die Zelle B4 an.
2.   Wählen Sie aus dem Menü *Fenster* den Befehl *Fixieren*.

Der Befehl wird sofort ausgeführt, und Excel teilt den Bildschirm in vier Parzellen. Das ist auf dem Bildschirm kaum zu erkennen. Besonders dann nicht, wenn Sie Rahmen und Farben zur Gestaltung der Tabelle verwendet haben.

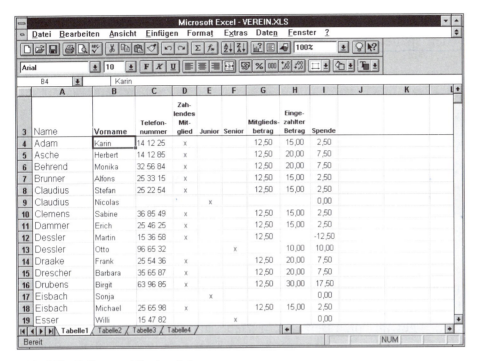

Abb. 168: Zeilen- und Spaltenfixierung

Blättern Sie mit Hilfe der Bildlaufleisten in der Tabelle nach unten. Dabei werden Sie feststellen, daß die obersten drei Zeilen fest stehen und nicht aus dem Bildschirm rollen. Entsprechendes gilt für die erste Spalte. An der Numerierung der Zeilen ist der fixierte Titel ebenfalls zu erkennen. Wenn Sie eine Fixierung nicht mehr brauchen, heben Sie sie auf. Wählen Sie dazu aus dem Menü *Fenster* den Befehl *Fixierung aufheben*.

Die Fixierung gilt jedoch nur für den Bildschirm, auf den Ausdruck hat sie keinen Einfluß. Einen ähnlichen Effekt können Sie aber auch beim Drucken erzielen.

Zeilen oder Spalten auf Folgeseiten wiederholen

Beim Ausdruck umfangreicher Tabellen besteht das Problem, daß die Überschriften der Zeilen und Spalten nur auf der Seite gedruckt werden, auf der sie stehen - und das ist in der Regel nur die erste Seite.

Damit die Spalten- und Zeilentitel auch auf den Folgeseiten gedruckt werden, können Sie Wiederholungszeilen oder -spalten für den Druck definieren.

Wiederholungszeilen heißt, daß die obersten Zeilen der Tabelle auf jeder Druckseite wiederholt werden. Wiederholungsspalten heißt, daß die ersten Spalten der Tabelle auf jeder Druckseite wiederholt werden.

Die Beispieltabelle VEREIN.XLS ist zwar nur eine Seite breit, aber zwei Seiten lang. So empfiehlt es sich, Wiederholungszeilen zu definieren.

1. Wählen Sie aus dem Menü *Datei* den Befehl Seite *einrichten* und klicken Sie die Registerkarte *Tabelle* an.

2. Löschen Sie zuerst den Druckbereich, der im letzten Abschnitt definiert wurde. Excel würde sonst nur den definierten Bereich "Adresse" drucken.

3. Klicken Sie an, ob Sie Wiederholungszeilen oder Wiederholungsspalten definieren möchten. Im Beispiel sollen die obersten Zeilen der Tabelle wiederholt werden, also sind es *Wiederholungszeilen*.

4. Geben Sie einfach den gewünschten Bereich ein. Dabei genügt es, wenn der Bereich ein Feld aus jeder Zeile umfaßt. Um die obersten drei Zeilen als Wiederholungszeilen zu definieren, geben Sie z. B. B1:B3 ein. Excel dehnt die Markierung automatisch auf die gesamte Zeile bzw. bei Wiederholungsspalten auf die gesamten Spalten aus.

Abb. 169: Wiederholungszeilen definieren

5. Kontrollieren Sie das Druckbild. Klicken dazu Sie die Schaltfläche *Seitenansicht* an. Blättern Sie in der Seitenansicht mit der Schaltfläche *Weiter* auf die zweite Seite und prüfen Sie, ob die gewünschten Zeilen wiederholt werden.

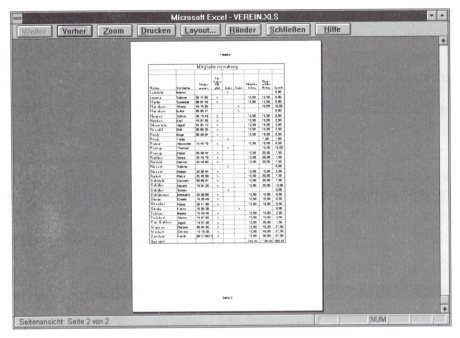

Abb. 170: Die gewünschten Zeilen werden wiederholt

6.	Beenden Sie die Seitenansicht, indem Sie die Schaltfläche *Schließen* anklicken.

In dieser Lektion haben wir Ihnen einige Befehle vorgestellt, um Bildschirm und Druck an große Tabellen anzupassen. Jede Änderung erfolgte dabei "zu Fuß", d. h., sie mußte aus dem Menü bzw. mit der Maus ausgeführt werden. Am Ende dieser Lektion erfahren Sie, wie Sie unterschiedliche Einstellungen speichern und wieder abrufen können.

Alles im Blick: Der Ansichten-Manager

Um verschiedene Einstellungen und Bildschirmansichten zu speichern, verfügt Excel über den sogenannten Ansichten-Manager. Sie arbeiten beispielsweise mit einer großen Tabelle und wählen jeweils verschiedene Ansichten, erstens, um Daten einzugeben oder Formeln zu erstellen und zweitens, um die Tabelle zu gestalten. Diese Ansichten können Sie jede für sich speichern und wieder abrufen.

Gesichert wird immer die gerade aktuelle Ansicht auf dem Monitor. Dazu gehören u. a. folgende Einstellungen:

•	die aktive Zelle

- der Prozentsatz des Zooms
- die Fenstergröße und -position
- der fixierte Titel
- der Druckbereich und die Druckoptionen

Ebenso werden die Einstellungen aus der Registerkarte *Ansicht* im Menü *Optionen* gesichert. Dazu jedoch mehr in der folgenden Lektion.

Stellen Sie den Bildschirm für die Tabelle VEREIN.XLS jetzt so ein, wie es für die Dateneingabe sinnvoll ist:

1. Wählen Sie den Zoom-Faktor 100.

2. Wählen Sie Zelle B4 aus und fixieren Sie den Titel.

3. Verstecken Sie die Spalte *Vorname* (Spalte anklicken, Menü *Format*, Befehl *Spalte* und *Ausblenden*).

	A	C	D	E	F	G	H	I	J	K	L
3	Name	Telefon-nummer	Zah-lendes Mit-glied	Junior	Senior	Mitglieds-betrag	Einge-zahlter Betrag	Spende			
4	Adam	14 12 25	x			12,50	15,00	2,50			
5	Asche	14 12 85	x			12,50	20,00	7,50			
6	Behrend	32 56 84	x			12,50	20,00	7,50			
7	Brunner	25 33 15	x			12,50	15,00	2,50			
8	Claudius	25 22 54	x			12,50	15,00	2,50			
9	Claudius	·		x				0,00			
10	Clemens	36 85 49	x			12,50	15,00	2,50			
11	Dammer	25 46 25	x			12,50	15,00	2,50			
12	Dessler	15 36 58	x			12,50		-12,50			
13	Dessler	96 65 32			x		10,00	10,00			
14	Draake	25 54 36	x			12,50	20,00	7,50			
15	Drescher	35 65 87	x			12,50	20,00	7,50			
16	Drubens	63 96 85	x			12,50	30,00	17,50			
17	Eisbach			x				0,00			
18	Eisbach	25 65 98	x			12,50	15,00	2,50			
19	Esser	15 47 82			x			0,00			
20	Faller	35 65 49	x			12,50	40,00	27,50			
21	Fischer	36 95 12	x			12,50	50,00	37,50			

Abb. 171: Diese Ansicht soll gespeichert werden

Das soll als Einstellungsvorgabe genügen. Speichern Sie diese Ansicht.

Ansicht speichern

Um die derzeit aktuelle Ansicht auf dem Bildschirm zu speichern, gehen Sie wie folgt vor:

1. Wählen Sie aus dem Menü *Ansicht* den Befehl *Ansichten-Manager*. Es erscheint das Dialogfenster *Ansichten-Manager*.

Abb. 172: Der Ansichten-Manager

2. Klicken Sie die Schaltfläche *Hinzufügen* an.
3. Tragen Sie in die Eingabezeile den Namen ein, unter dem die Ansicht gespeichert werden soll, z. B. "Eingabe", und klicken Sie auf *OK*.

Damit ist die momentane Ansicht auf dem Bildschirm unter dem Namen "Eingabe" gespeichert.

Stellen Sie den Bildschirm jetzt so ein, wie es für die Formatierung sinnvoll ist:

1. Wählen Sie den Zoom-Faktor 50.
2. Lassen Sie die versteckte Spalte B wieder einblenden (Nachbarspalten A und C markieren, Menü *Format*, Befehl *Spalte* und *Einblenden*).

Speichern Sie auch diese Ansicht:

3. Wählen Sie aus dem Menü *Ansicht* den Befehl *Ansichten-Manager*.
4. Klicken Sie die Schaltfläche *Hinzufügen* an.
5. Tragen Sie in die Eingabezeile den gewünschten Namen ein, z. B. "Format".
6. Bestätigen Sie Ihre Eingabe mit *OK*.

Wenn Sie nun die Ansicht wechseln wollen, müssen Sie nicht mehr die einzelnen Befehle nacheinander aufrufen, sondern wählen nur noch die gewünschte Ansicht im Ansichten-Manager aus und klicken auf die Schaltfläche *Anzeigen*.

ABLEGEN   VEREIN01.XLS

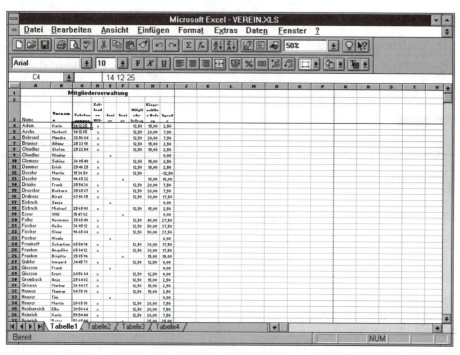

Abb. 173: Die Ansicht für die Formatierung

7. Speichern Sie die Datei mit dem Befehl *Speichern unter* aus dem Menü *Datei* unter dem Namen VEREIN01.XLS im Verzeichnis C:\STEXCEL\BEISPIEL ab.

Mit der Ansicht wird standardmäßig auch der Druckbereich gespeichert. Sie können diese Option also auch dann nutzen, wenn Sie verschiedene Druckbereiche hinterlegen möchten.

Zusammenfassung

Sie wollen...	Sie wählen...	Symbol/Tastenkürzel
den Bildschirm zoomen.	Menü *Ansicht*, Befehl *Zoom*.	100% ⬇
zu einer bestimmten Zelle springen.	Menü *Bearbeiten*, Befehl *Gehe zu*.	F5
Zeilen oder Spalten fixieren.	Menü *Fenster*, Befehl *Fixieren*.	
Wiederholungszeilen oder -spalten definieren.	Menü *Datei*, Befehl *Seite einrichten*, Registerkarte *Tabelle*, Bereich *Drucktitel*	
Namen vergeben.	nach Markieren des Bereichs Menü *Einfügen*, Befehl *Namen* oder Doppelklick auf Info-Feld und tragen den Namen ein.	
Ansichten speichern.	die gewünschten Einstellungen, Menü *Ansicht*, Befehl *Ansichten-Manager*, Schaltfläche *Hinzufügen* und vergeben den Namen.	

Zwischentest

Fragen

1. Waagerecht Funktionstaste, über die Sie das Dialogfeld *Gehe zu* aufrufen.

2. Waagerecht Diese Schaltfläche klicken Sie im Dialogfeld *Ansichten-Manager* an, um ins Dialogfeld *Ansicht hinzufügen* zu gelangen.

4. Waagerecht Um verschiedene Einstellungen und Bildschirmansichten zu speichern, verfügt Excel über den sogenannten ....

1. Senkrecht Dieses Optionsfeld klicken Sie im Dialogfeld *Drucken* an, wenn Sie nur einen zuvor definierten Druckbereich ausdrucken wollen.

2. Senkrecht Über diesen Befehl im Menü *Ansicht* können Sie die Bildschirmdarstellung optimal auf den jeweiligen Arbeitsschritt anpassen.

3. Senkrecht In diese Eingabezeile im Dialogfeld *Gehe zu* tragen Sie ein, welche Zeile bzw. welcher Bereich angewählt werden soll.

4. Senkrecht In diesem Menü finden Sie den Befehl zum Fixieren von Zeilen und Spalten.

Lösungswort

3. Waagerecht .... heißt, daß die obersten Zeilen der Tabelle auf jeder Druckseite gedruckt werden.

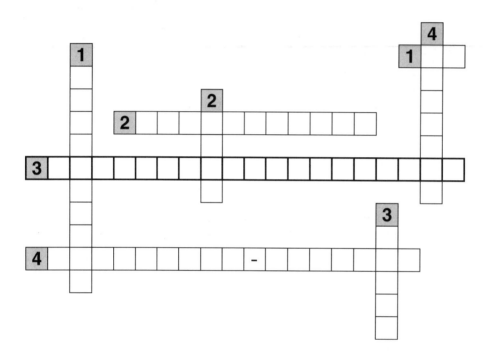

Lektion 13
Excel individuell

Wenn Sie häufiger mit Excel arbeiten, werden Sie sicherlich die ein oder andere Standardeinstellung in diesem Programm ändern wollen. Vielleicht gefällt Ihnen die Standardschrift nicht. Oder Sie möchten die Symbolleisten ändern? Kein Problem, Excel läßt sich individuell an Ihre Vorstellungen anpassen.

Nach dieser Lektion wissen Sie

♦ wie Sie die Bildschirmansicht ändern.

♦ wie Sie Standardeinstellungen wechseln.

♦ wie Sie die Symbolleisten ändern und neue erstellen.

♦ was Mustervorlagen sind.

♦ wie Sie Mustervorlagen nutzen können.

Die Bildschirmansicht

Gitternetzlinien, Spalten- und Zeilenköpfe oder Nullwerte sind einige der Elemente, die Sie auf dem Bildschirm darstellen können oder auch nicht. Am Beispiel der in der letzten Lektion bearbeiteten Tabelle möchten wir Ihnen zeigen, wie diese Einstellungen das Bild der Tabelle verändern können.

 Öffnen Sie für das folgende Beispiel die Datei EINSTELL.XLS aus dem Verzeichnis C:\STEXCEL.

1. Wählen Sie im Menü *Extras* den Befehl *Optionen*. Es erscheint das Dialogfenster *Optionen*.

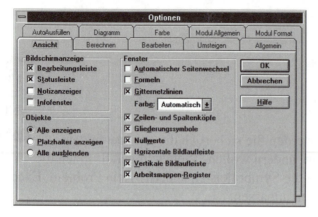

Abb. 174: Anzeige von Bildschirmelementen: Extras, Optionen

2.   Klicken Sie die Registerkarte *Ansicht* an.

Die Registerkarte ist in drei Bereiche gegliedert, *Bildschirmanzeige*, *Objekte* und *Fenster*.

- Im Bereich *Bildschirmanzeige* definieren Sie, ob z. B. die Bearbeitungsleiste stets angezeigt sein soll.
- Unter *Objekte* stellen Sie ein, wie Objekte (z. B. Diagramme) angezeigt werden sollen.
- Im Bereich *Fenster* legen Sie fest, welche Fensterelemente, wie z. B. die Bildlaufleisten, eingeblendet werden.

TIP Die Gitternetzlinien sollten Sie ausschalten, wenn Sie Ihre Tabelle mit Rahmen und Farben gestalten. Sonst ist nämlich kaum zu erkennen, was ein Rahmen und was eine Gitternetzlinie ist.

Eine weitere nützliche Option im Bereich *Fenster* ist das Unterdrücken der Anzeige von Nullwerten. Das Ergebnis einer Formel wird nämlich standardmäßig auch dann angezeigt, wenn es 0 ist.

Probieren Sie es einmal aus:

1.   Klicken Sie das Kontrollkästchen *Gitternetzlinien* aus.
2.   Entsprechend deaktivieren Sie das Kontrollkästchen *Nullwerte*.
3.   Bestätigen Sie mit *OK* und schauen Sie, was sich in der Tabelle geändert hat.

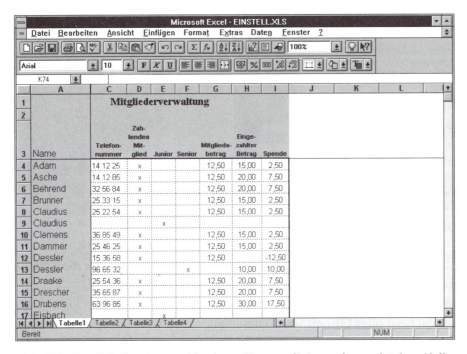

Abb. 175: Die Tabelle mit ausgeblendeten Gitternetzlinien und unterdrückten Nullwerten

Die Gitternetzlinien erscheinen nicht mehr und die Felder, in denen zuvor als Spende 0,00 ausgewiesen wurde, sind leer.

Beachten Sie, daß die geänderten Einstellungen nur für die aktuelle Tabelle gelten. Bei einer neu erstellten Tabelle verwendet Excel wieder die ursprünglichen Standards.

Ändern der Standardeinstellungen

Zu den Grundeinstellungen eines Programms gehört nicht nur die Bildschirmdarstellung, sondern auch z. B. die Standardschriftart, der Name des Benutzers und das Verzeichnis, in das standardmäßig gespeichert wird. Auch diese Einstellungen finden Sie im Dialogfeld *Optionen*.

1. Wählen Sie im Menü *Extras* nochmals den Befehl *Optionen* und klicken Sie die Registerkarte *Allgemein* an.

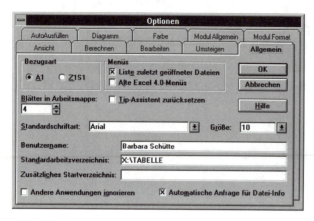

Abb. 176: Die Registerkarte Allgemein

2. Wählen Sie aus den beiden Listenfeldern *Standardschriftart* und *Größe* die Schriftart und -größe, in der eine neue Tabelle standardmäßig erstellt werden soll.

3. Tragen Sie in die Zeile *Standardarbeitsverzeichnis* das Verzeichnis ein, auf das Excel primär beim Speichern oder Öffnen von Dateien zugreifen soll. Dieses Verzeichnis wird bei der Installation von Excel vorgegeben.

Bei jedem ersten Speichern einer Tabelle fragt Excel das Datei-Info ab. Das Datei-Info wird für den internen Datei-Manager verwendet. Sie können im Excel-Datei-Manager nach den im Datei-Info eingetragenen Informationen suchen. Wenn Sie die Anfrage des Datei-Infos unterdrücken möchten, klicken Sie das Kontrollkästchen *Automatische Anfrage für Datei-Info* aus. Sie finden es am unteren Rand des Dialogfeldes.

Mit dem Kontrollkästchen *Blätter in Arbeitsmappe* können Sie die Anzahl der Blätter pro Arbeitsmappe kontrollieren. Standardmäßig stellt Excel für jede Tabelle 16 Blätter bereit. So viele Blätter werden Sie kaum brauchen. Und falls doch, können Sie jederzeit neue Blätter einfügen.

4. Reduzieren Sie die Anzahl der Blätter pro Arbeitsmappe auf 4.

5. Wenn alle Einstellungen gemacht sind, bestätigen Sie mit *OK*.

Abb. 177: Hinweis beim Ändern der Standardschrift

Wenn Sie die Standardschriftart geändert haben, blendet Excel einen Hinweis ein. Die Standardschrift kann nicht für die aktuelle Tabelle geändert werden. Sie wirkt erst, wenn Sie Excel verlassen und neu gestartet haben. Das gleiche gilt für die Anzahl der Blätter in der Arbeitsmappe. Alle Einstellungen auf der Registerkarte *Allgemein* sind Standardeinstellungen, die nicht nur für die aktuelle Tabelle gelten, sondern auch für alle Tabellen, die Sie künftig erstellen.

Nach Bedarf: Selbstdefinierte Symbolleisten

Excel verfügt über zahlreiche Symbolleisten, die Sie nach Bedarf ein- und ausblenden können. Darüber hinaus können Sie die Symbolleisten ändern, d. h. Symbole entfernen und andere einfügen. Sie können aber auch eigene Symbolleisten erstellen, in denen Sie die von Ihnen am häufigsten verwendeten Befehle kombinieren.

Symbolleisten ändern

1. Wählen Sie im Menü *Ansicht* den Befehl *Symbolleisten* und klicken Sie hier die Schaltfläche *Benutzerdefiniert* an. Es erscheint das folgende Dialogfeld:

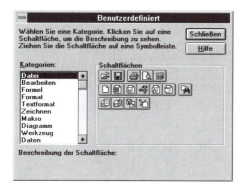

Abb. 178: Symbolleisten definieren

2. Klicken Sie nun außerhalb dieses Dialogfeldes in der Symbolleiste *Format* das Symbol *Unterstrichen* an und ziehen Sie es bei gedrückter linker Maustaste in den Tabellenarbeitsbereich. Das Symbol ist nun aus der Leiste gelöscht worden.

3. Im Dialogfeld *Benutzerdefiniert* sehen Sie das Listenfeld *Kategorie*. Klicken Sie die Kategorie *Textformat* an. Im Bereich *Schaltflächen* werden die verfügbaren Symbole dieser Kategorie angezeigt.

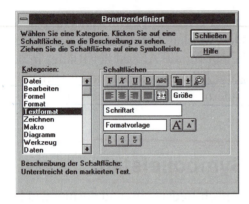

Abb. 179: Die Symbole der Kategorie Textformat

Zur Kategorie *Textformat* gehören z. B. die Symbole *Schriftart verkleinern* und *Schriftart vergrößern,* zu erkennen an dem Buchstaben A mit einem kleinen Pfeil nach oben bzw. nach unten.

 Wenn Sie ein Symbol anklicken, wird im unteren Teil des Dialogfeldes eine Kurzbeschreibung eingeblendet.

4. Fügen Sie diese beiden Symbole ein. Klicken Sie das Symbol *Schriftart vergrößern* an, halten Sie die Maustaste gedrückt und ziehen Sie das Symbol in der Symbolleiste *Format* an die Stelle, an der es stehen soll. Falls der Platz nicht richtig gewählt ist, klicken Sie das Symbol nochmals an, halten die Maustaste gedrückt und verschieben es innerhalb der Leiste.

5. Fügen Sie nun das Symbol *Schriftart verkleinern* neben dem Vergrößern-Symbol ein.

Es passiert eventuell folgendes: das letzte Symbol rutscht fast aus der Leiste heraus. Sie könnten jetzt ein weiteres Symbol löschen, oder aber die Listenfelder für *Schriftart* und *Schriftgröße* etwas verkürzen und damit Platz in der Leiste schaffen.

6. Klicken Sie das Listenfeld *Schriftart* an. Ein grau gerasteter Rahmen erscheint. Bewegen Sie den Mauszeiger genau auf diesen Rahmen. Er bekommt eine andere Form und erscheint als senkrechter Strich mit zwei Pfeilen nach rechts und links.

7. Klicken Sie den grauen Rahmen an, halten Sie die Maustaste gedrückt und verkleinern Sie den Rahmen ein wenig.

8. Verkürzen Sie ebenfalls das Listenfeld für die Schriftgröße, so weit, bis auch das letzte Symbol wieder in der Symbolleiste angezeigt wird.

9. Klicken Sie im Dialogfeld *Benutzerdefiniert* auf die Schaltfläche *Schließen*, um die Bearbeitung der Symbolleiste zu beenden.

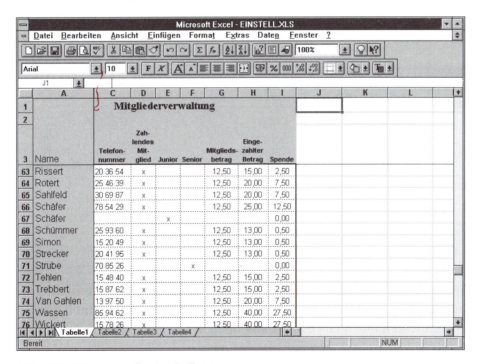

Abb. 180: Die angepaßte Symbolleiste

Von nun an steht standardmäßig die von Ihnen bearbeitete Symbolleiste *Format* zur Verfügung. Wenn Sie lieber wieder die Original-Symbolleiste *Format* angezeigt haben möchten, gehen Sie folgendermaßen vor:

1. Klicken Sie mit der rechten Maustaste in eine Symbolleiste und wählen Sie aus dem Kontext-Menü die Option *Symbolleisten*.

2. Klicken Sie die Symbolleiste an, die Sie wieder im Original herstellen möchten, hier die Symbolleiste *Format*. Klicken Sie auf die Schaltfläche *Zurücksetzen*. Nun ist wieder die Standard-Symbolleiste *Format* aktiv.

Neue Symbolleiste erstellen

Wenn Sie Excel ganz individuell anpassen möchten, können Sie auch eine eigene Symbolleiste definieren.

1. Klicken Sie die Symbolleisten mit der rechten Maustaste an und klicken Sie im Kontext-Menü auf den Eintrag *Symbolleisten*. Das gleichnamige Dialogfeld erscheint.

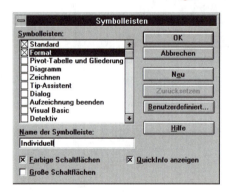

Abb. 181: Symbolleiste neu erstellen

2. Klicken Sie doppelt auf die Zeile *Name der Symbolleiste* (der bisherige Eintrag wird komplett markiert) und tragen Sie den Namen ein, unter dem Sie Ihre individuelle Symbolleiste speichern möchten (z. B. "Individuell").

3. Klicken Sie die Schaltfläche *Neu* an.

4. Das Dialogfeld *Benutzerdefiniert* wird angezeigt. Zusätzlich erscheint eine leere, allerdings sehr kleine Symbolleiste. Sie sieht aus wie ein kleines Fenster.

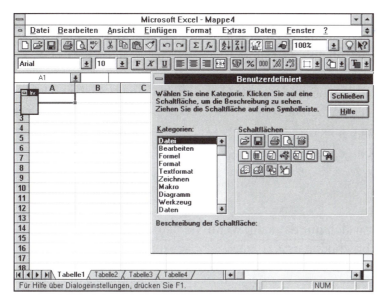

Abb. 182: Definieren Sie Ihre eigene Symbolleiste

5. Klicken Sie im Listenfeld *Kategorie* an, aus welcher Gruppe Sie einen Befehl in die Symbolleiste einfügen möchten. Im Feld *Schaltflächen* werden die verfügbaren Symbole angezeigt.

6. Klicken Sie ein Symbol an, halten Sie die Maustaste gedrückt und ziehen Sie das Symbol in die neu erstellte Symbolleiste.

    Wenn Sie weitere Symbole hinzufügen, wird die Leiste automatisch verlängert. Wenn Sie die Symbole untereinander plazieren, entsteht eine senkrechte Symbolleiste. Plazieren Sie die Symbole nebeneinander, gibt es eine waagerechte Leiste.

7. Klicken Sie auf die Schaltfläche *Schließen*, um die Definition der Symbolleiste zu beenden.

Ihre Symbolleiste wird in das Symbolleisten-Menü aufgenommen und kann wie alle anderen Leisten angezeigt, ausgeblendet oder verschoben werden.

Alles inklusive: Die Mustervorlagen

Zahlreiche Befehle, die Sie in dieser Lektion oder der vorhergehenden kennengelernt haben, sind hilfreich und nützlich, um Excel an persönliche Vorstellungen anzupassen. Der Nachteil

277

ACHTUNG !!

bei der Angelegenheit ist nur, daß diese Befehle in der Regel auf die Tabelle bzw. Arbeitsmappe beschränkt sind, in der sie angewendet wurden. Wenn Sie diesen Befehlen Allgemeingültigkeit verleihen möchten, können Sie eine sogenannte Mustervorlage erstellen.

Eine Mustervorlage ist im Grunde nichts anderes als eine Arbeitsmappe. Sie ist so konzipiert, daß sie als Muster für andere Arbeitsmappen verwendet werden kann. In Mustervorlagen werden die folgenden Elemente gespeichert:

- Text und Zahlen, die Sie eingegeben haben
- erstellte Diagramme
- Formeln und ggf. Makros

Mustervorlagen dieser Art bieten sich nur dann an, wenn Sie häufig ähnliche Tabellen erstellen, z. B. wöchentliche Abrechnung o. ä.

In Mustervorlagen sind aber auch

- Formatierungen wie die Standardschrift
- Seitenlayout, z. B. Hoch- und Querformat
- benutzerdefinierte Kopf- und Fußzeilen
- gespeicherte Ansichten

enthalten. Sie können somit eine Mustervorlage erstellen, die Ihre individuellen Standards für die Gestaltung von Tabellen umfaßt.

Einstellungen vornehmen

Eine Mustervorlage erstellen Sie am einfachsten aus einer Arbeitsmappe. Schließen Sie die aktiven Tabellen und öffnen Sie eine neue Tabelle. Stellen Sie jetzt Ihre Standards für die Arbeit mit Excel ein. Dazu könnten u. a. folgende Befehle gehören:

1. Menü *Datei*, Befehl *Seite einrichten*, Registerkarte *Seite*: Wählen Sie *Querformat*.
2. Menü *Datei*, Befehl *Seite einrichten*, Registerkarte *Kopfzeile / Fußzeile*: Definieren Sie eine individuelle Kopfzeile (siehe Lektion 8.)
3. Menü *Datei*, Befehl *Seite einrichten*, Registerkarte *Tabelle*: Klicken Sie für den Druck die Gitternetzlinien aus.
4. Stellen Sie zwei verschiedene Ansichten für den Bildschirm ein und speichern Sie sie über den Befehl *Ansichten-Manager* im Menü *Ansicht* (siehe Lektion 12).

5. Damit Sie die Funktion der Mustervorlage sofort prüfen können: Geben Sie in Feld A1 den Text "Mustervorlage" ein, wählen Sie die Schriftgröße 24 und setzen Sie den Text fett. Dann ziehen Sie noch einen Rahmen um den Textbereich und wählen eine Farbe, die die Felder füllt.

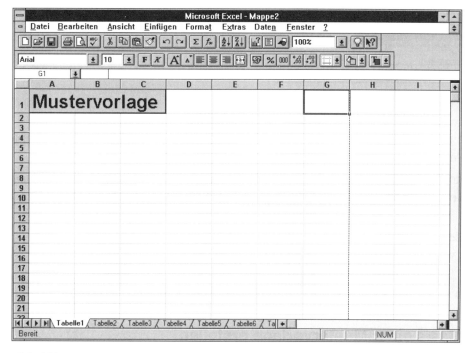

Abb. 183: Die Eingaben für die Mustervorlage

Die so aufbereitete Arbeitsmappe soll nun als Mustervorlage gespeichert werden.

Mustervorlage speichern

1. Klicken Sie das Symbol *Arbeitsmappe speichern* an.

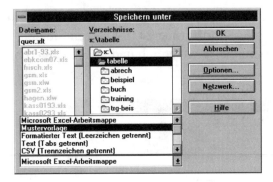

Abb. 184: Mustervorlage speichern

2. Geben Sie in die Zeile *Dateiname* einen Namen ein, z. B. "Quer" (weil Querformat für den Ausdruck definiert ist).

3. Klicken Sie das Listenfeld *Dateityp* an und wählen Sie den Eintrag *Mustervorlage*. Wenn Sie eine Mustervorlage speichern, ändert Excel automatisch die Dateikennung. Statt XLS wird XLT an den von Ihnen eingegebenen Namen angefügt.

4. Klicken Sie auf *OK*, um die Mustervorlage zu speichern.

5. Schließen Sie nun die Datei.

Nun soll auf der Basis der soeben gespeicherten Datei eine neue Tabelle erstellt werden.

Tabelle auf Basis einer Mustervorlage erstellen

1. Klicken Sie das Symbol *Arbeitsmappe öffnen* an.

2. Wählen Sie im Listenfeld *Dateityp* den Eintrag *Mustervorlagen (*.XLT)*.

3. Wählen Sie die gespeicherte Mustervorlage QUER.XLT.

Eine neue Tabelle auf der Basis dieser Mustervorlage wird erstellt.

Beim Öffnen einer Mustervorlage erstellt Microsoft Excel übrigens eine Kopie der Original-vorlage. Damit ist sichergestellt, daß Sie die Mustervorlage nicht versehentlich überschreiben. Wenn Sie das Symbol *Speichern* anklicken, öffnet sich das bekannte Dialogfeld *Speichern unter* und Sie können einen Namen eintragen. Die auf Basis der Mustervorlage erstellte Tabelle wird wieder ganz normal als Tabelle mit der Dateikennung .XLS gesichert.

Zusammenfassung

Sie wollen...	Sie wählen...	Symbol/Tastenkürzel
die Bildschirmdarstellung wählen.	Menü *Extras*, Befehl *Optionen*, Registerkarte *Ansicht*.	
Standardeinstellungen ändern.	Menü *Extras*, Befehl *Optionen*, Registerkarte *Allgemein*.	
die Symbolleisten ändern.	Menü *Ansicht*, Befehl *Symbolleisten*, Schaltfläche *Benutzerdefiniert*.	
eine neue Symbolleiste erstellen.	Menü *Ansicht*, Befehl *Symbolleisten*, Schaltfläche *Neu*.	
eine Mustervorlage speichern.	Menü *Datei*, Befehl *Speichern unter*, Dateityp *Mustervorlage*.	

Zwischentest

Fragen

1. Waagerecht In diesem Dialogfeld vergeben Sie den Namen für eine neue Symbolleiste.

2. Waagerecht In welchem Menü finden Sie den Befehl *Optionen*?

4. Waagerecht Die Registerkarte *Ansicht* im Dialogfeld *Optionen* ist in drei Bereiche gegliedert: Objekte, Fenster und ....

1. Senkrecht Name des Listenfeldes im Dialogfeld *Öffnen*, in dem Sie den Eintrag *Mustervorlagen (*.XLT)* auswählen können.

2. Senkrecht Auf dieser Registerkarte des Dialogfeldes *Optionen* finden Sie z. B. die Eingabezeilen *Benutzername* und *Standardarbeitsverzeichnis*.

3. Senkrecht Sie können Symbolleisten selbst definieren. Wie heißt das Listenfeld im Dialogfeld *Benutzerdefiniert*?

4. Senkrecht Eine .... ist im Grunde nichts anderes als eine Arbeitsmappe. Sie ist so konzipiert, daß sie als Muster für andere Arbeitsmappen verwendet werden kann.

Lösungswort

3. Waagerecht Name des Dialogfeldes, in dem Sie u. a. die Registerkarten *Ansicht*, *Allgemein*, *AutoAusfüllen* oder *Umsteigen* finden.

Lektion 14
Arbeiten mit Arbeitsmappen

Die Berechnungen, die in den bisherigen Lektionen erstellt wurden, erstreckten sich alle auf nur eine Tabelle, genauer gesagt, auf ein Tabellenblatt. Dabei bietet Excel die Möglichkeit, eine Kalkulation auf beliebig viele Blätter einer Arbeitsmappe auszudehnen. Wenn Sie eine neue Kalkulation öffnen, stellt Excel Ihnen nicht nur eine Tabelle, sondern eine komplette Arbeitsmappe mit 16 Tabellenblättern zur Verfügung. Wie Sie mit Arbeitsmappen und mehreren Tabellenblättern arbeiten können, erfahren Sie in dieser Lektion.

Nach dieser Lektion wissen Sie...

♦   was Arbeitsmappen sind.

♦   wie Sie in einer Arbeitsmappe Blätter löschen und neue hinzufügen.

♦   wie Sie Tabellenblätter benennen.

♦   was der Gruppenmodus ist.

♦   wie Sie Arbeitsschritte gleichzeitig in mehreren Tabellenblättern ausführen.

♦   wie Sie Daten zwischen Tabellenblättern austauschen.

♦   wie Sie Formeln erstellen, die sich über mehrere Tabellenblätter erstrecken.

Wozu Arbeitsmappen mit mehreren Blättern?

Excel bietet die Option, in einer Mappe mehrere Tabellenblätter anzulegen. Wie bereits erwähnt, enthält eine Arbeitsmappe standardmäßig 16 Tabellenblätter. Das Verteilen einer Kalkulation auf verschiedene Tabellenblätter bietet sich z. B. für folgende Anwendungsbereiche an:

•   Sie müssen die gleichen Abrechnungen für verschiedene Zeiträume, verschiedene Filialen oder unterschiedliche Produkte durchführen.

In diesem Fall können Sie eine Datei mit mehreren Tabellenblättern anlegen. Jedes Tabellenblatt ist gleich aufgebaut, besitzt die gleiche Gestaltung und dieselben Formeln - lediglich die Daten sind verschieden.

Zusätzlich können Sie eine Tabelle anlegen, in der Sie die Ergebnisse der einzelnen Tabellenblätter zusammenfassen. Diese Tabelle wiederum kann unabhängig von den anderen Tabellenblättern aufgebaut und gestaltet werden.

- Sie erstellen eine sehr umfangreiche Kalkulation mit mehreren Zwischenrechnungen.
- Sie legen mehrere Tabellenblätter in der Datei an und verteilen die Zwischenrechnungen auf die verschiedenen Tabellenblätter. Selbstverständlich können Formeln sich auf Werte in beliebigen Tabellenblättern beziehen - die Daten müssen nicht unbedingt in dem Tabellenblatt stehen, in das Sie die Formel schreiben.

Dieser Aufbau hat den Vorteil, daß Sie für jede Einzelberechnung eine eigene, unabhängige Tabelle aufbauen und trotz der komplexen Kalkulation jedes Tabellenblatt für sich übersichtlich bleibt.

 Im Menü *Extras*, mit dem Befehl *Optionen* legen Sie auf der Registerkarte *Allgemein* fest, wie viele Tabellenblätter eine neu angelegte Arbeitsmappe haben soll. Damit das Registerblatt-Menü nicht zu unübersichtlich wird, sollten Sie in dem Feld *Blätter in Arbeitsmappe* 4 eingeben. Benötigen Sie mehr Blätter, können Sie jederzeit neue einfügen. Bitte beachten Sie, daß die Änderung der Blattanzahl erst dann aktiv wird, wenn Sie Excel beenden und neu starten.

Sie können Blätter löschen, neue Blätter einfügen, Blätter verschieben und Blätter benennen. Es ist möglich, Formatierungen und Eingaben, die Sie in einem Blatt vornehmen, auf einige oder alle anderen Blättern zu übertragen. Auch Berechnungen können sich über mehrere Blätter erstrecken.

Mit Maus und Tastatur: Wechseln zwischen den Tabellenblättern

Excel bezeichnet die verschiedenen Tabellenblätter in einer Datei standardmäßig mit den Namen "Tabelle 1", "Tabelle 2" usw. Die einzelnen Tabellenblätter einer Mappe werden im Blattregister am unteren Bildschirmrand angezeigt.

Für das Beispiel dieser Lektion werden Sie zunächst die standardmäßige Anzahl der Tabellenblätter auf 4 reduzieren. Gehen Sie dabei folgendermaßen vor:

1. Wählen Sie im Menü *Extras* den Befehl *Optionen* und klicken Sie die Registerkarte *Allgemein* an.

2. Geben Sie im Feld *Blätter in Arbeitsmappe* die Zahl 4 ein.

3. Schließen Sie das Dialogfeld mit einem Klick auf *OK*.

4. Beenden Sie nun Excel über den gleichnamigen Befehl im Menü *Datei* oder mit der Tastenkombination ⎡Alt⎤+⎡F4⎤, denn die Änderung der Blattanzahl wird erst aktiv, wenn Sie Excel beenden und neu starten.

5. Starten Sie nun Excel wieder mit einem Doppelklick auf das Programmsymbol. Die Mappe1 mit vier Tabellenblättern im Blattregister öffnet sich.

Am einfachsten wechseln Sie zwischen Tabellenblättern, indem Sie das entsprechende Register anklicken.

1. Klicken Sie das Blatt *Tabelle2* an.

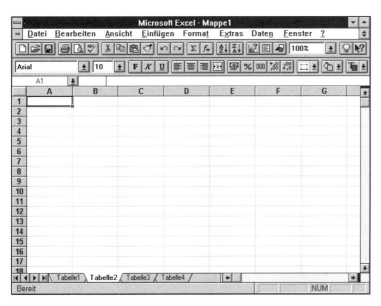

Abb. 185: Mappe mit vier Tabellenblättern und aktiver Tabelle2

Das aktive Blatt ist hell unterlegt, in obiger Abbildung also das Blatt *Tabelle 2*. Alle anderen Tabellenblätter sind grau unterlegt.

Falls Sie lieber über die Tastatur zwischen den Tabellenblättern wechseln, drücken Sie folgende Tastenkombinationen:

`Strg`+`Bild ↓`	Nächstes Tabellenblatt
`Strg`+`Bild ↑`	Vorheriges Tabellenblatt

2. Wechseln Sie jetzt wieder auf das Blatt *Tabelle1* zurück.

Das Register-Menü

Zahlreiche Funktionen, die die Organisation der Blätter in einer Arbeitsmappe betreffen, werden entweder direkt über das Blattregister oder über das Register-Menü aufgerufen. Sie können Blätter hinzufügen und löschen, benennen und verschieben.

Abb. 186: Das Register-Menü

Das Register-Menü erreichen Sie - wie alle Kontext-Menüs - über die rechte Maustaste. Die Befehle des Register-Menüs beziehen sich gezielt auf ein Blatt der Mappe. Mit anderen Worten: Um das Register-Menü aufzurufen, müssen Sie eine der Tabellen im Blattregister mit der rechten Maustaste anklicken. Für das Blatt, das Sie angeklickt haben, können Sie einen Befehl aus dem Register-Menü wählen.

Probieren Sie es:

1. Klicken Sie mit der rechten Maustaste das Blatt *Tabelle1* an. Das Register-Menü rollt auf. Alle angezeigten Befehle werden auf das angeklickte Blatt, also *Tabelle1*, bezogen.
2. Klicken Sie in die Tabelle, um das Register-Menü zu schließen.

Tabellenblätter einfügen und löschen

Sie können weitere Blätter hinzufügen oder Blätter löschen - beides geht am einfachsten über das Register-Menü.

Tabellenblatt einfügen

1. Klicken Sie das Blatt, vor dem Sie eine neues Blatt einfügen möchten, mit der rechten Maustaste an. In diesem Fall das Blatt *Tabelle4*.

2. Klicken Sie im Register-Menü den Befehl *Einfügen* an. Excel blendet ein Dialogfeld ein, in dem Sie anklicken, was eingefügt werden soll.

Abb. 187: Das Dialogfeld Einfügen

3. Klicken Sie im Listenfeld *Neu* den Eintrag *Tabelle* an und bestätigen Sie die Auswahl mit *OK*. Die eingefügte Tabelle erhält die nächste freie Nummer, in diesem Fall *Tabelle5*, und wird vor das aktive Blatt eingefügt.

Sie können ein Tabellenblatt auch über das Menü *Einfügen* hinzufügen.

1. Klicken Sie im Register das Blatt *Tabelle5* an, vor das Sie ein neues Blatt einfügen möchten.

2. Wählen Sie das Menü *Einfügen* und hier den Befehl *Tabelle*. Dieser Befehl wird ohne weitere Abfrage sofort ausgeführt.

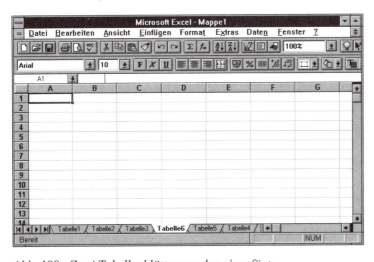

Abb. 188: Zwei Tabellenblätter wurden eingefügt

3. Um die Tabellen jetzt noch in die richtige numerische Reihenfolge zu bringen, klicken Sie zunächst die *Tabelle5* mit der rechten Maustaste an und wählen Sie aus dem Kontext-Menü den Befehl *Verschieben/Kopieren*.

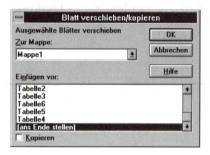

Abb. 189: Das Dialogfeld Blatt verschieben/kopieren

4. Wählen Sie im Dialogfeld *Blatt verschieben/kopieren* im Listenfeld *Einfügen von* den Eintrag (*ans Ende stellen*) und klicken Sie auf *OK*.
5. Wiederholen Sie die Schritte 3 und 4 entsprechend, um die *Tabelle6* an das Ende des Registers zu verschieben.

Tabellenblatt löschen

Um die neu eingefügten Blätter wieder zu löschen, gehen Sie folgendermaßen vor:

1. Klicken Sie das Blatt *Tabelle6*, das Sie löschen möchten, mit der rechten Maustaste an.
2. Klicken Sie im Register-Menü den Befehl *Löschen* an.

Abb. 190: Abfrage vor dem Löschen eines Tabellenblattes

3. Bevor Excel tatsächlich löscht, wird die obenstehende Sicherheitsabfrage eingeblendet. Klicken Sie auf *OK*, um das Blatt zu löschen.

Auch für das Löschen eines Tabellenblattes steht Ihnen eine weitere Möglichkeit zur Verfügung:

1. Klicken Sie im Register das Blatt *Tabelle5* an, das Sie löschen möchten.
2. Wählen Sie im Menü *Bearbeiten* den Befehl *Blatt löschen*. Auch hier erscheint die oben abgebildete Abfrage, ob tatsächlich gelöscht werden soll.
3. Bejahen Sie die Abfrage wiederum mit einem Klick auf *OK*.
4. Löschen Sie auf diese Art und Weise auch noch die Tabellen 3 und 4.

Namen für Tabellenblätter vergeben

Standardmäßig nennt Excel die Blätter einfach "Tabelle 1", "Tabelle 2" usw. Sie können aber auch aussagekräftigere und auf die jeweilige Anwendung bezogene Namen vergeben.

Für diese Lektion wurde ein Beispiel aus dem betriebswirtschaftlichen Bereich gewählt. Für zwei Geschäftsstandorte sollen Soll-Vorgaben und Ist-Werte gegenübergestellt werden. Die beiden Standorte des Unternehmens sind in Köln und Frankfurt. Die Tabellenblätter sollen die entsprechenden Namen tragen.

1. Klicken Sie das Blatt, für das Sie einen Namen vergeben möchten, mit der rechten Maustaste an. Nehmen Sie im Beispiel das erste der angezeigten Blätter, die *Tabelle1*.
2. Wählen Sie aus dem Register-Menü den Befehl *Umbenennen*.

Abb. 191: Tabellenblatt umbenennen

3. Tragen Sie in das Eingabefeld *Neuer Name* des Dialogfeldes *Blatt umbenennen* den gewünschten Namen ein, im Beispiel "Köln", und bestätigen Sie mit *OK*.
4. Benennen Sie jetzt entsprechend das zweite Tabellenblatt um. Es soll den Namen "Frankfurt" erhalten.

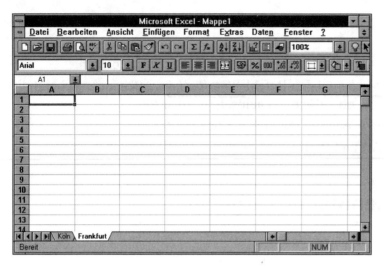

Abb. 192: Die Tabellenblätter mit neuem Namen

 Es empfiehlt sich, kurze Namen zu vergeben. So verkleinert sich der Platz, der für die Anzeige im Register benötigt wird.

Mehrere Tabellenblätter gemeinsam bearbeiten

Excel bietet die Option, mehrere Blätter einer Mappe gleichzeitig zu bearbeiten. Befehle wie

- Schriftarten und -größe
- Ausrichtung
- Rahmen, Linien und Schraffuren
- Spaltenbreiten und Zeilenhöhe

werden dann in allen ausgewählten Tabellenblättern ausgeführt. Das erspart Ihnen die mühsame Formatierung jedes einzelnen Tabellenblattes.

Doch nicht nur das: Auch Eingaben, die Sie in eine Tabelle machen, werden gleichzeitig in alle anderen Tabellen übernommen. Das bietet sich geradezu an, wenn in zwei Tabellen im Prinzip gleiche Berechnungen durchgeführt werden und demnach auch dieselben Texte zur

Beschriftung der Zeilen und Spalten erforderlich sind. Dieser Modus, der die gleichzeitige Bearbeitung mehrerer Tabellen erlaubt, heißt Gruppenmodus.

Um im Gruppenmodus eine Formatierung oder eine Eingabe auf andere Blätter zu übertragen, müssen Sie lediglich die entsprechenden Blätter auswählen.

Tabellenblätter auswählen

Die Auswahl von Tabellenblättern geschieht über das Blattregister. Die erste Tabelle ist bereits angeklickt. Weitere Tabellen wählen Sie wie folgt aus:

`Umschalt` + Mausklick

Wenn Sie die `Umschalt`-Taste gedrückt halten, werden alle Blätter markiert - vom aktuellen, bis zu dem, das Sie anklicken.

`Strg` + Mausklick

Wenn Sie die Taste `Strg` gedrückt halten, werden einzeln die Tabellenblätter markiert, die Sie anklicken.

Um alle Tabellenblätter auszuwählen, können Sie aber auch über das Register-Menü gehen:

1. Klicken Sie eine beliebige Registerkarte mit der rechten Maustaste an.
2. Wählen Sie aus dem Register-Menü den Befehl *Alle Blätter auswählen...*

 Wenn mehrere Blätter ausgewählt sind, hat nicht nur die Formatierung allgemeine Gültigkeit, sondern auch das Löschen von Feldern, Zeilen oder Spalten. Löschen Sie ein Feld einer Tabelle, wird dieses Feld in allen anderen markierten Tabellen genauso gelöscht. Achten Sie also darauf, daß nicht unbeabsichtigt mehrere Blätter angewählt sind. (Sobald mehr als ein Blatt markiert ist, blendet Excel im Titelbalken hinter dem Dateinamen den Zusatz *[Gruppe]* ein.)

Eingabe in mehreren Blättern

Nachdem beide Blätter markiert sind, kann die Eingabe beginnen.

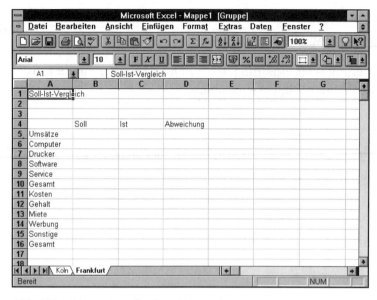

Abb. 193: Bitte geben Sie diese Daten ein

1. Geben Sie die Texte in die Tabelle ein. Orientieren Sie sich dabei an der obenstehenden Abbildung.

2. Erste Formatierungen sollen auch direkt gemacht werden. Klicken Sie das Feld A5 an, drücken Sie die Taste [Strg] und klicken Sie zusätzlich das Feld A11 an.

3. Setzen Sie beide Felder fett, indem Sie auf das Symbol *Fettdruck* in der Format-Symbolleiste klicken.

Gruppenmodus aufheben

Kontrollieren Sie nun das Ergebnis in der Tabelle *Frankfurt*. Dazu müssen Sie zuerst den Gruppenmodus aufheben.

1. Klicken Sie ein beliebiges Tabellenblatt mit der rechten Maustaste an.

2. Wählen Sie aus dem Register-Menü den Befehl *Gruppierung aufheben*. Der Gruppenmodus verschwindet, und die zuvor angeklickte Registerkarte ist aktiv.

3. Klicken Sie nacheinander die beiden Registerkarten *Köln* und *Frankfurt* an.

In beiden Tabellen stehen identische Texte, und in beiden Tabellen sind die Einträge "Umsatz" und "Kosten" fett gesetzt.

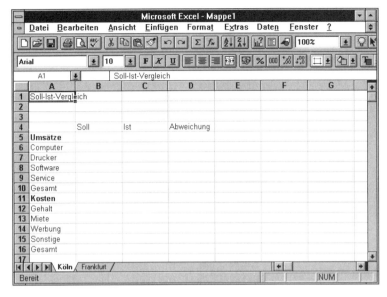

Abb. 194: Die Formatierung wurde übernommen

Ergänzen Sie nun bei aufgehobenem Gruppenmodus die Zahlen. Außerdem ist in jeder Tabelle der Hinweis erforderlich, auf welches Geschäft sich die Zahlen beziehen. Orientieren Sie sich bei Ihren Eingaben an den beiden folgenden Abbildungen.

1. Klicken Sie die Tabelle *Köln* an.

2. In die Tabelle *Köln* geben Sie folgende Daten ein. Vergessen Sie dabei in Zelle A2 die Angabe des Standortes "Geschäft Köln" nicht (siehe Abbildung 195).

3. Klicken Sie nun die Tabelle *Frankfurt* im Blattregister an.

4. In der Tabelle *Frankfurt* sollen die Daten der folgenden Abbildung stehen. Auch hier ist in Zelle A2 die Angabe des Standortes noch erforderlich (siehe Abbildung 196).

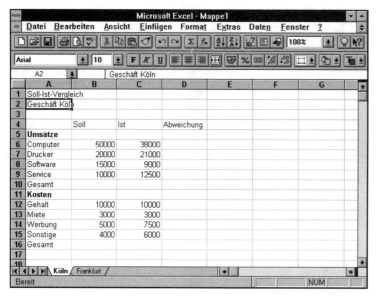

Abb. 195: Die Zahlen für das Tabellenblatt Köln

	A	B	C	D	E	F	G
1	Soll-Ist-Vergleich						
2	Geschäft Köln						
3							
4		Soll	Ist	Abweichung			
5	**Umsätze**						
6	Computer	50000	38000				
7	Drucker	20000	21000				
8	Software	15000	9000				
9	Service	10000	12500				
10	Gesamt						
11	**Kosten**						
12	Gehalt	10000	10000				
13	Miete	3000	3000				
14	Werbung	5000	7500				
15	Sonstige	4000	6000				
16	Gesamt						

	A	B	C	D	E	F	G
1	Soll-Ist-Vergleich						
2	Geschäft Frankfurt						
3							
4		Soll	Ist	Abweichung			
5	**Umsätze**						
6	Computer	100000	75000				
7	Drucker	40000	29000				
8	Software	20000	11000				
9	Service	25000	17500				
10	Gesamt						
11	**Kosten**						
12	Gehalt	18000	21000				
13	Miete	7500	9000				
14	Werbung	10000	12000				
15	Sonstige	5000	8000				
16	Gesamt						

Abb. 196: Die Zahlen für den Standort Frankfurt

5. Speichern Sie nun zunächst die Arbeitsmappe über den gleichnamigen Befehl im Menü *Datei* unter dem Namen SOLLIST.XLS im Verzeichnis C:\STEXCEL\BEISPIEL ab.

Formatierung ändern in mehreren Blättern

Bevor es an die Berechnungen geht, noch ein paar grundlegende Formatierungen. Auch diese sollen wieder in beiden Tabelle gleich sein.

1. Klicken Sie ein Tabellenregister mit der rechten Maustaste an.

2. Wählen Sie aus dem Register-Menü den Befehl *Alle Blätter auswählen*.

3. Markieren Sie in der Tabelle den Zahlenbereich von B6 bis C16.

4. Klicken Sie das Symbol *1.000er-Trennzeichen* an.

5. Verringern Sie die Anzahl der Nachkommastellen auf Null, damit alle Zahlen wieder zu sehen sind. Klicken Sie dazu zweimal das Symbol *Dezimalstelle löschen* an.

6. Wählen Sie im Menü *Format* den Befehl *Spalte* und klicken Sie hier *Optimale Breite* an, damit auch die sechsstelligen Zahlen zu sehen sind.

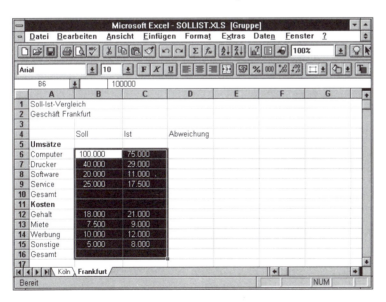

Abb. 197: Die Zahlen mit der neuen Formatierung

7. Markieren Sie den Textbereich A1 bis D2.

8. Klicken Sie das Symbol *Zentriert über Spalten* an.

9. Wählen Sie als Schriftart für den markierten Bereich *Times New Roman* und als Schriftgröße *14*.

10. Markieren Sie den Bereich A5 bis D5, drücken Sie die Taste ⌊Strg⌋ und markieren Sie zusätzlich den Bereich A11 bis D11.

11. Wählen Sie über die Farbe-Palette die Farbe Hellgrau.

12. Markieren Sie den Bereich B6 bis D10, drücken Sie die Taste ⌊Strg⌋ und markieren Sie zusätzlich den Bereich B12 bis D16.

13. Wählen Sie im Menü *Format* den Befehl *Zellen* oder die Tastenkombination ⌊Strg⌋+⌊1⌋. Klicken Sie die Registerkarte *Rahmen* an.

14. Klicken Sie die gepunktete Linie oben links im Feld *Art* an und setzen Sie diese Linie für *Links*, *Rechts*, *Oben* und *Unten*.

15. Klicken Sie im Bereich *Rahmen* den Eintrag *Gesamt* an und wählen Sie als Linienart eine dicke Linie. Klicken Sie auf *OK*, um die Eingaben zu bestätigen.

Abb. 198: Die Einstellungen für den Rahmen

16. Markieren Sie den Bereich B4 bis D4. Setzen Sie die Texte über das Symbol *Fettdruck* fett.

17. Zentrieren Sie die Texte über das Symbol *Zentrierter Text* in der Symbolleiste *Format*.

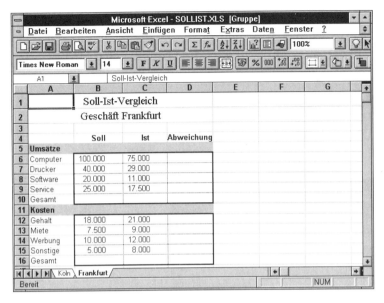

Abb. 199: Die gestaltete Tabelle

Soviel zur Formatierung. Prüfen Sie wieder, ob die Befehle tatsächlich in beiden Tabellen umgesetzt sind.

1. Klicken Sie eine beliebige Registerkarte mit der rechten Maustaste an.

2. Wählen Sie aus dem Register-Menü den Befehl *Gruppierung aufheben*.

3. Klicken Sie nacheinander die beiden Registerkarten *Köln* und *Frankfurt* an. Beide Tabellen sollten identisch formatiert sein.

Doch nun zu den Formeln. Auch die können im Gruppenmodus sehr komfortabel erstellt werden.

Kopieren und Ausfüllen zwischen Tabellenblättern

Wir machen es Ihnen ausnahmsweise mal schwer und beginnen mit der kompliziertesten Berechnung in der Tabelle, der prozentualen Abweichung. Berechnen Sie die anderen Formeln in der Tabelle, vor allem die Summe, noch nicht. Denn dazu gibt es einen verblüffend schnellen Weg.

Die Formel für die prozentuale Abweichung ist bereits am Ende von Lektion 7 ausführlich besprochen worden: Vom Ist-Wert wird das Soll abgezogen und die Differenz wird durch den Soll-Wert geteilt. In Koordinaten ausgedrückt lautet die Formel: =(C6-B6)/B6.

1. Klicken Sie die Tabelle *Köln* und hier die Zelle D6 an.

2. Geben Sie die Formel =(C6-B6)/B6 ein. Vergessen Sie das Gleichheitszeichen zu Beginn und die Klammern nicht. Bestätigen Sie die Eingabe mit ⌐Enter⌐.

3. Markieren Sie die Zelle D6 erneut und klicken Sie das Symbol *Prozentformat* an. Als Ergebnis weist Excel -24 % aus.

	A	B	C	D	E	F	G
1		Soll-Ist-Vergleich					
2		Geschäft Köln					
3							
4		Soll	Ist	Abweichung			
5	Umsätze						
6	Computer	50.000	38.000	-24%			
7	Drucker	20.000	21.000				
8	Software	15.000	9.000				
9	Service	10.000	12.500				
10	Gesamt						
11	Kosten						
12	Gehalt	10.000	10.000				
13	Miete	3.000	3.000				
14	Werbung	5.000	7.500				
15	Sonstige	4.000	6.000				
16	Gesamt						

Abb. 200: Die Tabelle Köln mit eingegebener Abweichungsformel

Die gleiche Formel, die in Tabelle *Köln* steht, brauchen Sie in Tabelle *Frankfurt*. Also kopieren Sie sie.

Formeln zwischen Tabellenblättern kopieren

Die Befehle *Kopieren* und *Einfügen* können Sie zwischen Tabellenblättern genauso nutzen wie innerhalb einer Tabelle, d. h., Sie können sowohl Zahlen und Text als auch Formeln von einem Blatt der Arbeitsmappe in ein anderes kopieren.

1. Wählen Sie das Blatt *Köln* und klicken Sie das Feld D6 an.

2. Kopieren Sie diese Zelle, indem Sie das Symbol *Kopieren* anklicken.

3. Klicken Sie das Blatt *Frankfurt* an und markieren Sie dort die Zelle D6.

4. Fügen Sie die Formel ein, indem Sie das Symbol *Einfügen* anklicken.

Microsoft Excel - SOLLIST.XLS							
Datei Bearbeiten Ansicht Einfügen Format Extras Daten Fenster ?							

D6   =(C6-B6)/B6

	A	B	C	D	E	F	G
1		Soll-Ist-Vergleich					
2		Geschäft Frankfurt					
3							
4		Soll	Ist	Abweichung			
5	**Umsätze**						
6	Computer	100.000	75.000	-25%			
7	Drucker	40.000	29.000				
8	Software	20.000	11.000				
9	Service	25.000	17.500				
10	Gesamt						
11	**Kosten**						
12	Gehalt	18.000	21.000				
13	Miete	7.500	9.000				
14	Werbung	10.000	12.000				
15	Sonstige	5.000	8.000				
16	Gesamt						

Köln \ Frankfurt /

Markieren Sie den Zielbereich, und drücken Sie die Eingabetaste.   NUM

Abb. 201: Die Formel wurde in die Tabelle Frankfurt eingefügt

Für das Geschäft in Frankfurt ergibt sich zwischen Soll und Ist eine Differenz von -25 %.

Sie können eine Formel natürlich auch schneller übertragen, indem Sie den Gruppen-modus aktivieren und die Formel einmal eingeben. In diesem Beispiel sollte lediglich das Kopieren von Formeln innerhalb mehrerer Tabellenblätter demonstriert werden.

Bereich ausfüllen

Nun steht in jeder Tabelle eine Formel, Sie brauchen diese Formel aber jeweils für den Bereich D6 bis D10. In einer Tabelle würden Sie Aufgaben lösen, indem Sie die Zellen aus-füllen. Das können Sie auch in mehreren Tabellen tun. In parallelen Tabellenblättern können Sie den Befehl *Ausfüllen* nutzen, um gleichzeitig in den markierten Blättern einen Bereich nach unten oder oben, rechts oder links auszufüllen.

1. Klicken Sie eine Tabelle mit der rechten Maustaste an.

2. Wählen Sie aus dem Register-Menü den Befehl *Alle Blätter auswählen*.

3. Markieren Sie den Bereich D6 bis D10.

4. Wählen Sie aus dem Menü *Bearbeiten* den Befehl *Ausfüllen* und klicken Sie *Unten* an.

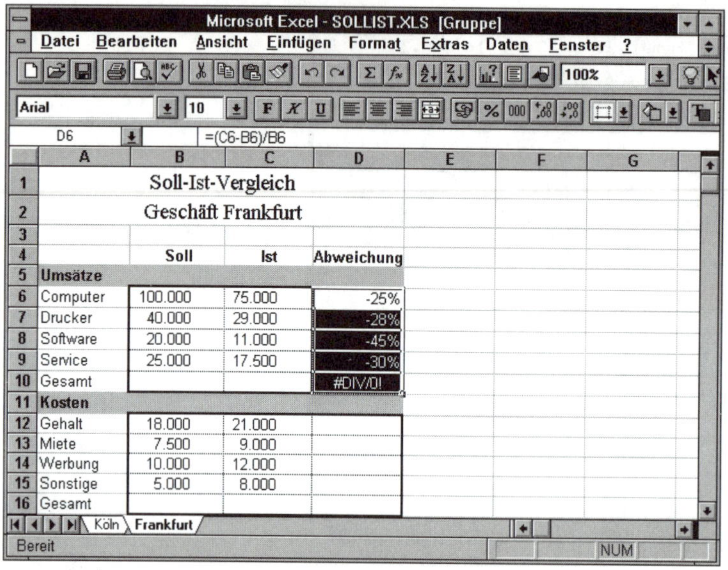

Abb. 202: Ausgefüllter Bereich

Alle markierten Zellen werden mit der Formel gefüllt und die entsprechenden Ergebnisse angezeigt.

In Zelle D10 steht aber eine Feldermeldung *#DIV/0*. Diese Meldung weist Sie darauf hin, daß in der Formel durch 0 geteilt wird, und das ist mathematisch unzulässig. Lassen Sie den Fehler bitte stehen. Er wird automatisch korrigiert, wenn später in der Zeile *Gesamt* die Summe berechnet wird.

Doch zuvor wie immer die Kontrolle, ob der Befehl tatsächlich in beiden Blättern umgesetzt ist.

1. Heben Sie den Gruppenmodus über das Register-Menü auf.

2. Kontrollieren Sie in den Tabellen *Köln* und *Frankfurt* die Ergebnisse.

Die prozentuale Abweichung für die Umsätze ist berechnet, es fehlen noch die Kosten. Das geht wieder für beide Tabellen zusammen. Zuerst wird die Formel in die erste Kostenzeile kopiert und dann in die darunter liegenden Zellen ausgefüllt.

1. Markieren Sie beide Tabellen über das Register-Menü.
2. Klicken Sie in der aktiven Tabelle die Zelle D6 an.
3. Klicken Sie das Symbol *Kopieren* an.
4. Klicken Sie die Zelle D12 an.
5. Klicken Sie das Symbol *Einfügen* an. Nun muß diese Formel in die darunter liegenden Zellen ausgefüllt werden. Das geht, wie Sie eben gesehen haben, über das Menü *Einfügen*, oder aber auch mit der Maus.
6. Klicken Sie das Erweiterungsfeld unten rechts in der aktiven Zelle D12 an. Der Mauszeiger erscheint als kleines Kreuz.
7. Klicken Sie die linke Maustaste, halten Sie die Taste gedrückt und ziehen Sie einen Rahmen bis Zelle D16 auf. Wenn Sie die Maustaste loslassen, werden die Zellen ausgefüllt.

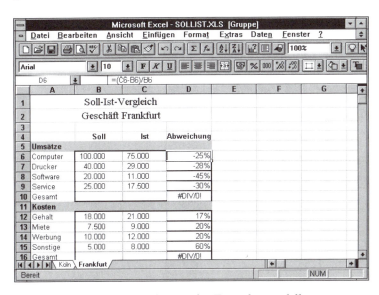

Abb. 203: Die Felder wurden mit der Formel ausgefüllt

In Zelle D16 steht wieder die Feldermeldung #DIV/0. Auch dieser Fehler wird korrigiert, wenn in der Zeile 16 die Summe berechnet wird. Kontrollieren Sie in beiden Tabellen, ob überall die Formeln ausgefüllt wurden.

Gleiche Formeln in verschiedenen Blättern

Mit den beiden Befehlen *Kopieren* und *Einfügen* können Sie also eine Formel aus einer Tabelle in eine andere übertragen. Eine Formel, die Sie in einem Blatt erstellen, können Sie aber auch, wie im vorigen Beispiel gesehen, gleichzeitig in den anderen markierten Blättern "mitschreiben". Probieren Sie dies bei der Berechnung der Summe einmal aus:

1. Markieren Sie die beiden Blätter *Köln* und *Frankfurt* über den Befehl *Alle Blätter auswählen* im Register-Menü.

2. Markieren Sie den Bereich B6 bis C10.

3. Klicken Sie das Symbol *Summe* an. Beide Zahlenspalten werden berechnet. Sobald die Summe erscheint, wird auch der Fehler korrigiert und der prozentuale Unterschied ist zu lesen.

4. Wählen Sie im Menü *Format* den Befehl *Spalte* und dort die Option *Optimale Breite*.

5. Markieren Sie dann den Bereich B12 bis C16.

6. Klicken Sie nochmals das Symbol *Summe* an. Für beide Spalten werden die Ergebnisse ausgewiesen.

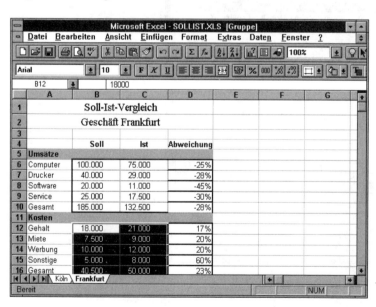

Abb. 204: Die Tabelle Frankfurt mit den berechneten Summen für die Zeilen 10 und 16

Diese Methode funktioniert natürlich nur, wenn die Blätter genau parallel aufgebaut sind, d. h. gleiche Informationen auch an der gleichen Stelle stehen.

Die fertige Tabelle *Frankfurt* sollte nun so aussehen, wie in obenstehender Abbildung.

Einige Schönheitskorrekturen sollten Sie jetzt noch vornehmen, und das im Gruppenmodus für beide Tabellen:

1. Markieren Sie den Bereich D6-D10 und bei gedrückt gehaltener ⌗Strg⌗-Taste den Bereich D12-D16. Klicken Sie zweimal das Symbol *Dezimalstelle hinzufügen* an. Die Linien in der Prozentspalte sind durch das Ausfüllen durcheinandergeraten. ✓

2. Markieren Sie den Bereich B6-D10 und bei gedrückt gehaltener ⌗Strg⌗-Taste den Bereich B12-D16.

3. Wählen Sie im Menü *Format* den Befehl *Zellen* und dort die Registerkarte *Rahmen*. Wählen Sie für die Bereiche *Links*, *Rechts*, *Oben* und *Unten* die gepunktete Linie und für *Gesamt* eine dicke Linie. ✓

4. Markieren Sie die Zeile 5 und bei gedrückt gehaltener ⌗Strg⌗-Taste die Zeile 11.

5. Wählen Sie im Menü *Format* den Befehl *Zeile* und hier die Option *Höhe*. Es erscheint das Dialogfeld *Zeilenhöhe*.

6. Geben Sie in das Eingabefeld *Zeilenhöhe* den Wert "25" ein und bestätigen Sie mit *OK*. ✓ Die Höhe der Zeilen 5 und 11 ist auf 25 Punkt vergrößert.

7. Markieren Sie die Felder A10-D10 und bei gedrückt gehaltener ⌗Strg⌗-Taste den Bereich A16-D16.

8. Wählen sie den Befehl *Zellen* im Menü *Format* und anschließend die Registerkarte *Rahmen*. Für *Gesamt* wählen Sie eine dicke Linie. Bestätigen Sie das Dialogfeld mit *OK* (siehe Abbildung 205). ✓

Nun sind beide Tabellen berechnet und abschließend formatiert. Dennoch fehlt noch etwas: die Konsolidierung des Gesamtergebnisses. D. h., die Addition der Zahlen aus den beiden Geschäften Köln und Frankfurt.

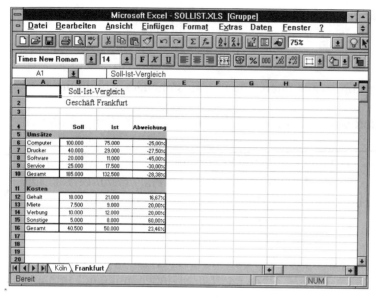

Abb. 205: Die gestaltete Tabelle

Ganze Tabellen kopieren

Wenn Sie ein zusätzliches Tabellenblatt brauchen, können Sie es über das Register-Menü einfügen. Das ist kein Problem. Doch die eingefügte Tabelle ist "nackt", ohne Eingaben und ohne Formatierungen.

Für das Beispiel hieße dies, einen Großteil der bisherigen Arbeit zu wiederholen. Das muß nicht sein, denn eine Tabelle kann im ganzen kopiert werden. Dabei werden alle Eingaben, Formeln und Formatierungen mitkopiert. Die Kopie gleicht dem Original wie ein Ei dem anderen. Diese Methode bietet sich an, wenn, wie im Beispiel, eine weitere Tabelle mit gleichem Format gewünscht ist.

1. Heben Sie den Gruppenmodus über das Register-Menü auf.

2. Klicken Sie die Tabelle *Frankfurt* im Blattregister mit der rechten Maustaste an.

3. Wählen Sie aus dem Register-Menü den Befehl *Verschieben / Kopieren*. Es erscheint das Dialogfeld *Blatt verschieben/kopieren*.

Abb. 206: Das Dialogfeld Blatt verschieben/kopieren

4. Klicken Sie am unteren Rand des Dialogfeldes das Kontrollkästchen *Kopieren* an. Wird das Kästchen nicht markiert, wird die aktive Tabelle nicht kopiert, sondern nur verschoben.

5. Klicken Sie in der Liste *Einfügen vor* die Tabelle an, vor die die Kopie eingefügt werden soll. Wählen Sie *Köln*.

6. Bestätigen Sie Ihre Auswahl mit *OK*.

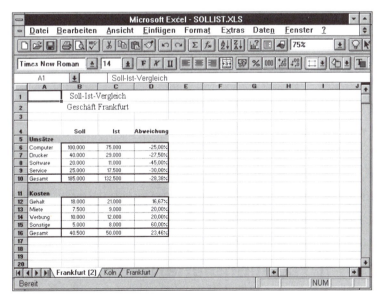

Abb. 207: Die kopierte Tabelle Frankfurt(2)

Excel kopiert die aktive Tabelle und setzt die Kopie an die gewählte Position. Als Name wird der Name der Originaltabelle verwendet, mit dem Zusatz (2). Der Name lautet also *Frankfurt(2)*.

Ändern Sie zuerst den Namen:

1. Klicken Sie die Tabelle *Frankfurt(2)* mit der rechten Maustaste an.
2. Wählen Sie aus dem Register-Menü den Befehl *Umbennen*.
3. Geben Sie als neuen Namen "Gesamt" ein und bestätigen Sie mit *OK*.

Tabellenblatt verschieben

Wenn Sie nachträglich ein Blatt eingefügt oder ein Blatt kopiert haben, können Sie die Position im Blattregister verschieben. Das Blatt *Gesamt* soll nun an die hinterste Position verschoben werden.

1. Klicken Sie im Register das Blatt *Gesamt* an und halten Sie die Maustaste gedrückt. Über dem angeklickten Blatt erscheint im Register das Symbol einer Seite; außerdem wird links oberhalb des Blattnamens ein kleiner schwarzer Pfeil angezeigt. Diese Symbole sollen andeuten, daß Sie das angeklickte Blatt verschieben können.
2. Halten Sie die Maustaste gedrückt und ziehen Sie das Blatt im Register an die gewünschte Position, im Beispiel ans Ende. Sobald Sie die Maustaste loslassen, wird das Blatt an die neue Position verschoben.

 Sie können mit der Maus nicht nur Blätter verschieben, sondern auch kopieren. Wenn Sie beim Verschieben die Taste `Strg` gedrückt halten, kopiert Excel das aktive Blatt.

Nun geht's wieder ans Rechnen. Denn im Blatt *Gesamt* sollen die Ergebnisse der beiden Filialen addiert werden.

Rechnen mit mehreren Tabellenblättern

Berechnungen können sich bei Excel über mehrere Tabellenblätter erstrecken. So ist es möglich, Auswertungen zu erstellen, die auf Zahlen in verschiedenen Tabellen zugreifen. Dazu können Sie Formeln erstellen, aber auch Funktionen einsetzen.

Beide Möglichkeiten möchten wir Ihnen vorstellen. Um die Zahlen aus den beiden Filialen zu addieren, können Sie entweder die Funktion *SUMME* nutzen oder manuell eine Addition erstellen.

Als erstes löschen Sie die Zahlen in der Tabelle *Gesamt*.

1. Klicken Sie die Tabelle *Gesamt* an. Prüfen Sie zur Sicherheit nochmals, daß wirklich nur diese Tabelle markiert ist und kein Gruppenmodus besteht (Anzeige Gruppe im Titelbalken).

2. Markieren Sie die Bereiche B6 bis C9 und B12 bis C15. In diesen Bereichen stehen die Umsatzzahlen und die Kosten für die Filiale Frankfurt. Die Summen-Funktionen in den Zeilen 10 und 16 können bestehen bleiben.

3. Drücken Sie die Taste Entf, um die Daten aus den markierten Bereichen zu löschen. Wieder erscheint in der Prozentspalte der bekannte Fehler #DIV/0. Doch er wird behoben, sobald die Summen berechnet sind.

4. Klicken Sie die Zelle A2 an und überschreiben Sie den Text *Geschäft Frankfurt* mit "Gesamt".

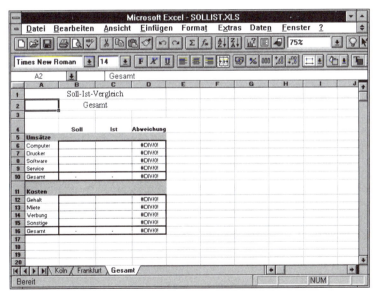

Abb. 208: Soll- und Ist-Werte für Umsatz und Kosten wurden entfernt

5. Klicken Sie nun das Feld B6 an, in dem die erste Summe stehen soll.

FORMEL ÜBER MEHRERE BLÄTTER

6. Geben Sie ein Gleichheitszeichen ein, um die Formel einzuleiten.

7. Klicken Sie im Register das Blatt *Köln* an, aus dem Sie den ersten Wert addieren möchten.

8. Klicken Sie in der Tabelle die gewünschte Zelle an, wieder B6. In der Eingabezeile erscheint die Koordinate *Köln!B6*. D. h., aus der Tabelle *Köln* ist die Zelle B6 gewählt.

9. Geben Sie als Rechenzeichen das Plus + ein.

10. Klicken Sie im Register das Blatt *Frankfurt* an, aus dem der zweite Wert addiert werden soll.

11. Klicken Sie in der Tabelle wieder B6 an. In der Eingabezeile wird die Koordinate *Frankfurt!B6* hinzugefügt.

12. Die komplette Formel lautet nun: =Köln!B6+Frankfurt!B6. Damit ist die Formel beendet, bestätigen Sie mit Enter . 150.000 wird in der Tabelle *Gesamt* als Gesamtumsatz für Köln und Frankfurt ausgewiesen.

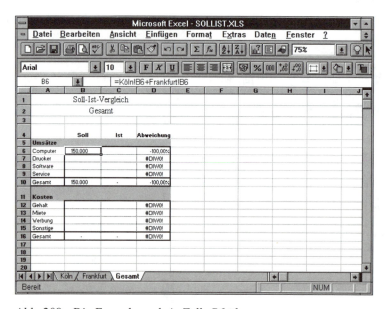

Abb. 209: Die Formel wurde in Zelle B6 übernommen

Füllen Sie nun die angrenzenden Felder mit dieser Formel aus.

1. Klicken Sie in der Tabelle *Gesamt* das Feld B6 an.

2. Füllen Sie die Felder zuerst in Spalte C aus. Bewegen Sie den Mauszeiger auf den Anfasser unten rechts der Zelle B6, halten sie die Maustaste gedrückt und dehnen Sie

den Rahmen auf Feld C6 aus. Wenn Sie die Maustaste loslassen, wird das Feld ausgefüllt. Der ausgefüllte Bereich B6 bis C6 ist automatisch markiert.

3. Klicken Sie den Anfasser unten in Zelle C6 an und ziehen Sie den Rahmen bis in Zeile 9.

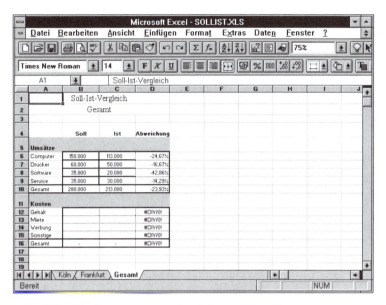

Abb. 210: Die Gesamtumsätze für Köln und Frankfurt

Wie Sie sehen, werden beim Ausfüllen auch die Formatierungen übernommen, also auch die Rahmen. Es empfiehlt sich von daher, Rahmen und Farben erst zu verwenden, wenn alle Felder kopiert und ausgefüllt sind.

In der Tabelle *Gesamt* sind nun die beiden Spalten B und C ausgefüllt und die Ergebnisse werden angezeigt. Insgesamt wurde, bezogen auf den geplanten Umsatz, ein Minus von 23,93 % erwirtschaftet.

In der Tabelle *Gesamt* muß nun noch für den Bereich Kosten die Summe aus den Tabellen *Köln* und *Frankfurt* gezogen werden. An diesem Beispiel wird Ihnen gezeigt, wie Sie die Summen-Funktion über mehrere Tabellenblätter hinweg nutzen.

1. Aktivieren Sie das Tabellenblatt, in dem Sie die Funktion berechnen möchten, im Beispiel die Tabelle *Gesamt*.

2. Klicken Sie Feld B12 an, in dem die Summe stehen soll.

3. Klicken Sie das Symbol *Summe* an.

4. Klicken Sie im Register das Blatt an, im dem der erste zu addierende Wert steht, im Beispiel Tabelle *Frankfurt*.

5. Klicken Sie das Feld an, das Sie summieren möchten, das ist wieder B12.

UMSCH 6. Drücken Sie `Umschalt`, halten Sie sie gedrückt und klicken Sie das letzte Blatt an, aus dem Sie die Summe benötigen. Im Beispiel ist das die Tabelle *Köln*.

7. Die Formel lautet: =SUMME('Köln:Frankfurt'!B12). Bestätigen Sie mit `Enter`. Excel überträgt die Funktion und weist als Ergebnis 28.000 aus. Auch das stimmt: 18.000 DM in Frankfurt und 10.000 für Köln ergibt 28.000. Also kann auch diese Funktion kopiert werden.

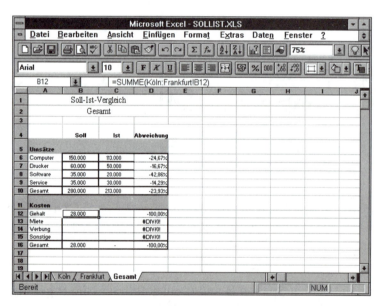

Abb. 211: Die Summenformel der Zelle B12

8. Klicken Sie in der Tabelle *Gesamt* das Feld B12 an.

9. Füllen Sie die Formel wieder zuerst in Spalte C aus. Bewegen Sie den Mauszeiger auf das Erweiterungsfeld der Zelle B12 unten rechts, halten Sie die Maustaste gedrückt und dehnen Sie den Rahmen auf Feld C12 aus.

10. Klicken Sie das Erweiterungsfeld unten in Zelle C6 an und ziehen Sie den Rahmen bis in Zeile 15.

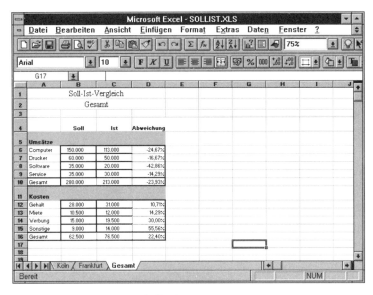

Abb. 212: Die fertige Tabelle Gesamt

Alle Felder sind berechnet. Während die Umsätze um annähernd 24 Prozent hinter den Erwartungen zurückblieben, lagen die Kosten um mehr als 22 Prozent über dem Soll.

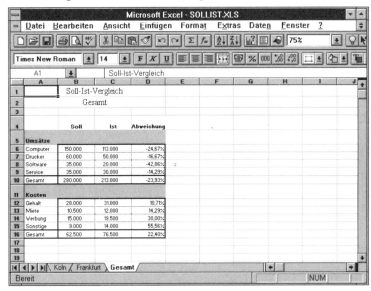

Abb. 213: Die Rahmenformatierungen sind wieder richtig

11. Um die Rahmenformatierung wieder richtig herzustellen, markieren Sie erneut den Bereich B6 bis D9, und bei gedrückt gehaltener `Strg`-Taste den Bereich B12 bis D15.

12. Wählen Sie im Menü *Format* den Befehl *Zellen* und nehmen Sie auf der Registerkarte *Rahmen* die entsprechenden Einstellungen vor (siehe Abbildung 213).

13. Speichern Sie die Datei nun ab, indem Sie auf das Symbol *Arbeitsmappe speichern* in der Standard-Symbolleiste klicken.

Eine Arbeitsmappe drucken

Zum Abschluß dieser Lektion geht es wieder um's Drucken. Sie können ein einzelnes Blatt oder die gesamte Mappe drucken. Zusätzlich stehen Ihnen die gewohnten Druckoptionen (Spalten / Zeilen verstecken, Seite einrichten etc.) zur Verfügung.

Einzelnes Tabellenblatt drucken

Ein einzelnes Tabellenblatt auszudrucken, geht am schnellsten:

1. Klicken Sie das Blatt an, das Sie drucken möchten.

2. Klicken Sie das Symbol *Drucken* an.

Gesamte Arbeitsmappe drucken

Wenn Sie die gesamte Arbeitsmappe auf einmal drucken möchten, geht es nur über das Menü:

1. Wählen Sie aus dem Menü *Datei* den Befehl *Drucken* oder die Tastenkombination `Strg`+`P`.

2. Klicken Sie im Dialogfeld die Option *Gesamte Arbeitsmappe* an und bestätigen Sie mit *OK*. Jedes Blatt der Arbeitsmappe wird auf eine separate Seite gedruckt.

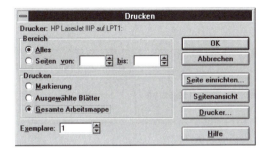

Abb. 214: Die Druckoptionen beim Druck der gesamten Arbeitsmappe

Gleiche Bereiche drucken

Es ist auch möglich, aus mehreren Blättern den gleichen Bereich zu drucken.

1. Markieren Sie alle Blätter, aus denen Sie den Bereich drucken möchten, indem Sie sie bei gedrückt gehaltener ⌜Strg⌝-Taste im Blattregister anklicken.

2. Markieren Sie in der angezeigten Tabelle, welcher Bereich ausgedruckt werden soll.

3. Wählen Sie aus dem Menü *Datei* den Befehl *Drucken*.

4. Klicken Sie im Dialogfeld die Option *Markierung* an. Jeder Bereich wird auf eine separate Seite gedruckt.

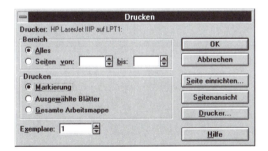

Abb. 215: Die Druckoptionen beim Druck markierter Bereiche

Die fertig erstellte Tabelle finden Sie zum Vergleich im Verzeichnis C:\STEXCEL unter dem Namen GRUPPE.XLS.

⟶ Vergleich zu FORLST.XLS

313

Zusammenfassung

Sie wollen...	Sie wählen...	Symbol/Tastenkürzel
eine Tabelle einfügen.	Menü *Einfügen,* Befehl *Tabelle,* bzw. Register-Menü, Befehl *Einfügen.*	
eine Tabelle löschen.	Menü *Bearbeiten,* Befehl *Blatt löschen* bzw. Register-Menü, Befehl *Löschen.*	
alle Blätter markieren, d. h. den Gruppenmodus aktivieren.	Register-Menü, Befehl *Alle Blätter auswählen.*	
den Gruppenmodus aufheben.	Register-Menü, Befehl *Gruppierung aufheben.*	
ein Tabellenblatt benennen.	Register-Menü, Befehl *Umbenennen.*	
ein Tabellenblatt verschieben.	Register-Menü, Befehl *Verschieben/Kopieren.*	
ein Tabellenblatt kopieren.	Register-Menü, Befehl *Verschieben/Kopieren,* Kontrollkästchen *Kopieren.*	
die gesamte Arbeitsmappe drucken.	Menü *Datei,* Befehl *Drucken,* Option *Gesamte Arbeitsmappe.*	

Zwischentest

1. Waagerecht Modus, der die gleichzeitige Bearbeitung mehrerer Tabellen erlaubt.

3. Waagerecht Diese Taste halten Sie gedrückt, wenn Sie alle Blätter markieren wollen - vom aktuellen, bis zu dem, das Sie anklicken.

1. Senkrecht Sie können ein Tabellenblatt über zwei Möglichkeiten löschen. In welchem Hauptmenü finden Sie den Befehl *Blatt löschen*?

2. Senkrecht Eine Arbeitsmappe enthält standardmäßig 16 ....

3. Senkrecht Dieses Kontrollkästchen im Dialogfeld *Blatt verschieben/kopieren* klicken Sie an, wenn die aktive Tabelle nicht verschoben, sondern kopiert werden soll.

4. Senkrecht Dieses Menü rufen Sie auf, wenn Sie eine der Tabellen im Blattregister mit der rechten Maustaste anklicken.

5. Senkrecht Dieses Dialogfeld öffnen Sie über die Tastenkombination Strg + P .

2. Waagerecht Auf dieser Registerkarte des Dialogfeldes *Optionen* finden Sie das Feld *Blätter in Arbeitsmappe*.

SoftwareTraining

Teil E Erweiterte Möglichkeiten von Excel

Lektion 15
Gut verwaltet: Die Excel-Datenbank

Eine Excel-Tabelle kann als Datenbank verwaltet und ausgewertet werden. Dabei ist an sich nichts Besonderes zu tun, außer daß beim Aufbau der Tabelle einige Regeln zu beachten sind. Ist die Datenbank aufgebaut, können die Daten komfortabel in einer Maske ergänzt, bearbeitet und gelöscht werden. Sortieren und Filtern ist ebenfalls möglich. Wie Sie eine Excel-Datenbank aufbauen und damit arbeiten, lernen Sie in dieser Lektion.

Nach dieser Lektion wissen Sie

- ♦ was eine Excel-Datenbank ist und wie sie aufgebaut wird.
- ♦ wie Sie eine Datenmaske erstellen.
- ♦ wie Sie Daten ergänzen, korrigieren und löschen.
- ♦ wie Sie die Datenbank sortieren.
- ♦ wie Sie die Datenbank filtern.
- ♦ wie Sie schnell eine Auswertung erstellen.

Lange Listen: Aufbau der Datenbank

Eine Excel-Datenbank wird in Form einer Liste aufgebaut. Das kann eine Adreßliste, eine Verkaufsliste, eine Umsatzstatistik oder ähnliches sein. Excel verfügt über zahlreiche Funktionen, die die Bearbeitung und Verwaltung einer solchen Liste vereinfachen. Voraussetzung ist allerdings, daß Sie einige wenige Regeln beachten.

Die Excel-Datenbank wird Ihnen am Beispiel einer einfachen Kostenrechnung vorgestellt. Dabei werden die eingehenden Rechnungen mit Datum, Art der Lieferung und Name des Lieferanten erfaßt. Weiterhin wird ein Kürzel für die Abteilung eingetragen, für die die Lieferung bestimmt ist. Netto- und Bruttopreise sowie die Mehrwertsteuer gehören selbstverständlich auch dazu. Die Zuordnung, zu welcher Kostenstelle die Lieferung gehört, rundet die Liste ab.

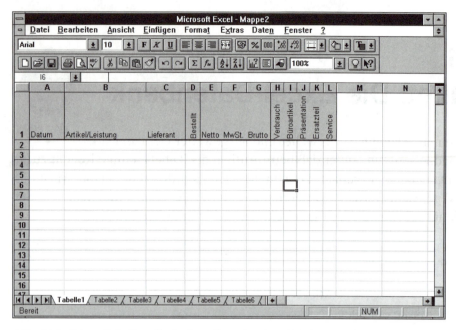

Abb. 216: Diese Tabelle soll als Grundlage für die Datenbank dienen

Orientieren Sie sich an der obenstehenden Abbildung, wenn Sie die Datenbank jetzt aufbauen.

Aufbau der Datenbank

In der ersten Zeile der Datenbank stehen die Spaltenbeschriftungen. Das sind quasi Kurztitel für die Daten, die in dieser Spalte eingetragen werden. In der Datenmaske werden, beim Sortieren oder Filtern von Daten, diese Beschriftungen eingesetzt. Es empfiehlt sich daher, möglichst eindeutige und aussagefähige Spaltenüberschriften zu wählen.

 Beachten Sie bei der Eingabe der Spaltenüberschriften vor allem, daß keine leere Spalte entstehen darf. Wenn Sie sehr lange Beschriftungen verwenden, vergrößern Sie die Spaltenbreite entsprechend. Falls jedoch die Überschriften wesentlich länger sind als die Daten in diesen Spalten, lassen Sie einen Zeilenumbruch zu oder setzen Sie die Spaltenüberschriften senkrecht.

Geben Sie jetzt die Spaltenüberschriften für die Datenbank ein.

1. Tragen Sie in das Feld A1 den ersten Text "Datum" ein.

2. In das Nachbarfeld B1 tragen Sie "Artikel/Leistung" ein. Auch wenn dieser Text sehr lang ist und weit in Spalte C herüberragt, darf keine leere Spalte beim Aufbau der Datenbank entstehen.

3. Tragen Sie in Feld C1 den Text "Lieferant" ein.

4. Ergänzen Sie die weiteren Texte, wie in der obigen Abbildung zu sehen. Nochmals sei darauf hingewiesen, daß keine leerem Spalten in der Datenbank entstehen dürfen.

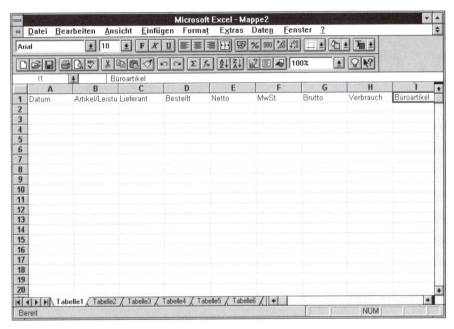

Abb. 217: Die Spaltenüberschriften sind eingetragen

5. Nach der Eingabe der Texte will auch die Datenbank ansprechend formatiert sein. Vergrößern bzw. verkleinern Sie die einzelnen Spalten nach Bedarf über den Befehl *Spalte* und die Option *Optimale Breite* im Menü *Format*.

6. Markieren Sie die Felder H1 bis L1 (hier stehen die verschiedenen Kostenstellen) und setzen Sie diese Texte senkrecht. Klicken Sie dazu die rechte Maustaste und wählen Sie im Kontext-Menü den Befehl *Zellen formatieren*. Es erscheint das Dialogfeld *Zellen formatieren*.

7. Klicken Sie die Registerkarte *Ausrichtung* an, wählen Sie im Bereich *Ausrichtung* die mittlere von den drei senkrechten Ausrichtungen und klicken Sie auf *OK*.

8. Wählen Sie nun im Menü *Format* den Befehl *Spalte* und dort die Option *Optimale Breite*.

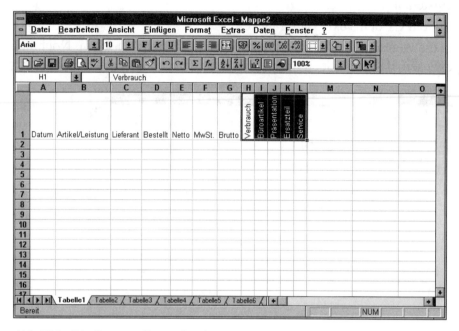

Abb. 218: Die Kostenstellen senkrecht gestellt

9. Setzen Sie auch die Überschrift "Bestellt" in Zelle D1 auf die gleiche Art und Weise senkrecht.

10. Markieren Sie den Bereich A1 bis L1 und wählen Sie als Füllfarbe ein helles Grau über das Symbol *Farbe-Palette* (siehe Abbildung 219).

11. Setzen Sie jetzt links und unten Linien, wie in der obigen Abbildung zu sehen. Verwenden Sie dazu das Symbol *Rahmenlinien-Palette*.

 Beim Eintragen der Daten gelten zwei wichtige Regeln: Vermeiden Sie leere Zeilen im Datenbereich. Sie würden beim Sortieren der Datenbank an den Anfang bzw. das Ende der Liste sortiert. Beginnen Sie vor allem Textfelder nicht mit Leerzeichen am Anfang des Feldes. Denn auch Leerzeichen werden beim Sortieren und Filtern berücksichtigt und können zu falschen Ergebnissen führen.

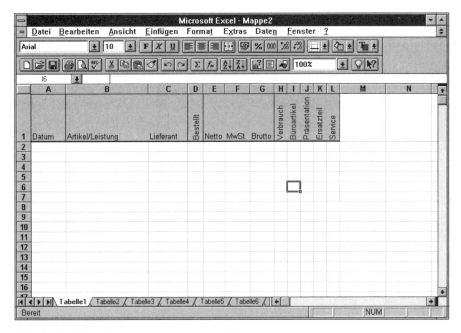

Abb. 219: Diese Formatierungen sollen übernommen werden

Datum eingeben und formatieren

Nun aber zur Eingabe, und die beginnt gleich mit einem besonderen Feld: dem Datum.

1. Tragen Sie in Feld A2 das erste Datum "13.5.94" ein.

Um später nach dem Datum sortieren und filtern zu können, geben Sie stets das komplette Datum, also Tag, Monat und Jahr ein. Nur dann erkennt Excel Ihre Eingabe als Datum und verwaltet sie entsprechend. Das Format, wie das Datum erscheinen soll, können Sie nachträglich wählen.

Standardmäßig erscheint das Datum bei Excel in der Form TT.MM.JJJJ. Dabei steht TT für eine zweistellige Anzeige des Tages, also 10. oder 09. Entsprechend steht MM für eine zweistellige Angabe des Monats. Und JJJJ steht für die vierstellige Angabe des Jahres, also 1994. Das eingegebene Datum wird nach Bestätigung des Feldes als "13.05.1994" angezeigt.

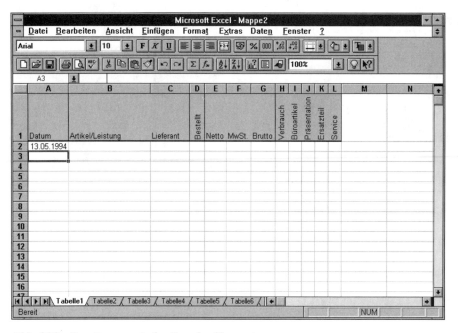

Abb. 220: Das Datum mit der Standardformatierung

Falls statt des Datums Doppelkreuze im Feld erscheinen, ist die Spaltenbreite zu klein. Vergrößern Sie dann die Breite der Spalte.

Für das Beispiel ist die Anzeige des Jahres nicht erforderlich. Deshalb soll ein Format gewählt werden, das nur Tag und Monat, und zwar jeweils zweistellig anzeigt.

1. Markieren Sie die komplette Spalte A, indem Sie auf den Spaltenkopf A klicken.

2. Wählen Sie aus dem Menü *Format* den Befehl *Zellen...* bzw. aus dem Kontext-Menü den Befehl *Zellen formatieren*.

3. Klicken Sie die Registerkarte *Zahlen* an.

4. Klicken Sie die Kategorie *Datum* an.

5. Klicken Sie das erste Format *TT.MM.JJJJ* an. Excel übernimmt dieses Format in die Eingabezeile *Format* am unteren Rand des Dialogfeldes.

6. Klicken Sie die Eingabezeile *Format* an und löschen Sie mit der Taste ⌐Rück¬ die Kürzel für die Jahreszahl, JJJJ. Das verbleibende Format lautet TT.MM.

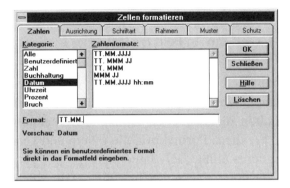

Abb. 221: Das Datumsformat wurde umdefiniert

7. Bestätigen Sie mit *OK*.

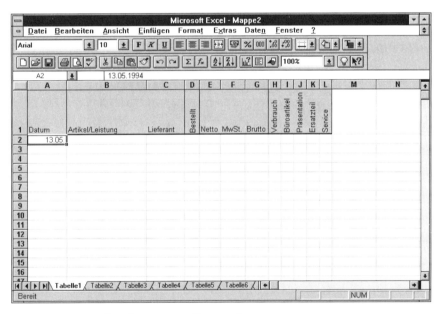

Abb. 222: Die Zelle A2 mit neuem Datumsformat

In der Tabelle wird das Datum jetzt in der gewünschten Form "13.05." angezeigt. Doch lassen Sie sich nicht verwirren: Auch wenn die Jahreszahl nicht mehr angezeigt wird, darf sie bei den weiteren Datumseingaben keinesfalls fehlen. Wie schon gesagt, erkennt Excel nur ein vollständiges Datum als solches an. Alle andere Eingaben wären einfache Texte und würden beim Sortieren und Filtern zu falschen Ergebnissen führen.

Eingaben in die Datenbank

1. Tragen Sie in Feld B2 den Text "Update Excel" ein. In Feld B3 lautet der Lieferant "Electronics" und bestellt wurde für "RV", also die Abteilung Revision.

2. Nun zu den Preisen. Geben Sie den Nettopreis "180" in Zelle E2 ein.

3. Die Mehrwersteuer wird ebenfalls berechnet, denn auch innerhalb einer Datenbank sind Berechnungen über verschiedene Spalten zulässig. Die Formel zur Berechnung der Mehrwertsteuer lautet: =E2*15%. Geben Sie diese Formel in Zelle F2 ein und vergessen Sie das Prozentzeichen nicht. Das Ergebnis müßte "27" lauten.

4. Auch der Bruttobetrag in Zelle G2 wird errechnet. Geben Sie in Zelle G2 die Formel =E2+F2 ein. Das Ergebnis müßte "207" lauten.

5. Geben Sie nun noch ein "x" in das Feld K2 ein, um die Kostenstelle zu kennzeichnen

6. Markieren Sie die Zellen E2 bis G2 und fügen Sie über das Symbol *Dezimalstelle hinzufügen* zwei Nachkommastellen hinzu. Verbreitern Sie danach eventuell die Spalte, wenn nicht die kompletten Werte dargestellt werden können. Der erste Datensatz ist nun komplett erfaßt.

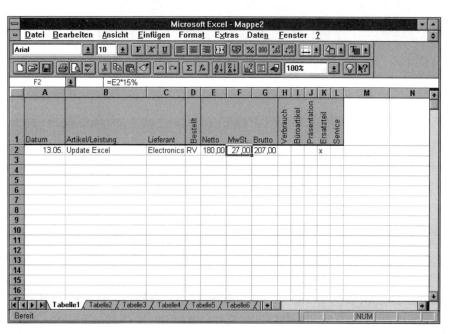

Abb. 223: Der eingegebene Datensatz

7. Speichern Sie die Tabelle KOSTEN01.XLS jetzt im Verzeichnis C:\STEXCEL\BEISPIEL ab. Als Dateiname bietet sich KOSTEN01.XLS an.

Die Eingabe der weiteren Daten können Sie sich leichtmachen: Lassen Sie Excel eine Datenmaske erstellen. Doch bevor wir dazu kommen, noch einmal in Kürze die wichtigsten Regeln zum Aufbau der Datenbank:

- In der ersten Zeile stehen die Spaltenüberschriften.
- Innerhalb der Datenbank darf keine leere Spalte stehen, auch dann nicht, wenn die Spaltenüberschriften sehr lang sind. Passen Sie die Spaltenbreiten an, bzw. lassen Sie einen Zeilenumbruch zu oder setzen Sie die Texte senkrecht.
- Berechnungen zwischen Feldern der Datenbank sind ohne weiteres möglich. Sie können wie gewohnt Formeln erstellen und Funktionen verwenden.
- Innerhalb des Datenbereichs dürfen keine leeren Zeilen stehen.
- Falls Sie in die Datenbank-Tabelle noch andere Daten eingeben möchten, lassen Sie einen Abstand von zwei Spalten bzw. Zeilen zum Datenbankbereich.
- Direkt neben dem Datenbankbereich sollten keine wichtigen Daten stehen. Sie würden bei einem Filtervorgang möglicherweise ausgeblendet.

Eingabe leichtgemacht: Die Datenmaske

Die erste Datenzeile in der Datenbank sollten Sie stets direkt in die Tabelle eingeben. Das ist schon allein deshalb sinnvoll, weil Sie dabei die entsprechenden Formeln erstellen und ggf. weitere Formatierungen (z. B. Zahlenformate) vornehmen. Danach wird es dann einfacher: Die weiteren Eingaben können in einer Datenmaske erfolgen.

Datenmaske erstellen

Die Datenmaske erstellt Excel vollautomatisch:

1. Ein beliebiges Feld der Datenbank muß angewählt sein. Klicken Sie beispielsweise Feld C2 an.
2. Wählen Sie im Menü *Daten* den Befehl *Maske*. Excel zeigt nach kurzer Zeit die Datenmaske an.

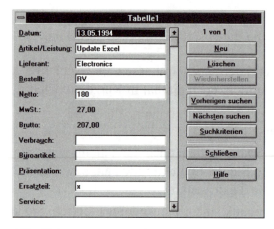

Abb. 224: Die Datenmaske

In der Datenmaske stehen auf der linken Seite die Spaltenüberschriften, die Sie zuvor in die Tabelle eingetragen haben. Rechts daneben sind Eingabefelder für die Daten eingefügt. Die Daten des ersten Datensatzes werden in der Maske angezeigt. Beachten Sie die beiden Felder *MwSt.* und *Brutto*. Hier ist in der Maske keine Eingabe möglich. Das ist auch richtig so, denn diese Felder werden berechnet.

Daten per Maske eingeben

Geben Sie nun einen weiteren Datensatz ein:

1. Klicken Sie in der Datenmaske die Schaltfläche *Neu* an. Excel blendet eine leere Datenmaske ein.

2. Geben Sie einen beliebigen Beispieldatensatz ein. Die nächste Eingabezeile erreichen Sie jeweils über die ⌑Tab⌑-Taste. Mit ⌑Umschalt⌑+⌑Tab⌑ springt der Textcursor in die vorherige Zeile zurück.

 Beachten Sie die Wirkung der beiden Pfeiltasten ↑ bzw. ↓. Sie blättern zum vorherigen bzw. nächsten Datensatz, bewegen also den Cursor nicht innerhalb der Datenmaske.

Beachten Sie, daß nach der Eingabe des Nettobetrags die beiden Felder *MwSt.* und *Brutto* übersprungen werden. Diese werden berechnet, sobald die Eingabe abgeschlossen ist.

3. Wenn alle Eingabezeilen ausgefüllt sind, tragen Sie noch einen dritten Datensatz ein. Die leere Datenmaske erscheint, wenn Sie die Schaltfläche *Neu* nochmals anklicken.

4. Wenn auch diese Daten eingetragen sind, blättern Sie zum vorherigen Datensatz zurück. Das geht am einfachsten mit der Bildlaufleiste. Probieren Sie es aus: Über den Pfeil am oberen Ende der Bildlaufleiste erreichen Sie den vorherigen Datensatz; über den Pfeil am unteren Ende den folgenden Datensatz. Mit einer Ausnahme: Wenn bereits der letzte Datensatz angezeigt ist, blendet Excel die leere Datenmaske ein, und Sie können weitere Daten ergänzen.

5. Beenden Sie die Eingabe nun, indem Sie die Schaltfläche *Schließen* anklicken.

6. Speichern Sie Ihre Datenbank nochmals ab, indem Sie das Symbol *Arbeitsmappe speichern* anklicken. Schließen Sie die Datei dann mit dem Befehl *Schließen* im Menü *Datei*.

Die weiteren Möglichkeiten der Datenbank möchten wir Ihnen nun an einer vorbereiteten Datei zeigen, in die bereits zahlreiche Datensätze eingetragen sind.

Daten suchen und ändern

Die Datenmaske ist nicht nur bei der Dateneingabe hilfreich, sie erleichtert auch das Suchen und Korrigieren von Daten.

 Öffnen Sie für dieses Beispiel die Datei KOSTEN.XLS. Diese befindet sich nach der Installation der dem Buch beiliegenden Diskette standardmäßig im Verzeichnis C:\STEXCEL.

Wenn Sie Daten ändern möchten, kann es vor allem bei einer umfangreichen Datenbank mühsam sein, den gewünschten Datensatz anzuwählen. Es sei denn, Sie lassen diesen Datensatz suchen. Dazu muß die Datenmaske angezeigt sein.

1. Klicken Sie ein beliebiges Feld innerhalb der Datenbank an.

2. Wählen Sie aus dem Menü *Daten* den Befehl *Maske*.

3. Um nach einem bestimmten Datensatz zu suchen, klicken Sie die Schaltfläche *Suchkriterien* an. Excel zeigt eine leere Datenmaske an.

 ÖFFNEN KOSTEN.XLS

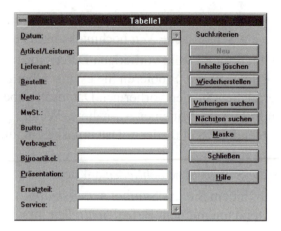

Abb. 225: Die Maske zur Eingabe von Suchkriterien

4. Tragen Sie in die jeweilige Eingabezeile das gewünschte Suchkriterium ein. Im Bei-
    spiel wird eine Rechnung über Toner gesucht. Also muß in der Zeile "Artikel/Leistung"
    als Suchbegriff "Toner" eingetragen werden.

5. Klicken Sie nun die Schaltfläche *Nächsten suchen* an. Excel zeigt den nächsten Daten-
    satz an, in dem das definierte Suchkriterium vorkommt. In diesem Fall ist am 15.5. für
    die Geschäftsleitung (GL) Toner geliefert worden. Den angezeigten Datensatz können
    Sie nun beliebig bearbeiten.

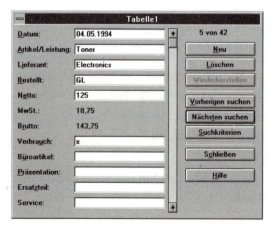

Abb. 226: Der erste Datensatz, der das Suchkriterium erfüllt

6. Klicken Sie nochmals die Schaltfläche *Nächsten suchen* an. Excel zeigt wiederum den nächsten Datensatz an, der das Kriterium erfüllt. Das funktioniert so lange, bis kein entsprechender Datensatz mehr gefunden wird. Ein Piepston informiert dann über die erfolglose Suche.

Datensatz löschen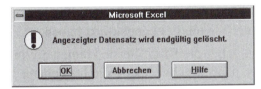

Das Löschen einzelner Datensätze ist über die Datenmaske ebenfalls einfach und schnell:

1. Falls die Datenmaske nicht mehr angezeigt ist, klicken Sie ein beliebiges Feld innerhalb der Datenbank an und wählen Sie aus dem Menü *Daten* den Befehl *Maske*.

2. Wählen Sie den Datensatz aus, den Sie löschen möchten. Dazu können Sie in der Datenbank blättern, Sie können aber auch ein Suchkriterium definieren.

3. Wenn der gewünschte Datensatz angezeigt ist, klicken Sie auf die Schaltfläche *Löschen*.

4. Bevor tatsächlich gelöscht wird, blendet Excel eine Abfrage ein. Erst wenn Sie in diesem Dialogfeld *OK* anklicken, wird der Datensatz tatsächlich gelöscht.

Abb. 227: Die Warnmeldung vor dem Löschen eines Datensatzes

5. Schließen Sie die Datenmaske, indem Sie die Schaltfläche *Schließen* anklicken.

Ordnung muß sein: Daten sortieren

Die Daten innerhalb der Datenbank können nach jeder beliebigen Spalte sortiert werden. In unserer Beispieldatenbank bietet es sich an, nach dem Datum zu sortieren. Zum Sortieren muß ein Feld der Datenbank angeklickt sein. Am einfachsten wählen Sie das Feld aus der Spalte, nach der Sie sortieren möchten.

1. Klicken Sie ein Feld in der Spalte A an.

2. Klicken Sie das Symbol *Aufsteigend sortieren* an. Die gesamte Tabelle ist nun nach dem Datum aufsteigend sortiert.

Sortieren können Sie aber auch über das Menü. Das empfielt sich dann, wenn Sie nicht nur ein, sondern mehrere Sortierkriterien anwenden möchten.

1.   Klicken Sie ein Feld in der Datenbank an.

2.   Wählen Sie im Menü *Daten* den Befehl *Sortieren*. Es erscheint das Dialogfeld *Sortieren*.

Abb. 228: Das Dialogfeld Sortieren

Im Bereich *Sortieren nach* finden Sie ein Listenfeld, das alle Spaltenüberschriften aus der Datenbank enthält. Vorgegeben ist die Spalte, in der Sie ein Feld angeklickt haben.

3.   Klicken Sie das Listenfeld *Sortieren nach* an. Über die Bildrolleiste können Sie in der Liste blättern. In dieser Liste wählen Sie aus, nach welcher Spalte die Datenbank primär sortiert werden soll.

4.   Klicken Sie den Eintrag *Bestellt* an. In der Spalte "Bestellt" kommen die einzelnen Abteilungsnamen mehrfach vor. Deshalb bietet es sich an, ein zweites Sortierkriterium zu definieren.

5.   Klicken Sie im Listenfeld *Anschließend nach* den Eintrag *Lieferant* an.

6.   Wählen Sie, ob auf- oder absteigend sortiert werden soll. In unserem Beispiel soll aufsteigend sortiert werden. Das Optionsfeld ist bereits in beiden Fällen angeklickt.

7.   Klicken Sie auf *OK*, um die Datenbank zu sortieren (siehe Abbildung 229).

Die Datensätze werden primär nach dem Besteller sortiert. Die Bestellungen aus einer Abteilung, z. B. "All", werden anschließend nach dem Lieferanten sortiert.

Excel kann Ihre Daten aber nicht nur sortieren, sondern auch Datensätze, die ein bestimmtes Kriterium erfüllen, herausfiltern. So ist es möglich, die Kosten-Datenbank z. B. nach einem bestimmten Lieferanten oder nach der bestellenden Abteilung zu filtern.

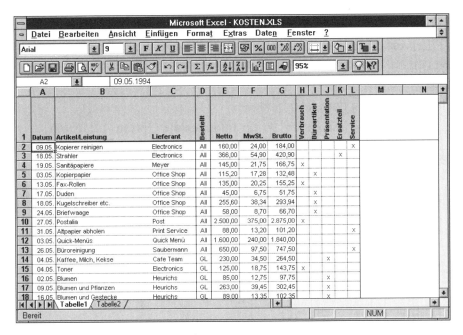

Abb. 229: Die sortierte Datenbank

Gezielte Auswahl: Daten filtern

Daten zu filtern, ist mit Excel überaus einfach, denn Excel verfügt über die sogenannten AutoFilter. Sind sie einmal aktiviert, kann die Datenbank nach jeder beliebigen Spalte und jeder beliebigen Information in dieser Spalte gefiltert werden. Angezeigt werden dann nur noch die Datensätze, die dem gewählten Filterkriterium entsprechen. Alle anderen werden vorübergehend ausgeblendet.

Das Filtern von Daten ist z. B. sinnvoll, wenn Sie nur bestimmte Datensätze drucken möchten. Ist ein Filter aktiv, werden nur die herausgefilterten Datensätze gedruckt.

Aber auch bei der Bearbeitung Ihrer Daten kann das Filtern hilfreich sein. Um bestimmte Daten zu ändern, können Sie die Datenbank entsprechend filtern. In der Liste stehen dann nur noch die Datensätze, die dem Filterkriterium entsprechen. So kann man sich umständliches Suchen bestimmter Datensätze in umfangreichen Datenbanken ersparen.

AutoFilter aktivieren

Wir möchten Ihnen das Filterverfahren in der Datenbank KOSTEN.XLS am Beispiel der bestellenden Abteilungen zeigen. Aus den Gesamtkosten sollen nur die Lieferungen heraus-gefiltert werden, die für GL, also die Geschäftsleitung, bestimmt waren.

1. Klicken Sie ein beliebiges Feld in der Datenbank an.

2. Wählen Sie aus dem Menü *Daten* den Befehl *Filter* und hier die Option *AutoFilter*.

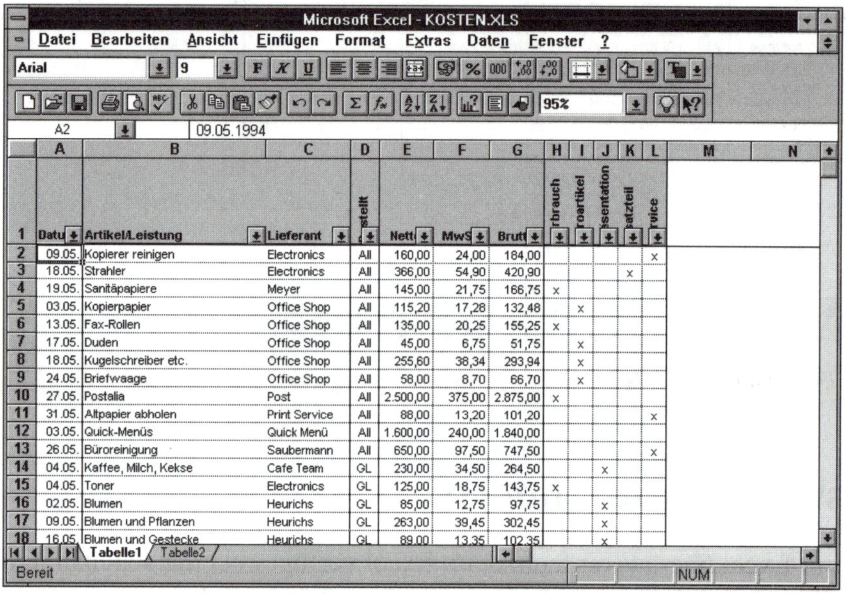

Abb. 230: Die Datenbank mit aktiviertem AutoFilter

Der AutoFilter ist aktiviert. Sie erkennen das daran, daß Excel jede Spaltenüberschrift in ein Listenfeld verwandelt hat.

Daten filtern

Das Filtern ist jetzt ein Kinderspiel: Sie brauchen nur die Spalte anzuklicken, nach der Sie filtern möchten, und aus dem Listenfeld das gewünschte Kriterium zu wählen. Doch Schritt für Schritt: Die Datenbank soll nach der bestellenden Abteilung gefiltert werden.

1. Klicken Sie das Listenfeld *Bestellt* in Spalte D an. Ein Listenfeld rollt auf, in dem alle in dieser Spalte vorkommenden Einträge aufgelistet sind. In der Spalte *Bestellt* sind dies *All*, *GL*, *RV*, *T* und *VK*.

2. Klicken Sie den Eintrag an, nach dem gefiltert werden soll, im Beispiel GL.

Mehr ist nicht zu tun. Sobald Sie ein Filterkriterium angeklickt haben, filtert Excel automatisch die entsprechenden Datensätze heraus und zeigt nur noch diese an.

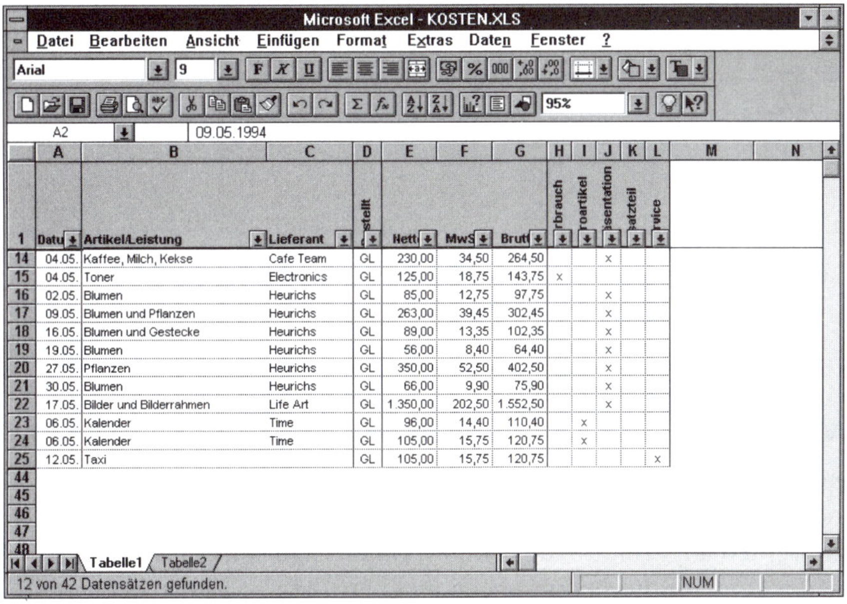

Datu	Artikel/Leistung	Lieferant	stellt	Nett	MwS	Brut	rbrauch	roartikel	sentation	atzteil	vice
14 04.05.	Kaffee, Milch, Kekse	Cafe Team	GL	230,00	34,50	264,50			x		
15 04.05.	Toner	Electronics	GL	125,00	18,75	143,75	x				
16 02.05.	Blumen	Heurichs	GL	85,00	12,75	97,75			x		
17 09.05.	Blumen und Pflanzen	Heurichs	GL	263,00	39,45	302,45			x		
18 16.05.	Blumen und Gestecke	Heurichs	GL	89,00	13,35	102,35			x		
19 19.05.	Blumen	Heurichs	GL	56,00	8,40	64,40			x		
20 27.05.	Pflanzen	Heurichs	GL	350,00	52,50	402,50			x		
21 30.05.	Blumen	Heurichs	GL	66,00	9,90	75,90			x		
22 17.05.	Bilder und Bilderrahmen	Life Art	GL	1.350,00	202,50	1.552,50			x		
23 06.05.	Kalender	Time	GL	96,00	14,40	110,40	x				
24 06.05.	Kalender	Time	GL	105,00	15,75	120,75	x				
25 12.05.	Taxi		GL	105,00	15,75	120,75					x

Abb. 231: Gefilterte Daten

Daß die Datenbank noch mehr Datensätze als die angezeigten enthält, sehen Sie am deutlichsten an der Zeilennumerierung am linken Rand der Tabelle. Die Zeilen mit Datensätzen, die das Filterkriterium nicht erfüllen, werden nicht etwa gelöscht, sondern nur ausgeblendet. Entsprechend ist die Zeilennumerierung nicht fortlaufend.

Bislang haben Sie die Daten nur in einer Stufe gefiltert, doch dabei muß es nicht bleiben. Bereits gefilterte Daten können Sie nochmals filtern und so die angezeigten Datensätze noch weiter einschränken. Dazu sollen in der Datenbank aus den Lieferungen für GL nur noch diejenigen herausgesucht werden, die vom Lieferanten "Heurichs" kamen.

1. Klicken Sie das Listenfeld *Lieferant* in Spalte C an.

2. Wieder rollt das Listenfeld auf, in dem alle in dieser Spalte vorkommenden Einträge aufgelistet sind. Klicken Sie den Eintrag an, nach dem gefiltert werden soll, in diesem Fall *Heurichs*.

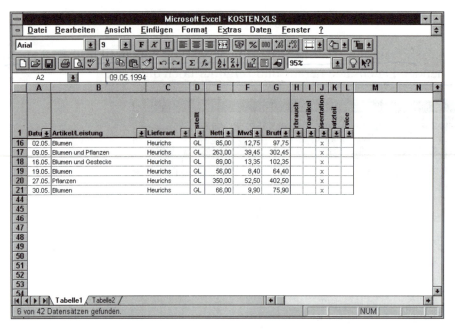

Abb. 232: Alle Bestellungen für die Geschäftsleitung von der Firma Heurichs

Nur noch sechs Datensätze werden angezeigt. Alle anderen Datensätze sind ausgeblendet, weil sie zumindestens eine der beiden Filterbedingungen nicht erfüllen.

Wenn Sie die Datenbank mehrfach filtern, müssen alle ausgewählten Filterbedingungen erfüllt sein. Nur die Datensätze, die allen Bedingungen genügen, werden angezeigt.

Gefilterte Daten drucken

Wenn die Datenbank gefiltert ist, werden auch nur noch die angezeigten Datensätze gedruckt. Kontrollieren Sie dies anhand der Seitenansicht.

1. Klicken Sie ein Feld innerhalb der gefilterten Datenbank an.

2. Klicken Sie auf das Symbol *Seitenansicht*.

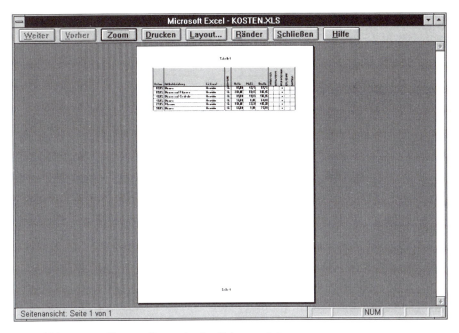

Abb. 233: Die gefilterten Daten in der Seitenansicht

3. Wie Sie in der Seitenansicht deutlich erkennen, würden nur die zuletzt herausgefilterten sechs Zeilen gedruckt. Beenden Sie die Seitenansicht, indem Sie die Schaltfläche *Schließen* anklicken.

Alle Daten wieder anzeigen

Alle Daten wieder anzeigen zu lassen, ist genauso einfach, wie Daten zu filtern. Sie klicken die Spalten an, nach denen gefiltert wurde, und wählen statt eines Filterkriteriums die Auswahl *Alle*.

 Für welche Spalten Filter festgelegt worden sind, erkennen Sie an den farbig anders unterlegten Listenpfeilen.

1. Heben Sie zuerst den Filter für die Lieferanten auf. Klicken Sie das Listenfeld *Lieferant* in Spalte C an.
2. Blättern Sie über die Bildrolleiste in der Liste ganz nach oben und klicken Sie *Alle* an.

337

Nun werden wieder alle Lieferanten angezeigt, die Auswahl nach GL in der Spalte "Bestellt" ist aber weiterhin aktiv. D. h., Sie müssen nach dieser Methode jeden einzelnen Filter wieder aufheben. Wenn Sie generell alle Daten wieder anzeigen möchten, geht das auch schneller:

alternativ
3. Klicken Sie ein Feld innerhalb der Datenbank an.
4. Wählen Sie aus dem Menü *Daten* den Befehl *Filter* und im Untermenü den Befehl *Alle anzeigen.* Jetzt werden, egal wie viele Filterstufen aktiv gewesen sind, alle Datensätze wieder eingeblendet.

Gefilterte Daten bearbeiten und löschen

Wenn die Datenbank gefiltert ist, beziehen sich alle Befehle nur auf die herausgefilterten, d. h. auf die angezeigten Daten. Das haben Sie vorhin bereits beim Drucken feststellen können: nicht die gesamte Datenbank, sondern nur die gefilterten Datensätze werden gedruckt. Entsprechendes gilt für alle anderen Excel-Befehle. Formatierungen wie Schriftart oder Fettdruck werden nur auf die sichtbaren Daten angewendet. Die ausgeblendeten Zeilen werden von dem Befehl nicht erfaßt. An einem einfachen Beispiel möchten wir Ihnen dies zeigen:

1. Klicken Sie das Listenfeld *Bestellt* in Spalte D an.
2. Klicken Sie in der Liste den Eintrag "GL" an. Die Datenbank wird wieder nach diesem Kriterium gefiltert.
3. Markieren Sie in Spalte D die Zellen, in denen GL steht.

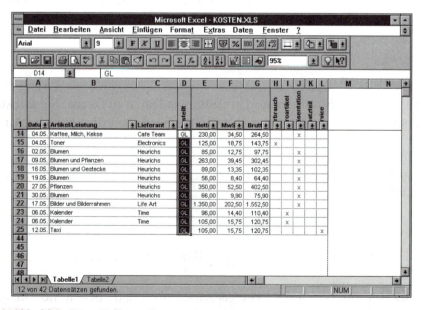

Abb. 234: Diese Zellen sollten markiert sein

4. Klicken Sie das Symbol *Fettdruck* an.

5. Klicken Sie nochmals das Listenfeld *Bestellt* in Spalte D an und wählen Sie den ersten Eintrag *Alle*, um wieder alle Datensätze anzuzeigen.

	A	B	C	D	E	F	G	H	I	J	K	L	M	N
1	Datu	Artikel/Leistung	Lieferant	stellt	Nett	MwS	Brutt	rbrauch	roartikel	sentation	satzteil	vice		
8	18.05.	Kugelschreiber etc.	Office Shop	All	255,60	38,34	293,94	x						
9	24.05.	Briefwaage	Office Shop	All	58,00	8,70	66,70	x						
10	27.05.	Postalia	Post	All	2.500,00	375,00	2.875,00	x						
11	31.05.	Altpapier abholen	Print Service	All	88,00	13,20	101,20					x		
12	03.05.	Quick-Menüs	Quick Menü	All	1.600,00	240,00	1.840,00							
13	26.05.	Büroreinigung	Saubermann	All	650,00	97,50	747,50					x		
14	04.05.	Kaffee, Milch, Kekse	Cafe Team	GL	230,00	34,50	264,50		x					
15	04.05.	Toner	Electronics	GL	125,00	18,75	143,75	x						
16	02.05.	Blumen	Heurichs	GL	85,00	12,75	97,75		x					
17	09.05.	Blumen und Pflanzen	Heurichs	GL	263,00	39,45	302,45		x					
18	16.05.	Blumen und Gestecke	Heurichs	GL	89,00	13,35	102,35		x					
19	19.05.	Blumen	Heurichs	GL	56,00	8,40	64,40		x					
20	27.05.	Pflanzen	Heurichs	GL	350,00	52,50	402,50		x					
21	30.05.	Blumen	Heurichs	GL	66,00	9,90	75,90		x					
22	17.05.	Bilder und Bilderrahmen	Life Art	GL	1.350,00	202,50	1.552,50		x					
23	06.05.	Kalender	Time	GL	96,00	14,40	110,40	x						
24	06.05.	Kalender	Time	Gl	105,00	15,75	120,75	x						

Abb. 235: Nur GL ist fett formatiert

Wie Sie in der Liste leicht kontrollieren können, ist in Spalte D nur das Kürzel GL fett gesetzt. Alle anderen Einträge erscheinen in normaler Schrift.

Daß Befehle nur auf sichtbare Datensätze angewendet werden, macht es leicht, mehrere Datensätze auf einmal zu löschen. Auch das möchten wir an einem Beispiel zeigen:

1. Klicken Sie das Listenfeld *Bestellt* in Spalte D an.

2. Klicken Sie in der Liste den Eintrag T (Kürzel für Technik) an. Sechs Zeilen werden angezeigt.

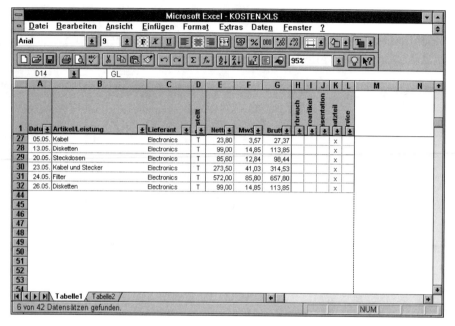

Abb. 236: Die gefilterten Datensätze

3. Markieren Sie die sechs Zeilen über die Zeilenköpfe.

4. Klicken Sie mit der rechten Maustaste in den markierten Bereich, um das Kontext-Menü aufzurufen.

5. Wählen Sie den Befehl *Zeilen löschen*.

Sofern Sie die gesamten Zeilen über die Zeilenköpfe am linken Rand der Tabelle markiert haben, wird der Befehl sofort ausgeführt und die Zeilen gelöscht.

Haben Sie nur einen Bereich in der Datenbank markiert, erscheint eine Zwischenabfrage, ob Sie die gesamten Zeilen löschen möchten. Klicken Sie auf *OK*.

Alle Datensätze, in denen T als Besteller verzeichnet war, sind gelöscht. Doch was ist mit den anderen Datensätzen? Kontrollieren Sie es:

1. Klicken Sie das Listenfeld *Bestellt* in Spalte D an.

2. Blättern Sie über die Bildrolleiste in der Liste ganz nach oben und klicken Sie *Alle* an.

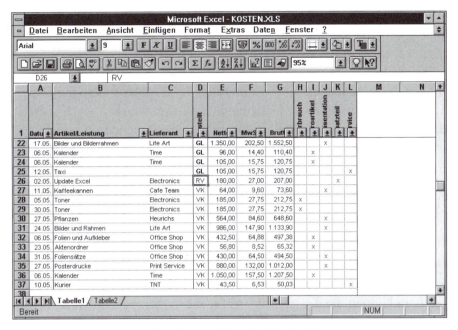

Abb. 237: Die Datensätze für den Besteller T sind gelöscht

Wie Sie sofort sehen, sind die anderen Datensätze noch verfügbar. Nur die zuvor herausgefilterten Daten sind gelöscht.

AutoFilter deaktivieren

Die Filterfunktion wird für das abschließende Beispiel in dieser Lektion nicht mehr benötigt. Deaktivieren Sie den AutoFilter deshalb wieder.

1. Klicken Sie ein beliebiges Feld in der Datenbank an.
2. Wählen Sie aus dem Menü *Daten* den Befehl *Filter* und hier die Option *AutoFilter*.

Die Listenfelder in den Spaltenüberschriften verschwinden. Falls noch ein Filter aktiv war, wird dieser automatisch aufgehoben, so daß wieder alle Datensätze angezeigt werden.

Teilergebnisse berechnen

Zur professionellen Arbeit mit einer Datenbank gehören auch Auswertungen. In erster Linie sind Summieren und Darstellen von Teilergebnissen gefordert. Wenn, wie in der Beispieldatenbank, schon die Kosten nach verschiedenen Kriterien aufgeschlüsselt werden, sollen sie in der Regel auch entsprechend summiert werden.

Für die Datenbank KOSTEN.XLS bietet es sich geradezu an, die Kosten nach Abteilungen zu summieren. D. h., für die verschiedenen Abteilungen All, GL usw. sollen die Kosten einzeln summiert und als Zwischenzeile in der Datenbank angezeigt werden. Auch diese Funktion ist in Excel schon soweit vorbereitet, daß es nur einer entsprechenden Auswahl bedarf.

Erster Schritt für die Berechnung der Teilergebnisse ist die entsprechende Sortierung. Wenn die Teilergebnisse nach der Spalte "Bestellt" berechnet werden sollen, muß die Datenbank auch nach dieser Spalte sortiert sein.

1. Klicken Sie ein Feld in der Spalte "Bestellt" an.
2. Wählen Sie aus dem Menü *Daten* den Befehl *Sortieren*. Unter *Sortieren nach* ist bereits das Feld "Bestellt" eingetragen. Aufsteigend ist auch die richtige Sortierreihenfolge.
3. Bestätigen Sie das Dialogfeld direkt durch Anklicken von *OK*. Die Datenbank ist nun korrekt sortiert. Nun können die Teilergebnisse für die verschiedenen Abteilungen berechnet werden.
4. Klicken Sie ein Feld in der Datenbank an.
5. Wählen Sie aus dem Menü *Daten* den Befehl *Teilergebnisse*.

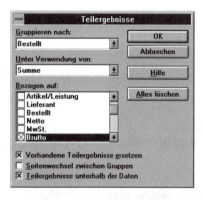

Abb. 238: Das Dialogfeld Teilergebnisse

In dem Dialogfeld *Teilergebnisse* bestimmen Sie, wie die Teilergebnisse berechnet werden sollen. Erster Schritt: Nach welchem Feld soll gruppiert werden, das heißt, nach welchem Feld sollen Teilergebnisse angezeigt werden. In Beispiel ist dies das Feld "Bestellt".

6. Klicken Sie das Listenfeld *Gruppieren nach* an und klicken Sie auf "Bestellt".

   Nun geht es um die Art der Berechnung. Diese ist im Listenfeld *Unter Verwendung von* angezeigt. Wählen Sie hier den Eintrag *Summe*.

   Die Kontrollkästchen *Bezogen auf* legen fest, welche Spalten berechnet werden. Das kann eine, das können aber auch mehrere Spalten sein. Im Beispiel sind drei Summen interessant: Netto, MwSt. und Brutto.
7. Klicken Sie die entsprechenden Kontrollkästchen an.
8. Klicken Sie nun noch auf *OK*, damit Excel die Teilergebnisse zusammenstellt.

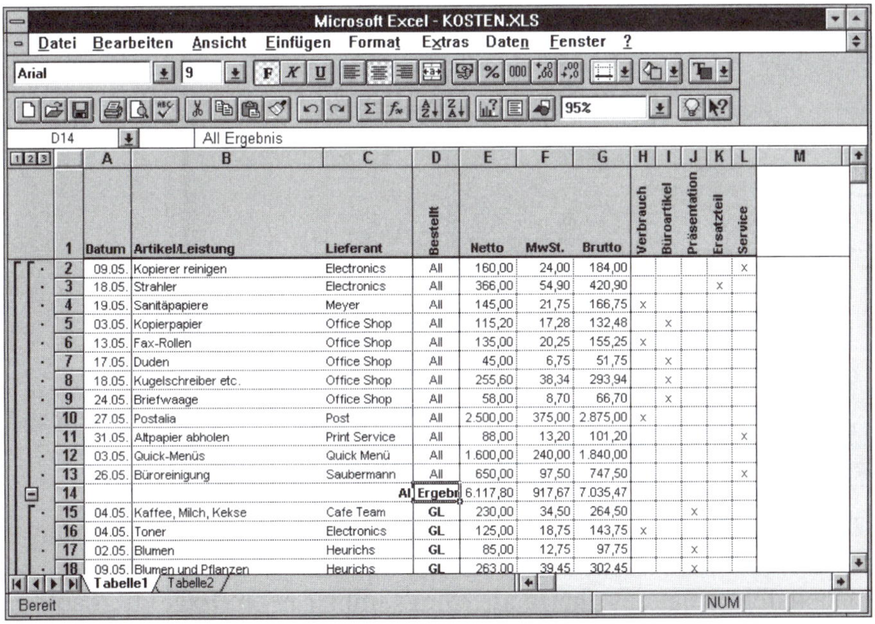

	A	B	C	D	E	F	G	H	I	J	K	L
1	Datum	Artikel/Leistung	Lieferant	Bestellt	Netto	MwSt.	Brutto	Verbrauch	Büroartikel	Präsentation	Ersatzteil	Service
2	09.05.	Kopierer reinigen	Electronics	All	160,00	24,00	184,00					x
3	18.05.	Strahler	Electronics	All	366,00	54,90	420,90				x	
4	19.05.	Sanitäpapiere	Meyer	All	145,00	21,75	166,75	x				
5	03.05.	Kopierpapier	Office Shop	All	115,20	17,28	132,48		x			
6	13.05.	Fax-Rollen	Office Shop	All	135,00	20,25	155,25	x				
7	17.05.	Duden	Office Shop	All	45,00	6,75	51,75		x			
8	18.05.	Kugelschreiber etc.	Office Shop	All	255,60	38,34	293,94		x			
9	24.05.	Briefwaage	Office Shop	All	58,00	8,70	66,70		x			
10	27.05.	Postalia	Post	All	2.500,00	375,00	2.875,00	x				
11	31.05.	Altpapier abholen	Print Service	All	88,00	13,20	101,20					x
12	03.05.	Quick-Menüs	Quick Menü	All	1.600,00	240,00	1.840,00					
13	26.05.	Büroreinigung	Saubermann	All	650,00	97,50	747,50					x
14			Al	Ergebr	6.117,80	917,67	7.035,47					
15	04.05.	Kaffee, Milch, Kekse	Cafe Team	GL	230,00	34,50	264,50			x		
16	04.05.	Toner	Electronics	GL	125,00	18,75	143,75	x				
17	02.05.	Blumen	Heurichs	GL	85,00	12,75	97,75			x		
18	09.05.	Blumen und Pflanzen	Heurichs	GL	263,00	39,45	302,45			x		

Abb. 239: Die Datenbank mit berechneten Teilergebnissen

Bitte schauen Sie sich die Datenbank an: Für jede Abteilung ist die Summe der Kosten einzeln berechnet und ausgewiesen. Am Ende der Datenbank finden Sie sogar das Gesamtergebnis für die drei Spalten Netto, MwSt. und Brutto. Gegebenenfalls müssen Sie die Spaltenbreiten vergrößern, um alle Feldinhalte lesen zu können.

Mit den Teilergebnissen erstellt Excel automatisch eine Gliederung. Sie erkennen das an den Gliederungssymbolen am linken Tabellenrand. Diese Gliederung können Sie entfernen, ohne daß die Teilergebnisse dadurch beeinträchtigt werden.

1. Klicken Sie ein Feld innerhalb der Datenbank an.

2. Wählen Sie im Menü *Daten* den Befehl *Gliederung* und hier die Option *Entfernen*. Excel entfernt die Gliederungssymbole aus der Tabelle.

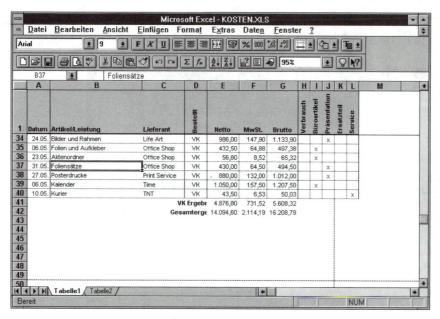

Abb. 240: Die Tabelle ohne Gliederungssymbole

Einen kleinen Schönheitsfehler hat das Ganze allerdings immer noch: Excel fügt automatisch für jedes Teilergebnis einen kleinen Text ein, z. B. "All Ergebnis". Dieser Text steht in der Spalte, nach der gruppiert wurde, also in der Spalte "Bestellt". Diese Spalte ist sehr schmal, zudem sind die Texte zentriert. Deshalb erscheinen die eingefügten Texte "verstümmelt". Doch das sollte das geringste Problem für Sie sein. Die Texte können Sie nach Belieben bearbeiten. Um sie lesbar zu machen, sollten Sie sie rechtsbündig ausrichten.

Teilergebnisse löschen

Wenn Sie die Datenbank doch lieber ohne Teilergebnisse hätten, können Sie die Funktion ganz einfach aufheben:

1. Klicken Sie ein Feld in der Datenbank an.

2. Wählen Sie aus dem Menü *Daten* den Befehl *Teilergebnisse*.

3. Klicken Sie im Dialogfeld *Teilergebnisse* die Schaltfläche *Alles Löschen* an. Schon sind alle Teilergebnisse vom Bildschirm verschwunden

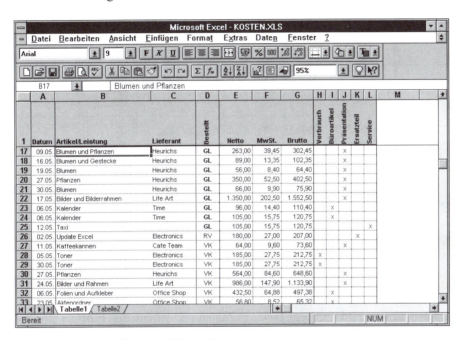

Abb. 241: Die Tabelle ohne Teilergebnisse

Zusammenfassung

Sie wollen...	Sie wählen...	Symbol/Tastenkürzel
eine Datenmaske erstellen.	Menü *Daten*, Befehl *Maske*.	
in der Maske suchen.	Menü *Daten*, Befehl *Maske*, Schaltfläche *Suchkriterienen*.	
Daten sortieren.	Menü *Daten*, Befehl *Sortieren*.	
Daten filtern.	Menü *Daten*, Befehl *Filter*, Option *AutoFilter*.	
Teilergebnisse berechnen.	Menü *Daten*, Befehl *Teilergebnisse*.	

Zwischentest

Fragen

2. Waagerecht In diesem Menü finden Sie den Befehl *Filter*.

3. Waagerecht Innerhalb des Datenbereichs dürfen keine leeren .... stehen.

1. Senkrecht In diesem Listenfeld der Registerkarte *Zahlen* wählen Sie den Eintrag *Datum* aus, um entsprechende Zahlenformate angezeigt zu bekommen.

2. Senkrecht Daten zu filtern, ist mit Excel überaus einfach, denn Excel verfügt über die sogenannten ....

3. Senkrecht Befehl im Menü *Daten*, den Sie wählen müssen, um eine Datenmaske zu erstellen.

4. Senkrecht Diese Schaltfläche klicken Sie, wenn Sie in der Datenmaske einen bestimmten Datensatz suchen wollen.

5. Senkrecht Wenn Sie mehrere Sortierkriterien anwenden möchten, öffnen Sie dieses Dialogfeld über das Menü *Daten*.

Lösungswort

1. Waagerecht Sie stehen bei einer Datenbank immer in der ersten Zeile.

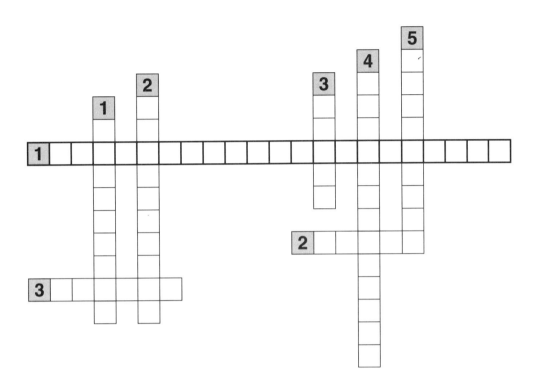

Lektion 16
Rechnen kreuz und quer: Pivot-Tabellen

Mit Hilfe von Pivot-Tabellen lassen sich Daten aus einer vorhandenen Liste oder Tabelle zusammenfassen und analysieren. Es gibt keinen Bezug und keine Querverbindung, die sich innerhalb einer Liste denken ließe, die eine Pivot-Tabelle nicht berechnen könnte. Ein Assistent unterstützt Sie in vier Schritten bei der Erstellung einer solchen Tabellenform.

Nach dieser Lektion wissen Sie

♦ wie Sie mit dem Assistenten eine Pivot-Tabelle erstellen.

♦ wie Sie Zeilen oder Spalten in die Tabelle einfügen oder löschen.

♦ wie Sie ergänzende Detailinformationen ein- und ausblenden.

♦ wie Sie mit Hilfe von Seitenfeldern die dargestellten Daten filtern.

♦ wie Sie eine Pivot-Tabelle aktualisieren.

Was ist eine Pivot-Tabelle?

Eine Pivot-Tabelle ist die flexibelste Art der Auswertung einer Liste oder einer Datenbank. Doch das erklärt sich am einfachsten an einem Beispiel.

Stellen Sie sich vor, Sie erstellen für Ihr Unternehmen oder Ihre Abteilung eine Umsatzstatistik für das zweite Quartal. Der Einfachheit halber gehen wir von nur zwei Produktgruppen aus, nämlich Service und Verkauf. Es gibt auch nur zwei Mitarbeiter, die im Vertrieb beschäftigt sind, Herr Adam und Herr Bremer. Wenn Sie nun die Summe für Umsatz, Kosten und Rohertrag zusammenstellen möchten, ist das schnell geschehen. Die Tabelle würde ungefähr wie folgt aussehen:

	Service	Verkauf	Gesamt
Adam			
Umsatz	34.000	30.000	64.000
Kosten	29.000	25.000	54.000
Rohertrag	5.000	5.000	10.000
Bremer			
Umsatz	15.000	25.000	40.000
Kosten	15.000	20.000	35.000
Rohertrag	0	5.000	5.000

Nun wünschen Sie aber noch eine weitere Auswertung, und zwar nach Kundengruppen. Wie verteilen sich die Umsätze in Service und Verkauf auf Ihre Kundengruppen? Auch hier nehmen wir zur Vereinfachung nur zwei Kundengruppen an, Industrie und Mittelstand. Diese Tabelle würde dann wie folgt aussehen:

	Industrie	Mittelst.	Gesamt
Service			
Umsatz	39.000	10.000	49.000
Kosten	35.000	9.000	44.000
Rohertrag	4.000	1.000	5.000
Verkauf			
Umsatz	25.000	30.000	55.000
Kosten	20.000	25.000	45.000
Rohertrag	5.000	5.000	10.000

Zum dritten benötigen Sie eine Statistik, welcher Verkäufer mit welchem Kunden welchen Umsatz getätigt hat. Das erfordert folgende Tabelle:

	Industrie	Mittelst.	Gesamt
Adam			
Umsatz	24.000	40.000	64.000
Kosten	20.000	34.000	54.000
Rohertrag	4.000	6.000	10.000
Bremer			
Umsatz	40 000	0	40 000
Kosten	35 000	0	35 000
Rohertrag	5 000	0	5 000

Damit haben Sie drei Tabellen erstellt, die im Prinzip ähnliche Daten enthalten, nämlich Ihre Umsatzzahlen, nach verschiedenen Faktoren aufgeschlüsselt. Was wäre, wenn Sie nicht nur die Quartalsergebnisse insgesamt, sondern zusätzlich die Aufschlüsselung nach Monatsergebnissen benötigten? Oder, wenn Sie nicht nur den Gesamtumsatz eines Verkäufers sehen möchten, sondern auch die einzelnen Verkäufe nachvollziehen wollen? Die Anzahl der Tabellen potenziert sich und steigt schnell ins Unermeßliche! Und das, obgleich in allen Tabellen im Prinzip stets die gleichen Daten enthalten sind, nur jeweils anders zusammengestellt und addiert.

Sinn und Zweck einer Pivot-Tabelle ist es, diesen Aufwand zu vermeiden und alle Tabellen aus einer einzigen Liste zu erstellen. Wie ist das möglich?

Machen Sie sich das Prinzip der Tabelle bewußt. Eine Excel-Tabelle basiert auf einem Gitternetz aus Spaltenüberschriften und Zeilenüberschriften. In das Gitternetz werden die Daten eingetragen. Die Struktur in Zeilen und Spalten beschränkt die Art der in der Tabelle enthaltenen Informationen auf zwei Typen, z. B. Verkäufer und Produkt oder Produkt und Kunde oder Verkäufer und Kunde.

Die Pivot-Tabelle hebt diese Beschränkung auf, indem sie Daten aus einer Liste entnimmt und in Tabellenform umsetzt. Sie sucht dabei aus einer Liste die angegebenen Informationen, z. B. alle Umsätze eines bestimmten Verkäufers, heraus und zeigt die Summe an.

Während die Tabelle, wie eben erläutert, auf zwei Grundinformationen beschränkt ist, können in einer Liste beliebig viele Infomationen nebeneinander stehen. Sie können, um beim Beispiel zu bleiben, parallel den Verkäufer, den Kunden, das Produkt und zusätzlich den Monat oder die Region oder beliebige andere Informationen eintragen. Eine Liste kann wie in nachfolgender Abbildung aufgebaut sein.

Die nachfolgende Tabelle dient im weiteren als Basis für das Erstellen einer Pivot-Tabelle. "Summe" in Zeile 10 und "Gesamt" in Spalte I sind übrigens nur zur Kontrolle eingefügt. Diese Ergebnisse berechnet die Pivot-Tabelle neben zahlreichen anderen Ergebnissen automatisch. Wir haben diese Additionen in der Tabelle nur aufgeführt, damit die Berechnungen in der Pivot-Tabelle zugeordnet und kontrolliert werden können. Der einzeilige bzw. -spaltige Abstand ist übrigens sehr wichtig, denn so werden die Ergebnisse in Zeile 10 und in Spalte I nicht in die Berechnung der Pivot-Tabelle einbezogen.

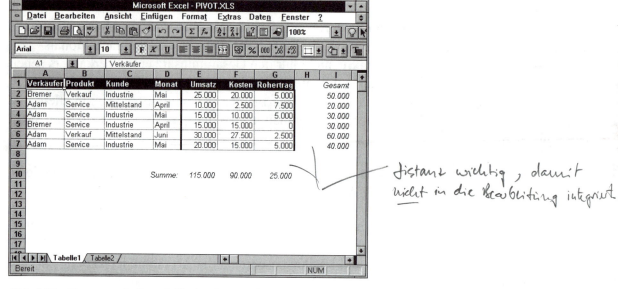

Abb. 242: *Umsatzstatistik nach Verkäufer, Produkt und Kunde*

Die abgebildete Liste enthält zwar alle erforderlichen Informationen, doch ist sie nicht sehr aussagekräftig. Ihr sind Auswertungen, wie sie zu Beginn dieses Kapitels dargestellt wurden, nur mit Mühe zu entnehmen. Und doch ist diese Liste die Basis für diese Auswertungen, denn aus dieser Liste sind die drei oben beschriebenen Tabellen erstellt worden.

Eine Pivot-Tabelle kann aus einer Liste eine beliebig aufgebaute Tabelle mit Spalten- und Zeilenüberschriften erstellen. Sie brauchen nur zu definieren, welche Information in den Zeilen und welche Information in den Spalten abgetragen werden soll. Zusätzlich müssen Sie natürlich mindestens ein Feld angeben, das berechnet werden soll. Alles andere macht Excel vollautomatisch. Doch sehen Sie selbst.

Keine Zauberei: Pivot-Tabellen generieren

Öffnen Sie die Datei PIVOT.XLS. Sie befindet sich nach der Installation der dem Buch beiliegenden Diskette im Verzeichnis C:\STEXCEL.

Es ist ein bewußt einfach gehaltenes Beispiel, das Ihnen das Prinzip der Pivot-Tabelle verdeutlichen soll. Entsprechend ist auch der Aufbau der Liste gewählt. Die ersten vier Spalten sind Textspalten, die letzten drei Spalten enthalten die Zahlen. Sinnvolle Auswertungen würden jeweils zwei der Textspalten in einer Tabelle miteinander kombinieren:

Verkäufer	Produkt
Verkäufer	Kunde
Verkäufer	Monat
Kunde	Produkt
Kunde	Monat
Produkt	Monat

Diese Auswertungen sind mit dem Pivot-Tabellen-Assistenten schnell erstellt.

Pivot-Tabellen-Assistent aufrufen

Da Pivot-Tabellen in erster Linie Datenbanken und Listen auswerten, finden Sie die entsprechenden Befehle im Menü *Daten*.

1. Klicken Sie ein Feld innerhalb der Liste an, aus der Sie eine Pivot-Tabelle erstellen möchten, z. B. A1.

2. Wählen Sie das Menü *Daten* und hier den Befehl *Pivot-Tabelle*.

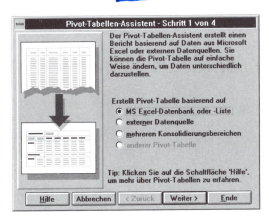

Abb. 243: Schritt 1 des Pivot-Tabellen-Assistenten

353

Excel startet den Pivot-Tabellen-Assistenten und blendet das Dialogfeld für den ersten von vier Schritten ein. Beachten Sie die Schaltflächen am unteren Rand des Dialogfeldes, die in allen vier Schritten angezeigt werden. Sie kennen sie bereits von der Arbeit mit dem Diagramm-Assistenten.

Hilfe: Über die Schaltfläche *Hilfe* können Sie jederzeit Hilfe zum Erstellen der Pivot-Tabelle abrufen.

Abbrechen: Unterbricht das Erstellen der Pivot-Tabelle.

Zurück: Diese Schaltfläche steht ab dem zweiten Schritt zur Verfügung und schaltet einen Schritt zurück.

Weiter: Übernimmt die Einstellung des aktuellen Dialogfeldes und schaltet zum nächsten Schritt weiter.

Ende: Erstellt die Pivot-Tabelle.

Datenbasis für die Pivot-Tabelle

Im ersten Schritt wählen Sie aus, auf welcher Datenbasis Sie eine Pivot-Tabelle erstellen möchten. Angeklickt ist im Dialogfeld bereits die Option *MS Excel Datenbank oder Liste*. Diese Einstellung ist richtig, braucht also nicht geändert zu werden.

3. Klicken Sie die Schaltfläche *Weiter* an, um zum zweiten Definitionsschritt der Pivot-Tabelle umzuschalten.

Datenbereich definieren

Im zweiten Schritt der Definition wählen Sie den Datenbereich, aus dem die Pivot-Tabelle erstellt werden soll.

Abb. 244: Schritt 2: Datenbereich auswählen

Sofern in der Tabelle ein Feld in einer Liste oder Datenbank angeklickt ist, erkennt Excel den Datenbereich automatisch und zeigt die Koordinaten in der Eingabezeile an.

 Falls der angezeigte Datenbereich nicht korrekt ist, können Sie ihn korrigieren. Geben Sie die Koordinaten entweder über die Tastatur ein, z. B. B4:G30, wenn die Liste im Bereich von B4 bis G30 steht. Oder markieren Sie den Bereich in der Tabelle.

4. Klicken Sie die Schaltfläche *Weiter* an, um zum dritten Definitionsschritt der Pivot-Tabelle umzuschalten.

Layout für die Pivot-Tabelle erstellen

Im dritten Schritt wird es ernst, denn jetzt definieren Sie das Layout, also die Struktur der Pivot-Tabelle.

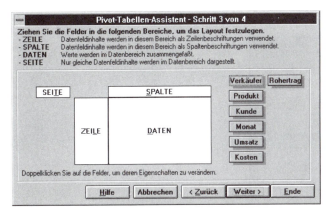

Abb. 245: Schritt 3: Layout der Pivot-Tabelle definieren

Im rechten Bereich des Dialogfeldes befinden sich Schaltflächen für die veschiedenen Felder der Liste. Jedes einzelne Feld wird durch eine Schaltfläche repräsentiert. Durch Anklicken und Verschieben dieser Schaltflächen erstellen Sie die Struktur der Pivot-Tabelle. Doch dazu müssen Sie wissen, welcher Bereich der Pivot-Tabelle welche Bedeutung hat. Die Pivot-Tabelle hat drei unterschiedliche Bereiche, die im Dialogfeld deutlich zu unterscheiden sind.

SPALTE: In diesem Bereich ziehen Sie das Feld, aus dem die Spaltenüberschriften gebildet werden sollen, z. B. *Produkt*.

ZEILE: In diesen Bereich ziehen das Feld, aus dem die Zeilenüberschriften gebildet werden sollen, z. B. *Verkäufer*.

DATEN: In diesen Bereich ziehen Sie das oder die Felder, die im Datenbereich berechnet und angezeigt werden sollen, z. B. *Umsatz*. Excel summiert dann die einzelnen Umsatzzahlen aus der Liste und zeigt die Summe in der Pivot-Tabelle an.

1. Klicken Sie die Schaltfläche *Produkt* an und ziehen Sie sie bei gedrückter linker Maustaste in den Bereich *SPALTE*.

2. Die Namen der Verkäufer sollen die Zeilenüberschriften der späteren Tabelle bilden. Klicken Sie die Schaltfläche *Verkäufer* an und ziehen Sie sie in den Bereich *ZEILE*.

3. Im Datenbereich soll lediglich die Summe der Umsätze ausgewiesen werden. Klicken Sie die Schaltfläche *Umsatz* an und ziehen Sie sie in den Bereich *DATEN*. Das Dialogfeld müßte nun so aussehen, wie in der nachfolgenden Abbildung.

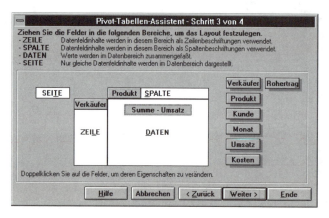

Abb. 246: Die definierte Pivot-Tabelle

 Haben Sie versehentlich eine Schaltfläche verschoben oder eine Schaltfläche in den falschen Bereich gezogen? Wenn ja, klicken Sie diese Schaltfläche erneut an und ziehen Sie sie wieder aus dem weiß unterlegten Definitionsbereich heraus.

4. Klicken Sie die Schalftläche *Weiter* an, um zum vierten und letzten Dialogfeld der Pivot-Tabellen-Definition umzuschalten.

Definieren des Bereichs für die Pivot-Tabelle

Im vierten und letzten Definitionsschritt legen Sie fest, an welcher Position die Pivot-Tabelle eingefügt werden soll.

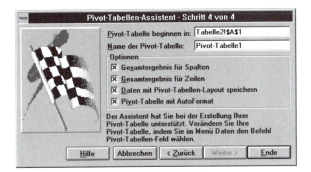

Abb. 247: Schritt 4: Bereich für die Pivot-Tabelle auswählen

Sie können eine Pivot-Tabelle an jede beliebige Stelle und auf jedes gewünschte Blatt einer Arbeitsmappe setzen. Dabei genügt es, die Koordinate der oberen linken Ecke einzugeben bzw. mit der Maus anzuklicken.

Es empfiehlt sich, die Pivot-Tabelle auf einem separaten Blatt der Arbeitsmappe zu erstellen. Excel weist der Tabelle nämlich standardmäßig ein AutoFormat zu, das u. a. die Spaltenbreite verändert.

Um die Formatierung für die Ausgangstabelle nicht zu stören, wird die Pivot-Tabelle am besten auf einem leeren Blatt erstellt.

1. Klicken Sie in den Registerblättern am unteren Bildschirmrand *Tabelle2* an.
2. Klicken Sie in das Feld A1, in dem die Tabelle beginnen soll. Falls das Dialogfeld den gewünschten Zielbereich überlagert, klicken Sie den blauen Titelbalken an und verschieben Sie das Dialogfeld bei gedrückter linker Maustaste.
3. Klicken Sie auf *Ende*, um die Pivot-Tabelle zu erstellen.

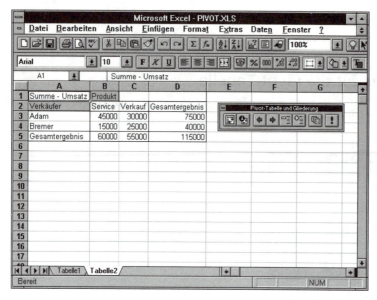

Abb. 248: Die erstellte Pivot-Tabelle

Excel zeigt die erstellte Pivot-Tabelle an und blendet automatisch die Symbolleiste *Pivot-Tabelle und Gliederung* ein. Die Symbolleiste enthält im wesentlichen Funktionen, die Sie auch mit der Maus auswählen können. Schließen Sie die Symbolleiste deshalb, indem Sie das Systemmenüfeld am linken oberen Rand anklicken.

Bevor wir Ihnen die Pivot-Tabelle näher erläutern, nehmen Sie noch eine kleine Änderung vor: Benennen Sie die beiden genutzten Tabellenblätter um.

1. Klicken Sie das Registerblatt *Tabelle1* mit der rechten Maustaste an.

2. Wählen Sie aus dem Register-Menü den Befehl *Umbenennen*. Geben als Namen "Basis" ein und klicken Sie auf *OK*.

3. Klicken Sie das Registerblatt *Tabelle2* mit der rechten Maustaste an.

4. Wählen Sie aus dem Register-Menü nochmals den Befehl *Umbenennen* und geben Sie als Namen für dieses Blatt "Pivot" ein.

5. Speichern Sie nun die erstellte Tabelle im Verzeichnis C:\STEXCEL\BEISPIEL. Wählen Sie dazu aus dem Menü *Datei* den Befehl *Speichern unter*. Als Dateinamen nehmen Sie PIVOT01.XLS an.

ABLEGEN PIVOT 01. XLS

Schauen Sie sich nun das Blatt *Pivot* genauer an. Die beiden Produktgruppen *Verkauf* und *Service* sind wunschgemäß als Spaltenüberschriften abgetragen. Ebenso sind die Namen der beiden Verkäufer *Adam* und *Bremer* als Zeilentitel ausgewiesen.

Im Datenbereich sind die einzelnen Umsätze summiert worden. Sie können ablesen, welchen Umsatz jeder der beiden Verkäufer insgesamt in einer Produktgruppe erzielt hat. Auch die Gruppenergebnisse sind berechnet, also welchen Umsatz jeder Verkäufer insgesamt erreicht hat und welcher Umsatz insgesamt in jeder Produktgruppe zu verzeichnen war.

Last not least ist auch der Gesamtumsatz in Höhe von 115.000 ausgewiesen. Vergleichen Sie diesen Wert doch einmal mit den Berechnungen auf dem Tabellenblatt *Basis!*

Und noch eine Tabelle

Ausgangspunkt für die Pivot-Tabelle war, daß unterschiedliche Auswertungen flexibel und schnell erstellt werden können. Machen Sie die Probe auf's Exempel und erstellen Sie eine zweite Pivot-Tabelle, die die Umsätze pro Verkäufer und Kunde darstellt:

1. Klicken Sie das Tabellenblatt *Basis* an.

2. Klicken Sie das Feld A1 an.

3. Wählen Sie aus dem Menü *Daten* den Befehl *Pivot-Tabelle*. Der Pivot-Tabellen-Assistent öffnet sich wieder.

4. Klicken Sie im ersten Dialogfeld für Schritt 1 die Schaltfäche *Weiter* an.

5. Im zweiten Schritt wird der Datenbereich abgefragt. Dieser ist wieder richtig markiert. Klicken Sie die Schaltfläche *Weiter* an.

6. Im dritten Schritt ist das Layout an der Reihe. Die Kundennamen sollen diesmal in den Spalten abgetragen werden. Klicken Sie die Schaltfläche *Kunde* an und ziehen Sie sie in den Bereich *SPALTE*.

7. Die Namen der Verkäufer sollen als Zeilentitel abgetragen werden. Klicken Sie die Schaltfläche *Verkäufer* an und ziehen Sie sie in den Bereich *ZEILE*.

8. Im Datenbereich sollen wiederum die Umsätze summiert werden. Klicken Sie die Schaltfläche *Umsatz* an und ziehen Sie sie in den Bereich *DATEN*.

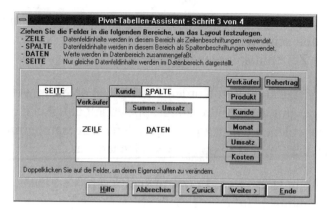

Abb. 249: Die Felder für das Layout

9. Klicken Sie die Schaltfläche *Weiter* an.

10. Klicken Sie die Registerkarte *Pivot* an und klicken Sie in Feld A9.

11. Klicken Sie auf die Schaltfläche *Ende*, um die Pivot-Tabelle zu erstellen.

Abb. 250: Die zweite Pivot-Tabelle, die die Umsätze nach Verkäufer und Kunden aufschlüsselt

Schon ist eine zweite Auswertung fertig, die die Umsätze der Verkäufer nach Kunden aufschlüsselt und die verschiedenen Umsatzergebnisse übersichtlich zusammenstellt. Weitere Auswertungen, z. B. der Umsatz der Produktgruppen nach Kunden, sind ebenso schnell erstellt. Probieren Sie es gemäß den beiden vorangegangenen Beispielen selbst. Wie Sie gesehen haben, können in einer Pivot-Tabelle Felder aus Listen beliebig kombiniert und zueinander in Bezug gesetzt werden. Jede gewünschte Auswertung und Verteilung der Daten in Zeilen und Spalten ist möglich. Im Datenbereich kann jede der Zahlenspalten summiert werden. Selbst Textfelder können in den Datenbereich gezogen werden. Weil dann keine Zahlen zum Addieren vorliegen, zählt Excel die Anzahl der Felder. Doch das Erstellen der Pivot-Tabelle ist nur der erste Schritt. Sie können die Tabelle nachträglich umgestalten und erweitern, Informationen hinzufügen und wieder ausblenden.

Felder hinzufügen und entfernen

Eine erstellte Pivot-Tabelle können Sie anpassen, vergrößern und verkleinern, Daten, Zeilen oder Spalten hinzufügen. Dazu braucht es etwas Platz. Löschen Sie deshalb zunächst die zuletzt erstellten Tabellen, so daß nur noch die erste Pivot-Tabelle - Umsatz der Verkäufer pro Produktgruppe - erhalten bleibt.

1. Markieren Sie alle Zeilen, in denen die zu löschenden Pivot-Tabellen stehen (über den Zeilenkopf gesamte Zeilen markieren).

2. Wählen Sie aus dem Menü *Bearbeiten* bzw. aus dem Kontext-Menü den Befehl *Zellen löschen*.

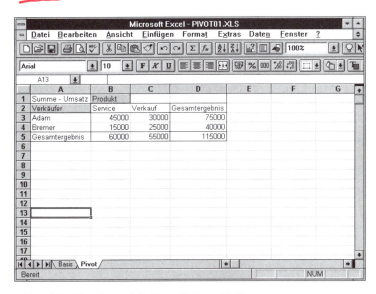

Abb. 251: Nur diese Tabelle soll übrig bleiben

Felder hinzufügen

Möchten Sie weitere Zahlen, etwa die Kosten und den Rohertrag, in die Pivot-Tabelle aufnehmen? Kein Problem, aktivieren Sie nochmals den Assistenten und verschieben Sie einfach die entsprechenden Schaltflächen:

1. Klicken Sie das Tabellenblatt *Pivot* an.
2. Klicken Sie ein beliebiges Feld innerhalb der Pivot-Tabelle an.
3. Wählen Sie aus dem Menü *Daten* den Befehl *Pivot-Tabelle*. Excel öffnet den Pivot-Tabellen-Assisstenten, und zwar direkt ab Schritt 3, wo Sie die Struktur der Pivot-Tabelle definieren.

Abb. 252: Schritt 3 des Pivot-Tabellen-Assistenten

4. Klicken Sie die Schaltfläche *Kosten* an und ziehen Sie sie in den Bereich *DATEN*.
5. Klicken die Schaltfläche *Rohertrag* an und ziehen Sie sie ebenfalls in den Bereich *DATEN*.
6. Klicken Sie die Schaltfläche *Ende* an, um die erweiterte Pivot-Tabelle zu erstellen (siehe Abbildung 253).

Nun sind nicht nur die summierten Umsätze, sondern auch die Kosten und die erwirtschafteten Roherträge ablesbar.

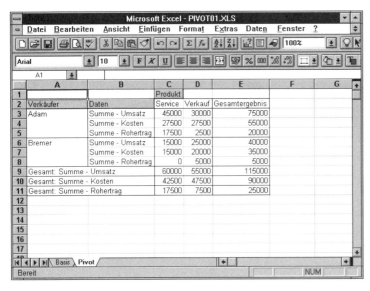

Abb. 253: Die erweiterte Pivot-Tabelle

Felder löschen

Möchten Sie vielleicht die Kosten doch lieber aus der Auswertung entfernen? Kein Problem, genau so einfach, wie Sie Daten in eine bestehende Pivot-Tabelle einfügen, können Sie sie wieder entfernen:

1. Klicken Sie ein beliebiges Feld innerhalb der Pivot-Tabelle an.
2. Wählen Sie aus dem Menü *Daten* den Befehl *Pivot-Tabelle*. Excel öffnet wieder Schritt 3 im Pivot-Tabellen-Assistenten.

Abb. 254: Diese Auswahl soll geändert werden

3. Klicken Sie im Bereich *DATEN* die Schaltfläche *Summe-Kosten* an und ziehen Sie sie aus dem weiß unterlegten Definitionsbereich heraus.

4. Klicken Sie die Schaltfläche *Ende* an, um die geänderte Pivot-Tabelle zu erstellen.

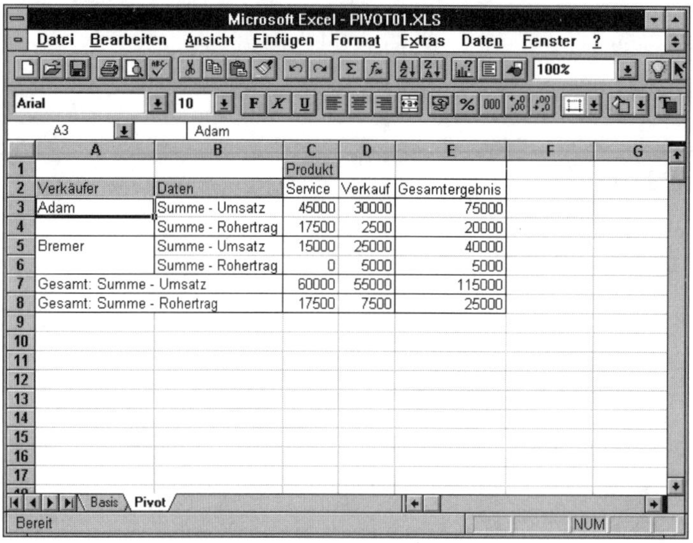

Abb. 255: Die Auswertung der Kosten wurde entfernt

Informationen ein- und ausblenden

Daß die Maus mehr ist, als ein Instrument zum Auswählen von Feldern und Markieren von Bereichen, wird auch in einer normalen Excel-Tabelle deutlich. Was alles durch einen simplen Doppelklick passieren kann, zeigt sich aber erst in der Pivot-Tabelle. Durch Doppelklick auf die Feldernamen können zusätzliche Informationen ein- und ausgeblendet werden. Ein Doppelklick auf einen bestimmten Bereich der Daten öffnet ein neues Tabellenblatt und zeigt Detailinformationen an. Alle Möglichkeiten zur Bearbeitung der Pivot-Tabelle können wir Ihnen an dieser Stelle nicht zeigen, doch die interessantesten Optionen werden in diesem Abschnitt angesprochen.

Zeilen oder Spalten ausblenden

Ihnen ist wahrscheinlich bereits aufgefallen, daß die Feldnamen aus der Liste auch in der Pivot-Tabelle in Form von Schaltflächen erscheinen. Das hat einen guten Grund, denn durch Doppelklick auf diese Schaltflächen können Sie Informationen ein- und ausblenden.

Für eine bestimmte Statistik interessiert Sie z. B. nur der Umsatz im Bereich *Service*. Kein Problem - blenden Sie die Zahlen für den Verkauf aus:

1. Klicken Sie doppelt in der Pivot-Tabelle auf die Schaltfläche *Produkt*. Sie können die Schaltfläche auch einfach anklicken und aus dem Menü *Daten* den Befehl *Pivot-Tabellen-Feld* wählen.

Abb. 256: Das Dialogfeld Pivot-Tabellen-Feld

Ein Dialogfeld öffnet sich, aus dem Sie in der Liste *Ausblenden* die nicht benötigten Informationen anklicken können. Im Beispiel soll die Spalte *Verkauf* ausgeblendet werden.

2. Klicken Sie den Eintrag *Verkauf* im Listenfeld *Ausblenden* an.
3. Klicken Sie auf *OK*, um die Auswahl zu bestätigen.

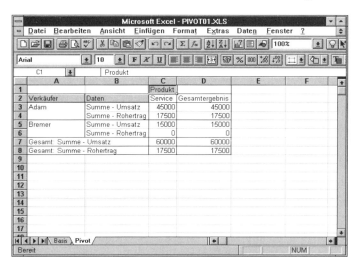

Abb. 257: Die Spalte Verkauf ist ausgeblendet

365

In der Pivot-Tabelle erscheint als Produkt jetzt nur noch der Service. Die Spalte, in der die Zahlen für den Verkauf angezeigt waren, ist verschwunden. Um Sie wieder anzuzeigen, gehen Sie folgendermaßen vor:

1. Klicken Sie doppelt nochmals auf die Schaltfläche *Produkt*.

2. Das Dialogfeld öffnet sich wieder, in dem in der Liste *Ausblenden* noch der Eintrag *Verkauf* angeklickt ist. Klicken Sie *Verkauf* erneut an, damit die Spalte in der Pivot-Tabelle wieder angezeigt wird.

3. Klicken Sie auf *OK*, um die Änderung zu übernehmen.

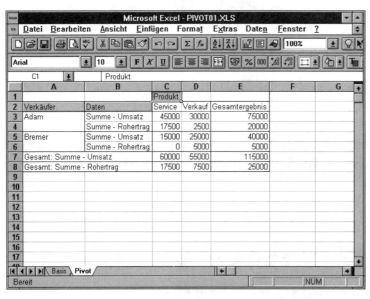

Abb. 258: Die Spalte ist wieder eingeblendet

Detaildaten ergänzen

Über die Schaltflächen blenden Sie also jeweils gesamte Untergruppen ein und aus. Es ist aber auch möglich, Informationen gezielt ein- und wieder auszublenden. Zu jeder einzelnen Überschrift in einer Spalte, im Beispiel also zu *Service* und *Verkauf*, und zu jeder Überschrift in einer Zeile, im Beispiel *Adam* und *Bremer*, können Detaildaten ergänzt und wieder entfernt werden.

Probieren Sie es: Die Liste im Tabellenblatt *Basis* gliedert die Umsätze unter anderem auch nach dem Monat. Lassen Sie die Aufschlüsselung nach Monatsdaten für den Verkäufer Adam anzeigen:

1. Klicken Sie doppelt auf den Namen *Adam* in Zelle A3. (Pivot)

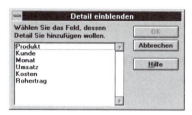

Abb. 259: Das Dialogfeld Detaildaten einblenden

Das Dialogfeld *Detail einblenden* öffnet sich, in dem Sie aus einer Liste auswählen, welche zusätzlichen Informationen eingeblendet werden sollen.

2. Klicken Sie das Feld *Monat* an.

3. Klicken Sie auf *OK*, um die Auswahl zu bestätigen.

	A	B	C	D	E	F
1				Produkt		
2	Verkäufer	Monat	Daten	Service	Verkauf	Gesamtergebnis
3	Adam	April	Summe - Umsatz	10000	0	10000
4			Summe - Rohertrag	7500	0	7500
5		Mai	Summe - Umsatz	35000	0	35000
6			Summe - Rohertrag	10000	0	10000
7		Juni	Summe - Umsatz	0	30000	30000
8			Summe - Rohertrag	0	2500	2500
9	Adam Summe - Umsatz			45000	30000	75000
10	Adam Summe - Rohertrag			17500	2500	20000
11	Bremer		Summe - Umsatz	15000	25000	40000
12			Summe - Rohertrag	0	5000	5000
13	Gesamt: Summe - Umsatz			60000	55000	115000
14	Gesamt: Summe - Rohertrag			17500	7500	25000

Abb. 260: Die Umsätze nach Monatsergebnissen

Für den Verkäufer Adam werden die Umsätze nun nach Monatsergebnissen gesplittet. Das Prinzip ist also eigentlich ganz einfach. Sie klicken doppelt auf das Feld, zu dem Sie zusätz-

367

liche Informationen anzeigen lassen möchten, und wählen aus der eingeblendeten Liste, welche Informationen das sein sollen. Diese zusätzlich eingeblendeten Informationen können natürlich auch wieder entfernt werden:

1. Klicken Sie doppelt auf die Schaltfläche, deren Daten Sie entfernen möchten, im Beispiel *Monat*. Das Dialogfeld öffnet sich wieder, in dem Sie eben bereits die Spalte *Verkauf* ausgeblendet haben. In der obersten Zeile des Dialogfeldes ist der Name der angeklickten Schaltfläche angezeigt, nämlich *Monat*.

2. Klicken Sie auf der rechten Seite des Dialogfeldes auf die Schaltfläche *Löschen*, um die Monatsergebnisse aus der Pivot-Tabelle zu entfernen.

Einzeldaten anzeigen

Es bleibt eigentlich nur noch eine Frage in der Pivot-Tabelle offen: Wie setzt sich ein bestimmtes Ergebnis zusammen? Welche Einzeldaten führen zu einer bestimmten Summe. Auch das können Sie anzeigen lassen. Für jede Zahl im Datenbereich können Sie einen Auszug aus den Basisdaten generieren, der die für dieses Ergebnis relevanten Einzeldaten auflistet. Dazu reicht ein Doppelklick auf die jeweilige Zahl.

1. Klicken Sie doppelt auf die Summe des Umsatzes von Verkäufer *Adam*, deren Einzeldaten Sie anzeigen lassen möchten, also auf die Summe 75.000 in Zelle E3.

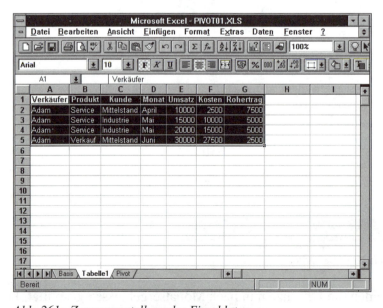

Abb. 261: Zusammenstellung der Einzeldaten

Excel filtert aus den Basisdaten alle relevanten Daten, im Beispiel alle Umsätze des Verkäufers *Adam*. Die Daten werden zusammengestellt und auf einem separaten Tabellenblatt angezeigt.

 Sie können, wie gesagt, für jede Zahl innerhalb des Datenbereichs die Einzeldaten anzeigen lassen. Excel stellt diese Daten stets auf einem neuen, leeren Tabellenblatt dar. Blätter, mit denen Sie arbeiten möchten, sollten Sie umbenennen. Blätter, die Sie nicht mehr brauchen, sollten Sie löschen.

Benennen Sie das neu erstellte Tabellenblatt um, weil es in dem übernächsten Beispiel nochmal eine Rolle spielt.

1. Klicken Sie das Tabellenblatt mit der rechten Maustaste an.
2. Wählen Sie den Befehl *Umbenennen* und tragen Sie als Namen "Adam" ein.

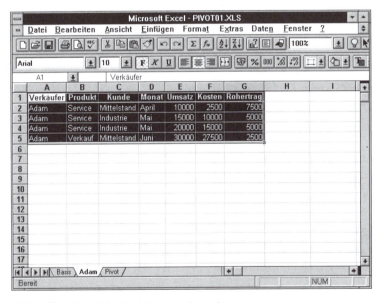

Abb. 262: Das Tabellenblatt wurde umbenannt

Freie Auswahl: Die Seitenfelder

In den bisherigen Auswertungen der Pivot-Tabellen sind stets alle Daten in die Berechnung der Summen eingeflossen. Schauen Sie sich die erstellte Pivot-Tabelle an. Alle Umsätze, egal für welchen Kunden, werden pro Verkäufer nach Produktgruppe summiert. Was aber, wenn Sie nur die Umsätze im Bereich des Mittelstands in die Tabelle einfließen und berechnen lassen möchten? In einem solchen Fall können Sie ein sogenanntes Seitenfeld definieren. Seitenfelder erlauben eine Auswahl, welche Felder berechnet werden.

1. Klicken Sie das Tabellenblatt *Pivot* an.
2. Klicken Sie ein beliebiges Feld innerhalb der Tabelle an.
3. Wählen Sie aus dem Menü *Daten* den Befehl *Pivot-Tabelle*. Der dritte Schritt bei der Definition von Pivot-Tabellen wird angezeigt. Oben rechts im Dialogfeld finden Sie den Bereich *SEITE*.
4. Klicken Sie die Schaltfläche *Kunde* an und ziehen Sie sie in diesen Bereich. In der Tabelle können Sie dann auswählen, für welche Kundengruppe Umsatz und Rohertrag berechnet werden sollen.

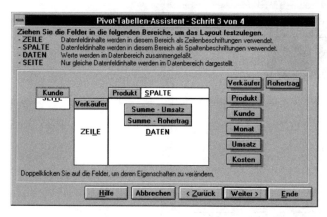

Abb. 263: Die Schaltfläche Kunde im Bereich Seite

5. Klicken Sie auf *Ende*, um die Tabelle zu erstellen.

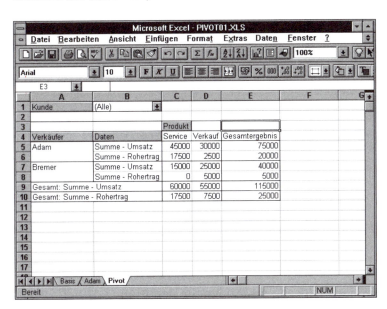

Abb. 264: Der eingefügte Bereich Kunde

Optisch hat sich die Pivot-Tabelle kaum verändert; um so wesentlicher ist die inhaltliche Änderung. In der ersten Zeile ist eine neue Schaltfläche hinzugekommen, *Kunde*. Die Zelle B1 hat sich in ein Listenfeld verwandelt, zu erkennen am Pfeil am rechten Ende des Feldes. Angezeigt ist im Listenfeld *Alle*, d. h., nach wie vor werden alle Daten berechnet.

1. Klicken Sie das Listenfeld an. Eine Liste rollt auf, in der alle Einträge im Feld *Kunde* angezeigt werden, im Beispiel also *Industrie* und *Mittelstand*. Zusätzlich gibt es den Eintrag *Alle*.

2. Klicken Sie an, welche Daten berechnet werden sollen, z. B. *Industrie*.

Die Ergebnisse in der Pivot-Tabelle verändern sich sofort. Es werden jetzt nämlich nur noch die Zahlen berechnet, die sich auf Industriekunden beziehen. Der Mittelstand bleibt unberücksichtigt.

371

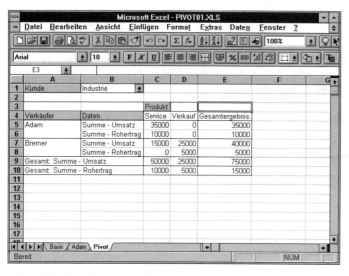

Abb. 265: Die Pivot-Tabelle mit Seitenfeld

3. Klicken Sie das Listenfeld nochmals an und wählen Sie den Eintrag *Mittelstand*.

Nun werden nur die Zahlen für den Mittelstand addiert. Ein weiterer Effekt: Der Verkäufer Bremer ist aus der Liste verschwunden. Klar, denn seine Umsätze lagen ausschließlich im Bereich Industrie. (Kontrollieren Sie es in dem Tabellenblatt *Basis*).

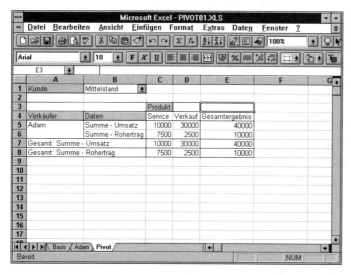

Abb. 266: Die Daten für Mittelstandkunden werden angezeigt

Seitenfeld löschen

Wie Sie gesehen haben, erlauben Seitenfelder es, die Daten, die in die Pivot-Tabelle einfließen, auf bestimmte Kriterien zu beschränken. Und wenn Sie das Seitenfeld nicht mehr brauchen? Löschen Sie es aus dem Layout:

1. Klicken Sie ein beliebiges Feld innerhalb der Pivot-Tabelle an.
2. Wählen Sie aus dem Menü *Daten* den Befehl *Pivot-Tabelle*. Der dritte Schritt bei der Definition von Pivot-Tabellen wird wieder angezeigt.
3. Klicken Sie die Schaltfläche *Kunde* im Bereich *Seite* an und ziehen Sie sie aus dem weiß unterlegten Definitionsbereich heraus.
4. Bestätigen Sie die Änderung mit einem Klick auf *Ende*.

Wenn sich Daten ändern: Die Aktualisierung

Wie Sie gesehen haben, lassen sich Listen mit Hilfe von Pivot-Tabellen einfach und flexibel auswerten. Doch was ist, wenn Sie in den Listen Daten ändern müssen? Fließen diese Änderungen auch in die Pivot-Tabellen ein?

1. Klicken Sie das Tabellenblatt *Basis* an.
2. Klicken Sie Feld E6 an und geben Sie als neuen Umsatz "100000" ein. Schließen Sie die Eingabe mit ⌞Enter⌟ ab.

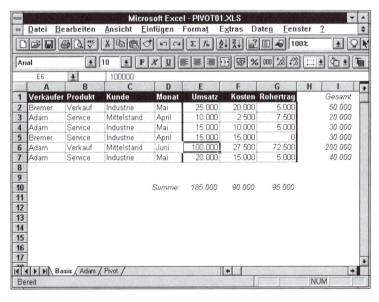

Abb. 267: Der neue Wert in Zelle E6

3. Klicken Sie das Tabellenblatt *Adam* an und kontrollieren Sie die Umsätze. Nichts hat sich getan. Hier steht der alte Wert 30.000.

4. Kontrollieren Sie auch die Pivot-Tabelle. Auch hier ist keine Änderung der Zahlen feststellbar.

    Wenn sich die Basisdaten ändern, werden die Pivot-Tabellen und die darauf basierenden Listen nicht automatisch aktualisiert. Den Befehl zum Aktualisieren der Daten müssen Sie explizit aufrufen:

5. Klicken Sie ein Feld der Pivot-Tabelle mit der rechten Maustaste an.

6. Wählen Sie aus dem Kontext-Menü den Befehl *Daten aktualisieren*. Sie können alternativ auch im Menü *Daten* den Befehl *Daten aktualisieren* anklicken.

	Microsoft Excel - PIVOT01.XLS						
	Datei Bearbeiten Ansicht Einfügen Format Extras Daten Fenster ?						

D5   100000

	A	B	C	D	E	F	G
1							
2							
3			Produkt				
4	Verkäufer	Daten	Service	Verkauf	Gesamtergebnis		
5	Adam	Summe - Umsatz	45000	100000	145000		
6		Summe - Rohertrag	17500	72500	90000		
7	Bremer	Summe - Umsatz	15000	25000	40000		
8		Summe - Rohertrag	0	5000	5000		
9	Gesamt: Summe - Umsatz		60000	125000	185000		
10	Gesamt: Summe - Rohertrag		17500	77500	95000		
11							
12							
13							
14							
15							
16							
17							

Basis / Adam / Pivot

Bereit   NUM

Abb. 268: Die Pivot-Tabelle mit aktualisierten Daten

Der Befehl wird sofort und ohne weitere Abfrage ausgeführt. Erst, wenn dieser Befehl aufgerufen wurde, berücksichtigt Excel die in den Basisdaten geänderten Werte auch in der Pivot-Tabelle.

Die fertige Arbeitsmappe finden Sie zum Vergleich im Verzeichnis C:\STEXCEL unter dem Namen PIVOT2.XLS.

Zusammenfassung

Sie wollen...	Sie wählen...	Symbol/Tastenkürzel
eine Pivot-Tabelle erstellen.	Menü *Daten*, Befehl *Pivot-Tabelle*.	
Felder in die Tabelle hinzu-fügen oder löschen.	nach Anklicken des Tabellenfeldes Menü *Daten*, Befehl *Pivot-Tabelle*.	
Zeilen oder Spalten aus-blenden.	mit Doppelklick auf die Schaltfläche aus.	
zusätzliche Feldinforma-tionen einblenden.	mit Doppelklick auf das Textfeld aus.	
Einzelergebnisse anzeigen.	mit Doppelklick auf das Zahlenfeld aus.	
geänderte Daten aktuali-sieren.	Menü *Daten*, Befehl *Daten aktualisieren*.	

Zwischentest

Fragen

1. Waagerecht In dieser Liste des Dialogfeldes *Pivot-Tabellen-Feld* können Sie die nicht benötigten Informationen anklicken.

2. Waagerecht Menü, in dem Sie den Befehl *Pivot-Tabelle* finden.

3. Waagerecht Mit der Hilfe von .... lassen sich Daten aus einer vorhandenen Liste oder Tabelle zusammenfassen und analysieren.

4. Waagerecht Über diese Schaltfläche in den Dialogfeldern des Pivot-Tabellen-Assistenten erstellen Sie die Pivot-Tabelle.

1. Senkrecht Im dritten Schritt der Pivot-Tabellen-Definition ziehen Sie in diesem Bereich das oder die Felder, die berechnet und angezeigt werden sollen.

3. Senkrecht Eine Pivot-Tabelle kann aus einer .... eine beliebig aufgebaute Tabelle mit Spalten- und Zeilenüberschriften erstellen.

4. Senkrecht Diese Felder erlauben eine Auswahl, welche Felder berechnet werden sollen.

Lösungswort

2. Senkrecht Nach Erstellen der Pivot-Tabelle wird automatisch die Symbolleiste *Pivot-Tabelle* und .... eingeblendet.

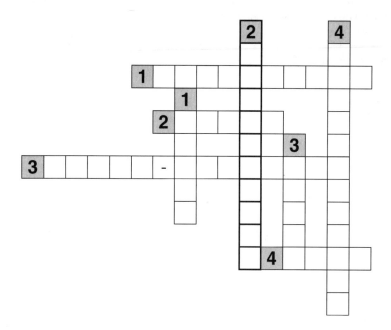

Lektion 17
Routine leichtgemacht: Die Makros

Makros automatisieren Arbeitsgänge. Sie bieten sich also für Routinearbeiten an, die häufiger ausgeführt werden. Am einfachsten erstellen Sie die sogenannten Tastaturmakros. In einem Tastaturmakro werden Befehle und Funktionen, während Sie sie ausführen, aufgezeichnet und gespeichert. Die aufgezeichneten Makros laufen dann auf Knopfdruck ab. Zusätzlich können Sie Makros über Visual Basic erstellen. Das ist eine Programmiersprache, mit der Sie in Excel komplette Anwendungsprogramme erstellen können.

Im Rahmen dieses Buches werden Sie nur mit den Grundfunktionen der Makros, also den Tastaturmakros, vertraut gemacht.

Nach dieser Lektion wissen Sie

♦ wie Sie Makros mit dem Makro-Recorder aufzeichnen.

♦ wie Sie aufgezeichnete Makros aufrufen.

♦ wie Sie Makros in allen Arbeitsmappen zugänglich machen.

♦ wie Sie Makros in das Menü *Extras* einbinden.

Eingaben aufzeichnen: Der Makro-Recorder

Makros dienen, wie einleitend bereits gesagt, zur Vereinfachung von Routineaufgaben. Befehle, die Sie immer wieder aufrufen, können Sie in einem Makro hinterlegen. Statt jedesmal die gesamte Befehlssequenz Schritt für Schritt auszuführen, brauchen Sie dann nur noch das Marko zu starten, das die hinterlegten Befehle automatisch ausführt. Ein Beispiel für die Verwendung eines Makros ist die Erstellung von individuellen Kopf- und Fußzeilen. Sie erstellen beispielsweise häufiger Tabellen, in denen Sie eine bestimte Definition für Kopf- und Fußzeilen verwenden. Diese Definition können Sie in einem Makro hinterlegen. Aber auch Formatierungen wie Rahmen und Farben oder Schriftgestaltungen lassen sich in einem Makro ablegen.

Nicht immer ist ein Makro der beste Weg, um Routinearbeiten zu vereinfachen. Häufig empfiehlt es sich statt dessen, mit Mustervorlagen zu arbeiten. In einer Mustervorlage hinterlegen Sie z. B. Formatierungen, Kopf- und Fußzeilen, Texte und Formeln. Kurz gesagt: Sie richten eine Musterarbeitsmappe so ein, daß sie als Vorlage für weitere Arbeitsmappen dienen kann. Wie Sie eine Mustervorlage erstellen, ist in Lektion 13 "Excel individuell" beschrieben.

Am einfachsten erstellen Sie ein Makro, wenn Sie die gewünschte Befehlssequenz aufrufen und dabei mit dem Makro-Recorder aufzeichnen lassen. Alle Befehle, die Sie anwenden, werden bei der Aufzeichnung "mitgeschrieben". Das so erstellte Makro kann beliebig oft aufgerufen und ausgeführt werden.

Beginnen möchten wir die Lektion über Makros mit einem einfachen Beispiel. Tabellen werden häufig mit Rahmen und Linien gestaltet. Besonders beliebt ist eine Formatierung, bei der die innenliegenden Linien gepunktet sind, während der gesamte markierte Bereich mit einer dünnen durchgehenden Linie eingerahmt ist. Für diese Formatierung muß immer die Registerkarte *Rahmen* aufgerufen werden. Das ändert sich nun durch ein Makro, das diese Formatierung automatisch ausführt.

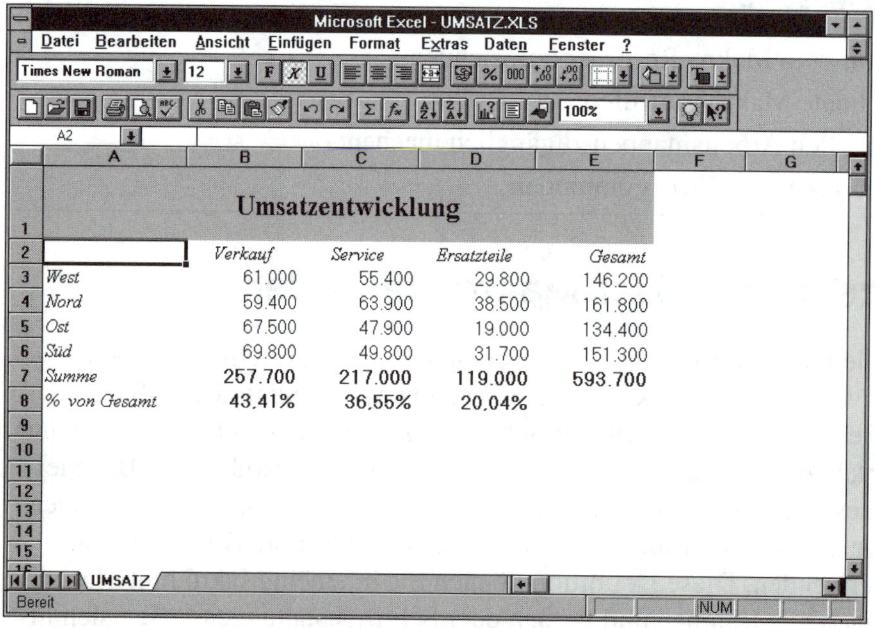

Abb. 269: Die Tabelle Umsatz

Öffnen Sie für dieses Beispiel die Tabelle UMSATZ.XLS. Sie befindet sich nach der Installation der dem Buch beiliegenden Diskette standardmäßig im Verzeichnis C:\STEXCEL.

Kompliziert ist diese Tabelle nicht. Sie stellt Umsatzzahlen für drei Produktgruppen und vier Regionen zusammen. Die Umsätze sind summiert und die prozentualen Anteile berechnet.

Nun steht die weitere Formatierung mit Rahmen und Linien an. Und die soll, wie angesprochen, in einem Makro aufgezeichnet werden und so für weitere Anwendungen zur Verfügung stehen.

 Die meisten Excel-Befehle erfordern eine Markierung, bevor sie aufgerufen werden können. Diese Markierung sollte nicht im Makro aufgezeichnet werden. Vielmehr beginnt die Aufzeichnung des Makros sinnvollerweise erst, nachdem der Bereich markiert ist.

Sicher können Sie sich vorstellen, was passiert, wenn die Markierung ebenfalls im Makro abgelegt ist? Excel markiert immer wieder den gleichen Bereich und wendet die hinterlegte Befehlssequenz entsprechend immer nur auf diesen Bereich an.

Wenn Sie demgegenüber nur die eigentlichen Befehle aufzeichnen, können Sie diese Sequenz später auf jeden markierten Bereich anwenden.

 Bevor Sie ein Makro aufzeichnen lassen, sollten Sie sich über die erforderliche Befehlssequenz absolut sicher sein. Fehler, die im Makro aufgezeichnet sind, werden genau so ausgeführt. Zwar können Sie ein Makro manuell korrigieren, doch das ist kompliziert. Machen Sie ggf. zuvor eine "Trockenübung", d. h., probieren Sie die gewünschte Befehlssequenz aus, ohne den Makro-Recorder gleich mitlaufen zu lassen.

1.   Markieren Sie den Bereich B3 bis E6.

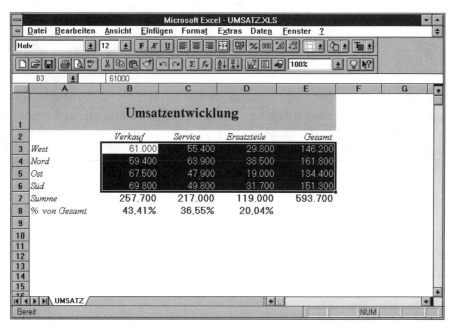

Abb. 270: Dieser Bereich sollte markiert sein

2. Wählen Sie das Menü *Extras*.

3. Klicken Sie den Befehl *Makro aufzeichnen* und die Option *Aufzeichnen* an.

Abb. 271: Den Makro-Recorder starten

Excel öffnet ein Dialogfeld, in dem Sie einen Namen für das zu erstellende Makro eintragen.

4. Geben Sie "Rahmen" ein.

5. Klicken Sie auf *OK*.

Jetzt bitte Vorsicht: Jeder Tastendruck und jeder Mausklick wird von nun an registriert und aufgezeichnet.

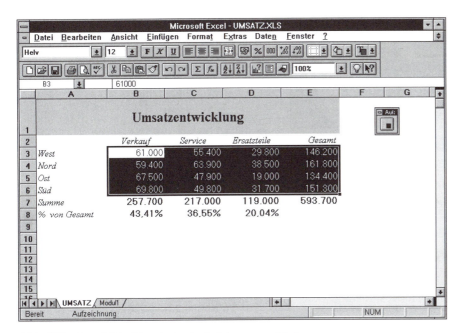

Abb. 272: Der Bildschirm beim Aufzeichnen von Makros

Beachten Sie zuvor die Veränderungen am Bildschirm:

- Ein neues Tabellenblatt ist eingefügt worden: *Modul1*. Hier wird das Makro abgelegt.
- Eine Mini-Symbolleiste mit dem einzigen Symbol *Makro-Aufzeichnung beenden* ist eingeblendet.

Führen Sie jetzt die Befehle aus, die Sie im Makro aufzeichnen möchten:

1. Klicken Sie das Menü *Format* an.

2. Wählen Sie den Befehl *Zellen*.

3. Klicken Sie die Registerkarte *Rahmen* an.

4. Klicken Sie im Feld *Art* die gepunktete Linie an. Klicken Sie nacheinander die vier Felder *Links, Rechts, Oben* und *Unten* an.

5. Klicken Sie das Feld *Gesamt* an. Klicken Sie unter *Art* die durchgezogene, dünne Linie an.

Abb. 273: Die Einstellungen für den Rahmen

6. Bestätigen Sie mit *OK*.

7. Klicken Sie in der Mini-Symbolleiste das Symbol *Makro-Aufzeichnung beenden* an.

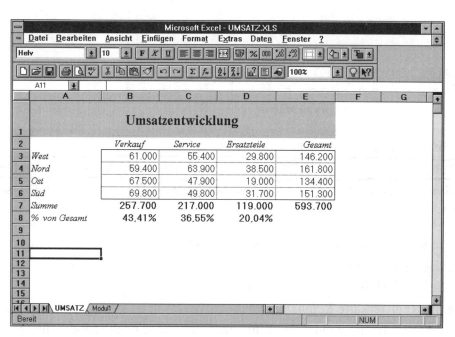

Abb. 274: Der markierte Bereich wurde formatiert

Bei der Aufzeichnung eines Makros ist schnell mal ein falscher Befehl angeklickt, der eigentlich gar nichts in der Aufzeichnung zu suchen hat. Brechen Sie in diesem Fall die Aufzeichnung ab, indem Sie das Symbol *Makro-Aufzeichnung beenden* anklicken. Starten Sie dann den Makro-Recorder erneut. Geben Sie beim zweiten Versuch wieder denselben Makro-Namen an. Excel blendet eine Abfrage ein, ob Sie das zuvor erstellte Makro überschreiben möchten. Klicken Sie auf *Ja*, um das erste, nicht zu gebrauchende Makro zu überschreiben.

Während der Makro-Aufzeichnung werden die gewählten Befehle ausgeführt. In der Tabelle ist also der zuvor markierte Bereich wunschgemäß formatiert. Da die Aufzeichnung abgeschlossen ist, ist die Mini-Symbolleiste wieder verschwunden. Geblieben ist allerdings das Tabellenblatt *Modul1*, in dem das aufgezeichnete Makro zu finden ist. Schauen Sie es sich an:

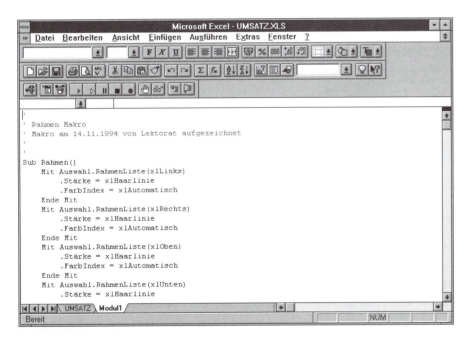

Abb. 275: Der aufgezeichnete Makro-Text

1. Klicken Sie das Tabellenblatt *Modul1* an. Der Makro-Text wird angezeigt. Er ist, wie schon erwähnt, nicht ganz einfach nachzuvollziehen. Zum Makro wird automatisch die Symbolleiste *Visual Basic* eingeblendet.

2. Über die Bildlaufleiste am rechten Rand bzw. über die Pfeiltasten können Sie in diesem Text blättern,

    Wie Sie sehen, besteht das Makro zum größten Teil aus Text. Theoretisch können Sie den Makro-Text bearbeiten und ergänzen, wenn sich im Makro Fehler eingeschlichen haben. Doch das verlangt eine Menge Know-how und Übung.

3. Klicken Sie nun wieder das Tabellenblatt *Umsatz* an, um zur Tabelle zurückzuschalten, denn schließlich soll das Makro auch angewendet werden.

Makro aufrufen

Zur weiteren Formatierung der Tabelle mit Rahmen soll das erstellte Makro verwendet werden:

1. Markieren Sie den Bereich B2 bis E2.
2. Wählen Sie aus dem Menü *Extras* den Befehl *Makro*.

Abb. 276: Makro aufrufen

3. Im Dialogfeld werden alle erstellten Makros angezeigt. Klicken Sie das Makro an, das Sie ausführen möchten, im Beispiel *Rahmen*. Der Name des Makros muß dunkel unterlegt sein.

4. Klicken Sie die Schaltfläche *Ausführen* an, um das Makro ablaufen zu lassen. Es flackert einige Male kurz auf dem Bildschirm, und dann ist der gewünschte Bereich formatiert.

    Rufen Sie das Makro nun auch für weitere Bereiche in der Tabelle auf:

5. Markieren Sie den Bereich A3 bis A8.

6. Wählen Sie aus dem Menü *Extras* den Befehl *Makro*.

7. Klicken Sie das Makro *Rahmen* an und bestätigen Sie, indem Sie die Schaltfläche *Ausführen* anklicken.

8. Markieren Sie nun den Bereich B7 bis E8.

9. Wählen Sie nochmals aus dem Menü *Extras* den Befehl *Makro*.

10. Klicken Sie das Makro *Rahmen* an und betätigen Sie die Schaltfläche *Ausführen*.

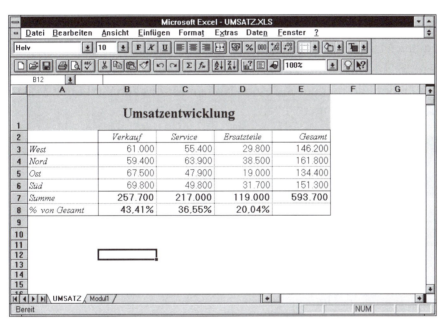

Abb. 277: Die formatierte Tabelle

In wenigen Sekunden ist die gesamte Tabelle mit den ausgewählten Rahmen formatiert. Doch das erstellte Makro hat leider einen Schönheitsfehler: Es kann nur dann aufgerufen werden, wenn die Arbeitsmappe *Umsatz* geöffnet ist. Das Makro ist Teil der Arbeitsmappe und steht nur zusammen mit dieser Arbeitsmappe zur Verfügung.

Eine für alle: Die Makro-Arbeitsmappe

Makros, die übergreifende Funktionen ausführen, z. B. Kopf- oder Fußzeilen erstellen, sollten in jedem Tabellenblatt zur Verfügung stehen. Das ist ohne weiteres möglich. Die Makros müssen nur in der richtigen Arbeitsmappe abgespeichert werden, nämlich in der persönli-

chen Makro-Arbeitsmappe. Sie wird unter dem Namen PERSONL.XLS im Excel-Startver-
zeichnis abgelegt. Diese Arbeitsmapppe erstellt und speichert Excel automatisch, sobald Sie
ein Makro darin ablegen.

1.   Speichern Sie die Tabelle mit dem Befehl *Speichern unter* im Verzeichnis
     C:\STEXCEL\BEISPIEL unter dem Namen UMSATZ01.XLS ab und schließen Sie
     sie. Wählen Sie dazu aus dem Menü *Datei* den Befehl *Schließen*.

2.   Legen Sie eine neue, leere Arbeitsmappe an. Wählen Sie dazu aus dem Menü
     Datei den Befehle *Neu* oder klicken Sie das Symbol *Neue Arbeitsmappe* an.

3.   Starten Sie nun den Makro-Recorder. Wählen Sie das Menü *Extras*.

4.   Klicken Sie den Befehl *Makro aufzeichnen* und die Option *Aufzeichnen* an.

5.   Excel öffnet ein Dialogfeld, in dem Sie einen Namen für das zu erstellende Makro ein-
     tragen. Geben Sie "Fußzeile" ein.

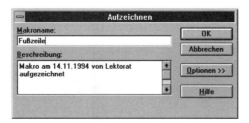

Abb. 278: Tragen Sie den Makro-Namen Fußzeile ein

6.   Klicken Sie die Schaltfläche *Optionen* an.

Abb. 279: Optionen für das zu erstellende Makro

7. In den Optionen legen Sie u. a. fest, in welcher Arbeitsmappe ein Makro gespeichert wird. Klicken Sie unten links im Bereich *Speichern in* die Option *Persönlicher Makro-Arbeitsmappe* an. Das zu erstellende Makro wird jetzt nicht in der aktuellen Arbeitsmappen, sondern in der Makro-Arbeitsmappe PERSONL.XLS gesichert und steht damit für alle Arbeitsmappen zur Verfügung.

8. Klicken Sie auf *OK*, um die Makro-Aufzeichnung zu starten.

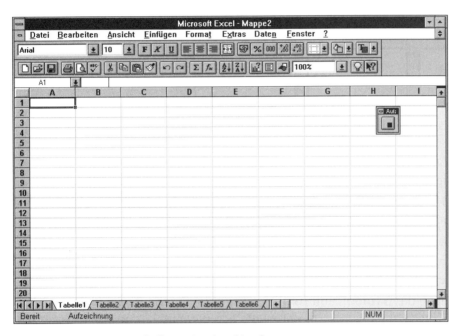

Abb. 280: Die Mini-Symbolleiste ist eingeblendet

In das aktuelle Tabellenblatt wird wieder die Mini-Symbolleiste mit dem einen Symbol zum Beenden der Aufzeichnung eingefügt. Ansonsten bleibt alles beim alten. Beim Aufzeichnen des ersten Makros wurde zusätzlich ein neues Tabellenblatt integriert, in das das Makro abgelegt wurde. Das ist hier nicht nötig, denn das Makro wird ja in einer eigenen Mappe gespeichert.

Beginnen Sie nun mit der Aufzeichnung des Makros. Es soll ein Makro entstehen, das eine persönliche Fußzeile definiert, und zwar soll in der Fußzeile unten links Ihr Name und Wohnort erscheinen, unten rechts steht die Seitenzahl und der Name der Datei.

1. Wählen Sie aus dem Menü *Datei* den Befehl *Seite einrichten*.

2. Klicken Sie die Registerkarte *Kopfzeile/Fußzeile* an.

3. Klicken Sie die Schaltfläche *Benutzerdefinierte Fußzeile* an.

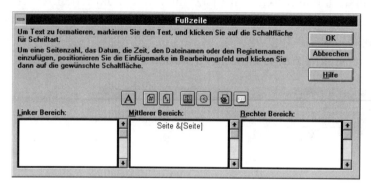

Abb. 281: Die zu definierende Fußzeile

4. Klicken Sie *Linker Bereich* an und geben Sie Ihren Namen ein. Drücken Sie ⌷Enter⌷ und tragen Sie in die zweite Zeile Ihren Wohnort ein.

5. Klicken Sie *Mittlerer Bereich* an. Löschen Sie den bestehenden Eintrag, indem Sie ihn markieren und ⌷Entf⌷ drücken.

6. Klicken Sie *Rechter Bereich* an. Hier soll im Ausdruck die aktuelle Seitenzahl und die Anzahl der Gesamtseiten erscheinen, also z. B. "Seite 1 von 4". Geben Sie zuerst den Text "Seite" ein.

7. Klicken Sie dann das Symbol zum Einfügen der aktuellen Seitenzahl an.

8. Geben Sie den Text "von" ein und klicken Sie das Symbol zum Einfügen der Gesamtseitenzahl an.

9. Drücken Sie ⌷Enter⌷ und schreiben Sie in die zweite Zeile den Text "Name:".

10. Klicken Sie das Symbol für den Dateinamen an.

11. Markieren Sie Ihren Namen und Wohnort und klicken Sie das Symbol *Gestaltung*, das große A, an. Klicken Sie den Schriftstil *Fett* an und bestätigen Sie mit *OK*.

12. Markieren Sie die Seitenangaben und formatieren Sie sie ebenfalls fett.

13. Markieren Sie die Zeile für den Dateinamen und wählen Sie als Schriftgröße *8 Punkt* und als Schriftstil *Kursiv*. Bestätigen Sie die Formatierung mit *OK*.

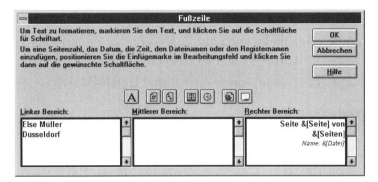

Abb. 282: Die Einträge der Fußzeile und ihre Formatierung

14. Klicken Sie auch im Dialogfeld *Fußzeile OK* an, um die Definition zu beenden.
15. Klicken Sie im Dialogfeld *Kopfzeile/Fußzeile* das Listenfeld *Kopfzeile* an und wählen Sie *(keine)* (oberster Eintrag im Listenfeld).

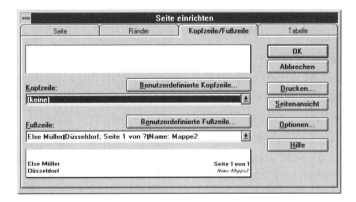

Abb. 283: Die Kopfzeile erhält keine Einträge

16. Klicken Sie *OK* an, um die Bearbeitung der Kopf- und Fußzeilen zu beenden.
17. Beenden Sie die Aufzeichnung des Makros. Klicken Sie in der Mini-Symbolleiste das Symbol *Makro-Aufzeichnung beenden* an.

 Sie könnten noch weitere Druckoptionen in das Makro integrieren, z. B. die Gitternetz-linien für den Druck ausblenden oder den Druck auf der Seite zentrieren. Selbstver-ständlich können Sie auch mehrere Makros für verschiedene Druckoptionen aufzeichnen lassen.

Steht die so definierte Fußzeile auch wirklich in jeder Tabelle zur Verfügung?

1. Öffnen Sie eine der vorbereiteten Beispieldateien aus den vorherigen Lektionen, z. B. die Tabelle VEREIN.XLS aus dem Verzeichnis C:\STEXCEL.

2. Starten Sie das Makro. Wählen Sie aus dem Menü *Extras* den Befehl *Makro*.

Abb. 284: Makro ausführen

Es öffnet sich wieder das Bildschirmfenster, in dem Sie ein Makro auswählen. Wie Sie sehen, steht diesmal nicht nur der Makro-Name in der Liste, sondern dazu der Name der Tabelle, in der dieses Makro abgelegt wurde.

3. Klicken Sie den Makro-Namen *PERSONL.XLS!Fußzeile* an.

4. Klicken Sie auf *Ausführen*, um das Makro zu starten. Während das Makro ausgeführt wird, zeigt die Sanduhr, daß das System arbeitet. Wenn die Sanduhr verschwunden ist, kontrollieren Sie, ob die Fußzeile eingerichtet ist.

5. Klicken Sie das Symbol *Seitenansicht* an (siehe Abbildung 285).

In der Seitenansicht erkennen Sie, daß die im Makro definierte Fußzeile wunschgemäß eingerichtet ist. Es funktioniert also.

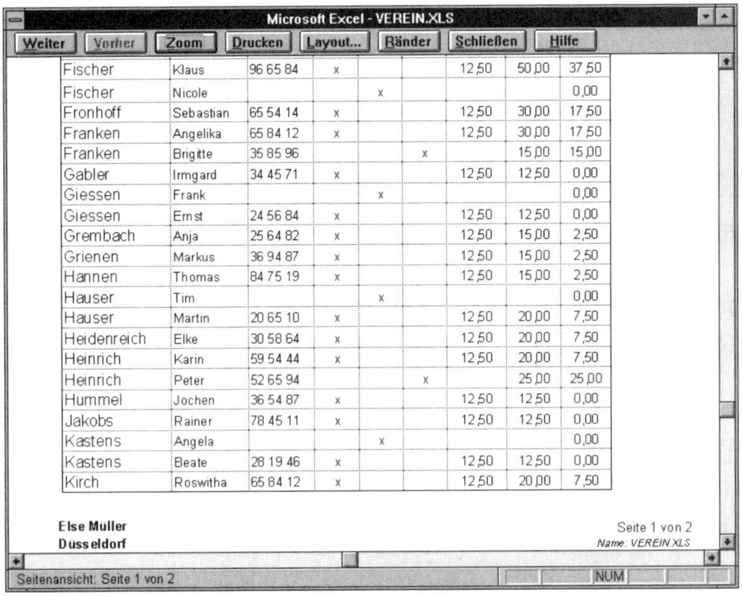

Microsoft Excel - VEREIN.XLS

Weiter | Vorher | Zoom | Drucken | Layout... | Ränder | Schließen | Hilfe

Fischer	Klaus	96 65 84	x			12,50	50,00	37,50
Fischer	Nicole			x				0,00
Fronhoff	Sebastian	65 54 14	x			12,50	30,00	17,50
Franken	Angelika	65 84 12	x			12,50	30,00	17,50
Franken	Brigitte	35 85 96			x		15,00	15,00
Gabler	Irmgard	34 45 71	x			12,50	12,50	0,00
Giessen	Frank			x				0,00
Giessen	Ernst	24 56 84	x			12,50	12,50	0,00
Grembach	Anja	25 64 82	x			12,50	15,00	2,50
Grienen	Markus	36 94 87	x			12,50	15,00	2,50
Hannen	Thomas	84 75 19	x			12,50	15,00	2,50
Hauser	Tim			x				0,00
Hauser	Martin	20 65 10	x			12,50	20,00	7,50
Heidenreich	Elke	30 58 64	x			12,50	20,00	7,50
Heinrich	Karin	59 54 44	x			12,50	20,00	7,50
Heinrich	Peter	52 65 94			x		25,00	25,00
Hummel	Jochen	36 54 87	x			12,50	12,50	0,00
Jakobs	Rainer	78 45 11	x			12,50	12,50	0,00
Kastens	Angela			x				0,00
Kastens	Beate	28 19 46	x			12,50	12,50	0,00
Kirch	Roswitha	65 84 12	x			12,50	20,00	7,50

Else Müller
Düsseldorf

Seite 1 von 2
Name: VEREIN.XLS

Seitenansicht: Seite 1 von 2 | | NUM |

Abb. 285: Seitenansicht mit eingerichteter Fußzeile

Makros als Menübefehl

Immer wieder ist in den vergangenen Lektionen betont worden, wie einfach alle Funktionen aufzurufen sind und wie leicht Sie jeden Befehl erreichen können. Und nun müssen Sie Makros mühsam aus einer Liste mit komplizierten Doppelnamen aufrufen? Müssen Sie natürlich nicht. Sie können einem Makro z. B. auch einen eigenen Menünamen zuweisen und ins Menü *Extras* aufnehmen.

Die persönliche Makro-Arbeitsmappe

Zuvor stellt sich allerdings die Frage, wo das erstellte Makro geblieben ist. Es steht, wie gesagt, in der persönlichen Makro-Arbeitsmappe PERSONL.XLS. Diese Arbeitsmappe wird automatisch geöffnet, wenn Sie ein Makro daraus ausführen. Sie wird jedoch zugleich ausgeblendet, so daß sie nirgendwo zu sehen ist. Wenn Sie das Makro bearbeiten oder ändern möchten - und dies geschieht, wenn Sie es in das Menü einbinden - muß die Arbeitsmappe angezeigt sein.

1. Wählen Sie das Menü *Fenster* und klicken Sie auf den Befehl *Einblenden*.

Abb. 286: Makro-Arbeitsmappe PERSON.XLS einblenden

2. Das oben abgebildete Dialogfeld erscheint. Klicken Sie die Arbeitsmappe an, die Sie einblenden möchten, also PERSON.XLS.

3. Bestätigen Sie mit *OK*.

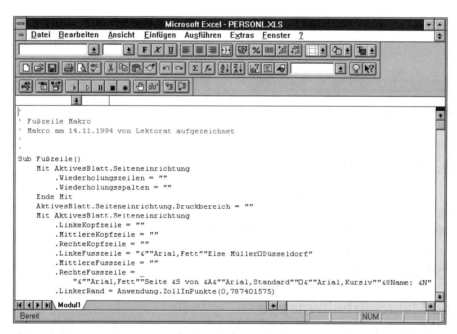

Abb. 287: Die Makro-Arbeitsmappe PERSONL.XLS

Die Makro-Arbeitsmappe wird eingeblendet und das erstellte Makro angezeigt. Nun können Sie die Optionen für dieses Makro ändern.

Makros können unter einen frei zu definierenden Namen ins Menü *Extras* eingebunden werden. Das lohnt sich natürlich nur für Makros, die Sie häufig verwenden.

1. Wählen Sie aus dem Menü *Extras* den Befehl *Makro*.

2. Klicken Sie in der Liste *Makroname* das Makro an, das Sie in das Menü *Extras* aufnehmen möchten, im Beispiel das Makro *Fußzeile*.

3. Klicken Sie auf die Schaltfläche *Optionen*.

4. Klicken Sie im Bereich *Zuweisen* das Kontrollkästchen *Befehl im Menü "Extras"* an.

5. Klicken Sie die Eingabezeile unter dem Kontrollkästchen an und geben Sie die Bezeichnung an, die im Menü erscheinen soll, z. B. "Fußzeile".

Abb. 288: Das Dialogfeld Makro-Optionen

6. Bestätigen Sie mit *OK*.

7. Schließen Sie das Dialogfeld *Makro*, indem Sie *Schließen* anklicken.

8. Testen Sie sofort, ob der Befehl ausgeführt wurde. Klicken Sie das Menü *Extras* an. Der letzte Eintrag lautet nun *Fußzeile* (siehe Abbildung 289).

Wenn Sie das Makro "Fußzeile" starten möchten, können Sie es ab sofort auch aus dem Menü *Extras* aufrufen.

393

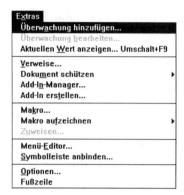

Abb. 289: Das Menü Extras mit dem Befehl Fußzeile

Natürlich können Sie den Eintrag im Menü auch wieder löschen. Dazu brauchen Sie nur das entsprechende Kontrollkästchen auszuklicken.

1. Wählen Sie aus dem Menü *Extras* den Befehl *Makros*.

2. Klicken Sie in der Liste *Makroname* den Eintrag *Fußzeile* an.

3. Klicken Sie die Schaltfläche *Optionen*.

4. Klicken Sie im Bereich *Zuweisen* das Kontrollkästchen *Befehl im Menü "Extras"* aus.

5. Bestätigen Sie mit *OK*.

6. Schließen Sie das Dialogfeld *Makro*, indem Sie *Schließen* anklicken.

7. Testen Sie, ob der Eintrag wieder verschwunden ist. Klicken Sie das Menü *Extras* an. Der letzte Eintrag lautet nun wieder standardgemäß *Optionen*. Die Fußzeile ist verschwunden.

Makro-Arbeitsmappe wieder ausblenden

Wenn Sie die Makro-Arbeitsmappe geändert haben, also ein Makro ins Menü eingebunden haben, müssen diese Änderungen gespeichert werden. Dazu reicht es - wenn die Makro-Arbeitsmappe angezeigt ist - das Symbol *Speichern* anzuklicken.

Auf jeden Fall sollten Sie die Makro-Arbeitsmappe aber wieder ausblenden, wenn die Bearbeitung beendet ist:

1. Stellen Sie sicher, daß die Makro-Arbeitsmappe auf dem Monitor anzeigt ist.

2. Klicken Sie das Menü *Fenster* an.

3. Klicken Sie den Befehl *Ausblenden* an. Die aktuelle Arbeitsmappe wird ausgeblendet.

Zusammenfassung

Sie wollen...	Sie wählen...	Symbol/Tastenkürzel
ein Makro aufzeichnen.	Menü *Extras*, Befehl *Makro aufzeichnen*, Option *Aufzeichnen*.	
eine Makroaufzeichnung beenden.	das Symbol *Makro-Aufzeichnung beenden*.	
ein Makro aufrufen.	Menü *Extras*, Befehl *Makro*.	
eine persönliche Makro-Arbeitsmappe erstellen.	Menü *Extras*, Befehl *Makro aufzeichnen*, Option *Aufzeichnen*, Schaltfläche *Optionen*.	
ein Makro ins Menü einfügen.	Menü *Extras*, Befehl *Makro*, Schaltfläche *Optionen*, Kontrollkästchen *Befehl im Menü Extras*.	
eine Makro-Arbeitsmappe einblenden.	Menü *Fenster*, Befehl *Einblenden*	
eine Makro-Arbeitsmappe ausblenden.	Menü *Fenster*, Befehl *Ausblenden*.	

Zwischentest

Fragen

1. **Waagerecht** Name der persönlichen Makro-Arbeitsmappe.

2. **Waagerecht** In diesem Menü finden Sie den Befehl *Makro aufzeichnen*.

3. **Waagerecht** In einem .... werden Befehle und Funktionen, während Sie sie ausführen, aufgezeichnet und gespeichert.

4. **Waagerecht** Tabellenblatt, das nach Aufzeichnung des Makros hinzugefügt wird.

5. **Waagerecht** Menü, über das Sie die persönliche Makro-Arbeitsmappe ein- und ausblenden.

2. **Senkrecht** Diese Schaltfläche im Dialogfeld *Makro* klicken Sie an, um ein ausgewähltes Makro ablaufen zu lassen.

3. **Senkrecht** An einfachsten erstellen Sie ein Makro, wenn Sie die gewünschte Befehlssequenz aufrufen und dabei mit dem .... aufzeichnen lassen.

395

Lösungswort

1. Senkrecht Diese Symbolleiste wird automatisch eingeblendet, wenn Sie das Tabellenblatt *Modul1* anklicken.

Software Training

**Der
Abschlußtest**

Der Abschlußtest

Nachdem Sie das Buch durchgearbeitet haben, wird Ihnen mit dem DATA BECKER Abschlußtest zum Software Training Excel 5.0 die Möglichkeit geboten, sich Ihr Wissen schwarz auf weiß bestätigen zu lassen. Nach erfolgreichem Bestehen des Abschlußtests wird Ihnen vom Programm eine Sicherheitsziffer ausgegeben, die Sie zusammen mit der Seriennummer Ihrer Buchdiskette und Ihren persönlichen Daten in den Berechtigungsschein für das DATA BECKER Zertifikat eintragen. Den Berechtigungsschein finden Sie hinten in diesem Buch. Gegen eine geringe Bearbeitungsgebühr haben Sie dann die Möglichkeit, das Original DATA BECKER Zertifikat zu erwerben.

Der Zugang zum Abschlußtest ist durch ein Paßwort geschützt. Dieses Paßwort ergibt sich aus sechs einzelnen Buchstaben sechs einzelner Lösungswörter der Zwischentests. Das Paßwort für den Abschlußtest des Software Trainings Excel 5.0 setzt sich folgendermaßen zusammen:

Paßwort: 1 2 3 4 5 6

1 = 1. Buchstabe des Lösungswortes des Zwischentests Lektion 2
2 = 1. Buchstabe des Lösungswortes des Zwischentests Lektion 4
3 = 1. Buchstabe des Lösungswortes des Zwischentests Lektion 6
4 = 1. Buchstabe des Lösungswortes des Zwischentests Lektion 8
5 = 1. Buchstabe des Lösungswortes des Zwischentests Lektion 10
6 = 1. Buchstabe des Lösungswortes des Zwischentests Lektion 12

Start des Abschlußtests

Um den Abschlußtest zu starten, müssen Sie das Paßwort wissen und die Dateien der dem Buch beiliegenden Diskette installiert haben. Eine entsprechende Anleitung zur Installation der Diskette finden Sie in der Einleitung.

Bei dieser Installation wird das Verzeichnis C:\STEXCEL mit dem Unterverzeichnis \TEST eingerichtet. In diesem Unterverzeichnis befindet sich die ausführende Datei des Abschlußtests, die Sie im folgenden aufrufen werden:

1. Gehen Sie in den Programm-Manager von Windows und öffnen Sie mit einem Klick das Menü *Datei*.

2. Dort wählen Sie den Befehl *Ausführen*. In dem daraufhin erscheinenden gleichnamigen Dialogfeld klicken Sie auf die Schaltfläche *Durchsuchen...*

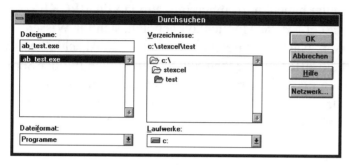

Abb. 290: Das Dialogfenster Durchsuchen

3. Wählen Sie das Verzeichnis C:\STEXCEL\TEST aus. Unter *Dateiname* sehen Sie nun die Datei AB_TEST.EXE.

4. Klicken Sie die Datei an und bestätigen Sie Ihre Auswahl anschließend mit *OK*. Es erscheint erneut das Dialogfenster *Ausführen* mit der entsprechend ausgefüllten Befehlszeile.

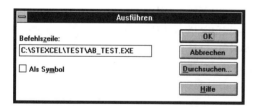

Abb. 291: Das Dialogfenster Ausführen mit ausgefüllter Befehlszeile

5.   Klicken Sie nun auf die Schaltfläche *OK*, um den Abschlußtest zu starten. Es erscheint der Startbildschirm des Abschlußtests.

In dieses Dialogfeld tragen Sie im Feld *Seriennummer* Ihre persönliche Seriennummer ein, welche sich auf Ihrer dem Buch beiliegenden Diskette befindet. Im Feld *Paßwort* tragen Sie das Paßwort ein, welches Sie anhand der o. g. Zusammensetzung ermittelt haben. Achten Sie darauf, daß Sie wirklich das richtige Paßwort eingeben. Bei Eingabe eines falschen Paßwortes wird der Test abgebrochen, und Sie müssen ihn erneut starten.

Abb. 292: Der Startbildschirm des Abschlußtests

Am unteren Fensterrand sehen Sie rechts drei Schaltflächen *Hilfe*, *Abbrechen* und *Start*. Nachdem Sie alle Eingaben im Startbildschirm gemacht haben, klicken Sie die Schaltfläche *Start*. Wenn Sie das richtige Paßwort eingegeben haben, erscheint kurz darauf die erste Frage. Insgesamt besteht der Test aus 50 Fragen.

Die Fragetypen des Tests

Bei dem Test werden drei Fragetypen unterschieden:

1.   Multiple-Choice-Fragen
2.   Bild-Klick-Fragen
3.   Bild-Auswahl-Fragen

Diese Fragetypen werden Ihnen im folgenden an Beispielfragen des Abschlußtests aus dem Software Training Windows 3.1 erläutert. In *Multiple-Choice-Fragen* werden Ihnen zu einer Frage mehrere Antwortmöglichkeiten vorgegeben. Es können eine, mehrere oder alle Antworten richtig sein. Die Frage wird als richtig bewertet, wenn alle richtigen Antworten angekreuzt sind und keine falsche Antwort angekreuzt ist.

Durch Anklicken des Kästchens oder des Antworttextes selbst können Sie ein Kästchen ankreuzen oder ein bereits vergebenes Kreuz wieder löschen.

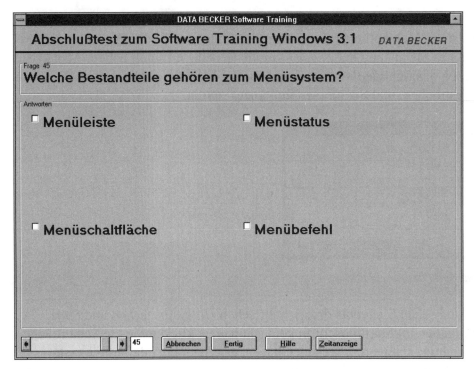

Abb. 293: Beispiel für eine Multiple-Choice-Frage

Zum zweiten Fragetyp, der *Bild-Klick-Frage*, sehen Sie eine Grafik, in der eine bestimmte Position angeklickt werden muß. Die Frage darunter bestimmt den anzuklickenden Bereich. Der Schnittpunkt des Fadenkreuzes, welches erscheint, sobald Sie den Mauszeiger auf die Grafik bewegen, muß innerhalb des gefragten Bereichs liegen, bevor Sie mit der Maus klicken.

Wohin Sie geklickt haben, wird durch einen Kreis mit Kreuz gekennzeichnet. Durch einen erneuten Klick mit der Maus können Sie Ihre getroffene Auswahl korrigieren.

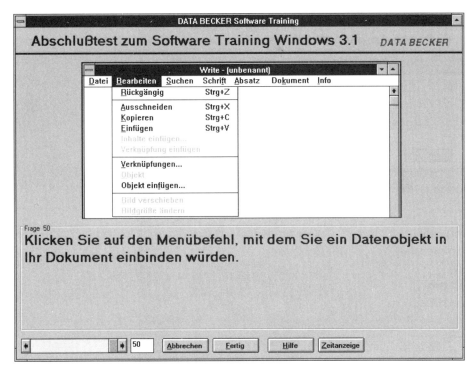

Abb. 294: Beispiel für eine Bild-Klick-Frage

Der dritte Fragetyp wird als *Bild-Auswahl-Frage* bezeichnet. Sie sehen wiederum eine Grafik, zu der Ihnen eine Frage gestellt wird. Von den vorgegebenen Antwortmöglichkeiten ist nur eine richtig. Die Frage wird als richtig bewertet, wenn Sie die richtige Antwortmöglichkeit mit einem Klick angekreuzt haben.

Wenn Sie eine getroffene Auswahl korrigieren wollen, klicken Sie einfach ein anderes Kästchen an. Das bisherige Kreuz verschwindet, da nur ein Kästchen angekreuzt sein darf.

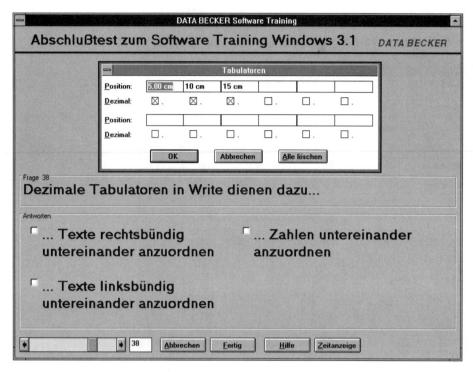

Abb. 295: Beispiel für eine Bild-Auswahl-Frage

Die Schaltflächen im Abschlußtest

Am unteren Rand des Fragefensters sehen Sie eine Leiste mit verschiedenen Schaltflächen:

Abb. 296: Die Schaltflächen im Fragefenster des Abschlußtests

Mit Hilfe der Bildlaufleiste gelangen Sie von einer Frage zur anderen. Klicken Sie auf die Schaltfläche mit dem nach rechts zeigenden Pfeil, um zur nächsten Frage zu gelangen. Zur vorherigen Frage gelangen Sie entsprechend durch Anklicken der Schaltfläche mit dem nach links zeigenden Pfeil. Alternativ können Sie auch die gewünschte Fragenummer in das Nummernkästchen rechts neben der Bildlaufleiste eintragen und die `Enter`-Taste drücken.

Wollen Sie den Test vorzeitig abbrechen, z. B., weil Sie merken, daß Ihr Wissensstand noch nicht ausreicht, so klicken Sie auf die Schaltfläche *Abbrechen*. In dem daraufhin erscheinenden Dialogfeld *Test abbrechen* werden Sie gefragt, ob Sie den Abschlußtest wirklich abbrechen wollen. Mit einem Klick auf die Schaltfläche *Ja* verlassen Sie das Programm, ohne daß eine Bewertung Ihrer Leistung stattfindet.

Die Schaltfläche *Fertig* klicken Sie, wenn Sie alle Fragen des Tests beantwortet haben und auch keine Korrekturen mehr vornehmen wollen. In dem Dialogfeld *Test beenden* werden Sie gefragt, ob Sie wirklich fertig sind. Klicken Sie auf die Schaltfläche *Ja*, wird der Test ausgewertet. Je nachdem, ob die Anzahl der richtig beantworteten Fragen ausreicht, werden Sie zum Bestehen des Tests beglückwünscht oder aber aufgefordert, die entsprechenden Lektionen nochmals durchzuarbeiten und den Test zu einem späteren Zeitpunkt zu wiederholen. Die Schaltfläche *Hilfe* klicken Sie an, um zur Beantwortung des gerade aktuellen Fragetyps Erläuterungen zu erhalten. Darüber hinaus erhalten Sie im Hilfe-Dialogfeld Informationen zur allgemeinen Handhabung des Tests.

Mit der Schaltfläche *Zeitanzeige* können Sie sich die noch verbleibende Zeit einblenden lassen. Die eingeschaltete Zeitanzeige erscheint oben rechts über dem DATA BECKER Schriftzug. Diese Funktion wird automatisch zwei Minuten vor Ablauf der Testzeit eingeblendet, um Sie auf das bevorstehende Ende des Tests hinzuweisen.

Der bestandene Abschlußtest

Haben Sie mindestens 40 Fragen richtig beantwortet, so erscheint ein Dialogfeld, das Sie zum Bestehen des Abschlußtests beglückwünscht.

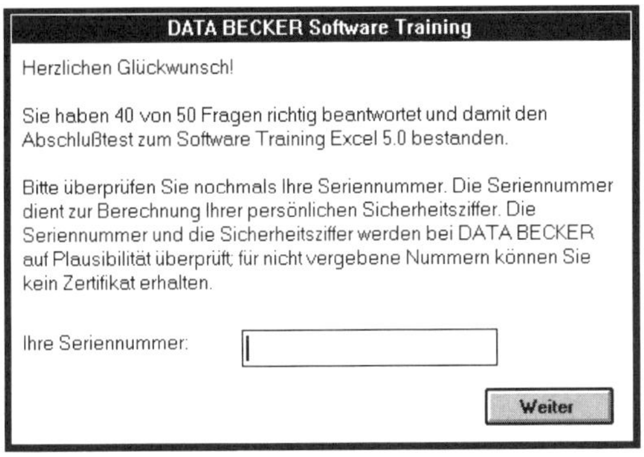

Abb. 297: Das Glückwunsch-Dialogfeld nach Bestehen des Tests

Außerdem werden Sie in diesem Dialogfeld aufgefordert, die bereits eingegebene Seriennummer nochmals mit Ihrer Seriennummer auf der Originaldiskette zu vergleichen.

 Es ist besonders wichtig, daß Sie Ihre korrekte Seriennummer eingeben, da das Programm für jede Seriennummer eine Sicherheitsziffer ermittelt und beides von DATA BECKER auf Plausibilität geprüft wird. Für eine nicht vergebene Seriennummer kann kein Original DATA BECKER Zertifikat vergeben werden. Pro Seriennummer kann nur ein Anwender ein Zertifikat erwerben, d. h., jede Seriennummer ist an jeweils einen Namen gebunden!

Nachdem Sie Ihre Seriennummer verglichen und gegebenenfalls korrigiert haben, klicken Sie auf die Schaltfläche *Weiter*. Im nächsten Dialogfeld wird Ihnen Ihre persönliche Sicherheitsziffer mitgeteilt.

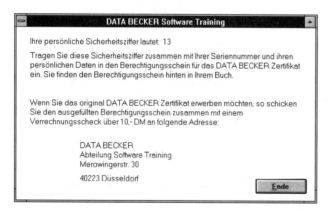

Abb. 298: Das Dialogfeld mit Ihrer persönlichen Sicherheitsziffer

Tragen Sie nun Ihre Sicherheitsziffer und Seriennummer in den Berechtigungsschein für das DATA BECKER Zertifikat ein, den Sie hinter diesem Kapitel finden. Schicken Sie diesen ausgefüllt an die in der obigen Abbildung angegebene Adresse und Sie erhalten gegen eine Bearbeitungsgebühr von 10,- DM Ihr persönliches DATA BECKER Zertifikat.

Für die Schweiz und Österreich gelten folgende Bearbeitungsgebühren und Adressen:

SFr 10,-	Thali AG	ÖS 80,-	Erb-Verlag
	Industriestraße 14		Eichenstraße 28
	Ch - 6285 Hitzkirch		A - 1120 Wien

Das **DATA BECKER** Zertifikat –
Ihre qualifizierte Referenz

Schicken Sie den Berechtigungsschein
*zusammen mit einem **Verrechnungsscheck***
***über DM 10,-** an folgende Adresse, um Ihr*
persönliches DATA BECKER Zertifikat zu erhalten: **DATA BECKER**
Abteilung Software Training
Merowingerstraße 30

40223 Düsseldorf

Für die Schweiz und Österreich gelten
folgende Bearbeitungsgebühren und
Adressen:

SFr 10,-   Thali AG
Industriestraße 14
CH - 6285 Hitzkirch

ÖS 80,-   Erb-Verlag
Eichenstraße 38
A- 1120 Wien

Berechtigungsschein
(bitte in Druckbuchstaben ausfüllen)

für das
DATA BECKER Zertifikat zum
Software Training Excel 5

Vorname ⎢⎢⎢⎢⎢⎢⎢⎢⎢⎢⎢⎢⎢⎢⎢⎢⎢⎢⎢⎢

Nachname ⎢⎢⎢⎢⎢⎢⎢⎢⎢⎢⎢⎢⎢⎢⎢⎢⎢⎢⎢⎢

Straße   ⎢⎢⎢⎢⎢⎢⎢⎢⎢⎢⎢⎢⎢⎢⎢⎢⎢⎢⎢⎢

PLZ Ort ⎢⎢⎢⎢⎢⎢ ⎢⎢⎢⎢⎢⎢⎢⎢⎢⎢⎢⎢⎢

Seriennummer ⎢⎢⎢⎢⎢⎢⎢

Sicherheitsziffer ⎢⎢

Hiermit bestätige ich, daß ich den Abschlußtest zum oben
angeführten Software Training ohne fremde Hilfe bearbeitet habe.
*Einen **Verrechnungsscheck über DM 10,-** lege ich diesem*
Berechtigungsschein bei.

_____   _____
Unterschrift   Ort, Datum

Anhang

Anhang A: Glossar

Absolute Koordinaten

Koordinaten in einer Formel, die beim Kopieren nicht verändert werden. Das Dollarzeichen ($) vor dem Spaltenkennbuchstaben bzw. der Zeilennummer kennzeichnet die absoluten Koordinaten.

Aktive Zelle

Die aktive Zelle in der Tabelle ist die Zelle, die mit der Maus oder über die Tastatur ausgewählt wird. Eingaben und Formatierungen beziehen sich auf die aktive Zelle. Sind mehrere Zellen ausgewählt, spricht man von einem Bereich.

Aktualisieren

In einer Pivot-Tabelle werden Veränderungen in der Ausgangsliste nicht unmittelbar berücksichtigt. Damit das geschieht, müssen die Tabellen aktualisiert werden.

Ansichten

Eine Ansicht ermöglicht das problemlose Anzeigen von Daten mit verschiedenen Anzeigeoptionen, z. B. Zoom, Gitternetzlinien oder Farbe. Auch der Druckbereich gehört zur Ansicht. Der Ansichten-Manager erstellt und verwaltet die verschiedenen Ansichten eines Tabellenblattes.

Arbeitsmappe

Innerhalb der Arbeitsmappe erstellen Sie Ihre Kalkulationen oder erzeugen eine Grafik. Tabellen- und Grafikblätter können hinzugefügt oder gelöscht werden. Eine Standard-Arbeitsmappe von Excel enthält 16 Tabellenblätter.

Argumente

Argumente sind die Informationen, die Excel benötigt, um eine Funktion zu berechnen. Für die Summen-Funktion benötigt Excel beispielsweise als Argument die Angabe des Bereichs, der addiert werden soll. Argumente stehen immer rechts von dem Namen der jeweiligen Funktion und sind eingeklammert. Verlangt eine Funktion mehrere Argumente, werden sie durch Semikola getrennt.

Ausrichtung

Die Position von Texten und Werten innerhalb der Zellen. Zahlen stehen standardmäßig rechtsbündig, Texte dagegen linksbündigt. Die Ausrichtung kann beliebig verändert werden.

AutoFilter

Das Filtern einer Liste gibt Ihnen die Möglichkeit, bestimmte Daten aus der Liste herauszusuchen und mit dieser Teilmenge zu arbeiten. Der Befehl AutoFilter macht eine solche Selektion besonders einfach. Aus einem Listenfeld wählen Sie das Kriterium "Auswählen", nach dem die Liste gefiltert werden soll.

AutoFormat

Ein AutoFormat weist dem markierten Tabellenbereich ein vordefiniertes Format zu. Excel stellt zahlreiche AutoFormate bereit, in denen Zahlenformat, Ausrichtung, Schriftart, Rahmen, Muster, Schraffur, Spaltenbreiten sowie Zeilenhöhe kombiniert sind.

Bearbeitungsleiste

Die Leiste am oberen Rand des Excel-Fensters, in die Sie Werte oder Formeln eingeben bzw. bearbeiten.

Blattregister

Im Blattregister am unteren Bildschirmrand sind die Namen der Tabellen- und Diagrammblätter der aktuellen Arbeitsmappe aufgeführt. Über das Blattregister verschieben, kopieren und benennen Sie die Blätter der Arbeitsmappe.

Bereich

Wenn mehr als eine Zelle in der Tabelle ausgewählt ist, spricht man von einem Bereich.

Datenbank

Eine Datenbank ist eine in Zeilen angeordnete Liste mit eindeutigen Spaltenüberschriften (Feldnamen). In Excel ist es ohne besondere Vorbereitungen möglich, eine Liste als Datenbank zu verwenden. Die Datenbank erlaubt, Ihre Daten komfortabel zu filtern und zu sortieren.

Diagramm

Die grafische Umsetzung der Tabellenwerte. Excel bietet zahlreiche verschiedene Diagrammtypen, vom Balkendiagramm bis zum 3D-Chart. Diagramme können mit Farben, Rahmen, Mustern und Schriftarten individuell gestaltet werden.

Diagramm-Assistent

Der Diagramm-Assistent unterstützt Sie bei der Erstellung von Diagrammen Er führt Sie durch fünf Dialogfeldern, in denen Sie schrittweise ein neues Diagramm erstellen.

Diagrammblatt

Ein Blatt einer Arbeitsmappe, das nur ein Diagramm, keine Tabellen enthält.

Drucktitel

In Tabellen, die mehr als eine Seite lang sind, können Zeilen oder Spalten auf allen Seiten des Ausdrucks wiederholt werden - obgleich sie nur auf der ersten Seite der Tabelle stehen. Im Drucktitel wird definiert, welche Zeilen bzw. Spalten wiederholt werden (siehe Wiederholungszeilen/-spalten).

Eingebettetes Diagramm

Ein Diagramm, das in einem Tabellen-Tabellenblatt steht. Diagramme können auch auf einem separaten Diagrammblatt der Arbeitsmappe erstellt werden.

Filter

Filter erlauben das Selektieren von Listen. Besonders einfach ist es, mit den Excel-AutoFiltern zu arbeiten (siehe AutoFilter).

Formatieren

Die Gestaltung des Tabellenblattes. Dazu zählen Rahmen, Muster, Schriftart usw. In Excel können die Format-Befehle aus dem gleichnamigen Menü oder aus der Symbolleiste *Format* aufgerufen werden.

Funktionen

Vordefinierte Formeln, die komplexe Berechnungen erleichtern. Excel enthält zahlreiche Funktionen von der einfachen Berechnung einer Zahlenkolonne (Summe) über trigonometrische Funktionen bis hin zu finanzmathematischen Funktionen zur Berechnung von Zins, Abschreibung etc.

Funktions-Assistent

Der Funktions-Assistent erleichtert das Erstellen komplexer Funktionen. Sie wählen aus einer Liste die gewünschten Funktionen aus. Excel fragt in einem Dialogfeld die erforderlichen Argumente ab.

Fußzeile

Fußzeilen sind Zeilen, die unten auf jeder Druckseite wiederholt werden. Welche Informationen in der Fußzeile gedruckt werden sollen, definieren Sie in einem Dialogfeld.

Gehezu

Befehl, um eine bestimmte Zelle oder einen Bereich auszuwählen.

Gitternetzlinien

Im Diagrammen waagerecht oder senkrechte Linien zur Strukturierung des Diagramms.

Iteration

Von Iteration oder Zirkelbezügen spricht man, wenn eine Formel sich auf die Zelle bezieht, in der sie steht.

Kontext-Menü

Menü, das durch Klicken mit der rechten Maustaste aufgerufen und das nur die für die momentane Auswahl relevanten Befehle enthält.

Koordinaten

Spaltenbuchstabe und Zeilennummer zur eindeutigen Kennzeichnung von Zellen innerhalb der Tabelle, z. B. A1.

Kopfzeile

Kopfzeilen werden oben auf jeder Druckseite wiederholt. Welche Informationen in der Kopfzeile gedruckt werden sollen, definieren Sie in einem Dialogfeld.

Legende

Die Legende enthält Textinformationen über die in einem Diagramm dargestellten Werte. Sie wird in der Regel als separate Box rechts neben dem Diagramm eingeblendet und kann beliebig verschoben und gestaltet werden.

Makro

Ein Makro automatisiert Vorgänge, Aktionen und Arbeitsabläufe und erleichtert somit die Bearbeitung oder Erstellung von Tabellen und Diagrammen.

Makro-Recorder

Der Makro-Recorder zeichnet Ihre Aktionen (Tastenanschläge, Mausklick) auf und wandelt diese Eingabe in ein Makro um.

Mittelwert

Eine Excel-Funktion. Berechnet den Durchschnitt der Werte im markierten Bereich.

Mustervorlage

Eine Mustervorlage ist eine spezielle Arbeitsmappe, die Sie als Muster für die Erstellung ähnlicher Arbeitsmappen verwenden können.

Nullwerte

Das Ergebnis einer Formel oder Funktion ist 0. Nullwerte können über das Menü *Extras*, *Optionen* ausgeblendet werden.

OLE

OLE (Object Linking and Embedding) ist eine Methode zum Verknüpfen und Einbetten von Objekten. OLE-fähige Progamme wie Excel 5.0 oder Word für Windows 6.0 können Objekte aus anderen Programmen übernehmen und in die eigene Anwendung einbetten. So ist es beispielsweise möglich, ein Excel-Diagramm in einen Word-Text einzubinden.

Pivot-Tabelle

Pivot-Tabellen erlauben die flexible Auswertung von Listen. Sie legen fest, nach welchen Feldern die Liste ausgewertet werden soll und welche Daten in der Pivot-Tabelle zusammengefaßt werden.

Pivot-Tabellen-Assistent

Der Pivot-Tabellen-Assistent unterstützt mit Dialogfeldern die Erstellung der Tabelle. Im Assistenten wählen Sie aus, wie die Pivot-Tabelle aufgebaut ist und welche Daten berechnet werden.

Relative Koordinaten

Koordinaten, die Sie in eine Formel oder Funktion einbeziehen, passen sich standardmäßig an die neue Position in der Tabelle an, wenn die Formel kopiert wird. Diese "anpassungsfähigen" Koordinaten werden als relative Koordinaten bezeichnet (siehe auch "Absolute Koordinaten").

Seitenansicht

Darstellung des zu druckenden Tabellenbereichs auf dem Monitor mit allen Formatierungen (Kopf-/Fußzeilen).

Summe

Summe ist die wohl am häufigsten verwendete Funktion. Sie addiert alle Werte im markierten Bereich.

Tip-Assistent

Symbol in der Standard-Symbolleiste. Hier hält Excel Tips bereit, wie Sie die Arbeit mit dem Programm vereinfachen können.

Titel

Titel können für den Bildschirm oder für den Druck definiert werden. Auf dem Bildschirm sind es die obersten Zeilen bzw. die linken Spalten, die auch dann angezeigt bleiben, wenn Sie in der Tabelle blättern (siehe auch "Fixieren"). Beim Ausdruck werden Titelzeilen oder -spalten auf jeder Druckseite wiederholt (siehe auch "Wiederholungszeilen/-spalten").

Visual Basic

Visual Basic ist die Programmiersprache, in der Excel-Makros erstellt werden.

Wiederholungszeilen/-spalten

Eine Druckoption bei langen Tabellen. Die Wiederholungszeilen bzw. -spalten werden auf jeder Druckseite wiederholt, obgleich sie nur einmal in der Tabelle stehen.

Zahlenformat

Über das Zahlenformat wählen Sie, wie die Zahlen in der Tabelle dargestellt werden.

Zirkelbezug

Ein Zirkelbezug entsteht, wenn eine Formel sich auch auf die Zelle bezieht, in der sie steht. Zirkelbezüge kann Excel nicht unmittelbar auflösen und gibt deshalb eine entsprechende Fehlermeldung aus.

Anhang B: Die Installation von Excel

Falls Sie Excel noch nicht auf Ihrem Rechner installiert haben sollten, erfahren Sie im folgenden, wie Sie beim Installieren des Programms am besten vorgehen.

Systemvoraussetzungen

Um Excel erfolgreich installieren zu können, müssen laut Hersteller Microsoft folgende Systemvoraussetzungen vorhanden sein:

- PC mit mindestens einem 80286er Prozessor
- Mindestens 4 MByte Arbeitsspeicher
- MS-Windows ab der Version 3.1
- Ein Betriebssystem MS-DOS 3.1 oder höher
- 9 bis 27 MByte freier Festplattenspeicher (je nach Installationsoption)
- EGA-Monitor oder höhere Auflösung, die mit Windows 3.1 oder höher kompatibel ist

Wenn diese Mindestvoraussetzungen vorhanden sind, kann Excel installiert werden.

Sicherheitskopien der Programmdisketten anfertigen

Bevor Sie das Programm installieren, sollten Sie als Vorsichtsmaßnahme immer Kopien der Originalprogrammdisketten anfertigen und auch nur diese zur Installation verwenden. Bewahren Sie die Originaldisketten nach dem Kopieren immer an einem sicheren Ort auf.

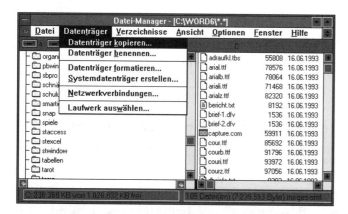

Abb. 299: Mit dem Datei-Manager von Windows Disketten kopieren

Ein einfacher und bequemer Weg, die Disketten zu kopieren, ist der über den Datei-Manager von Windows. Starten Sie also Windows und anschließend den Datei-Manager mit einem Doppelklick auf das entsprechende Symbol. Öffnen Sie im Datei-Manager das Menü *Datenträger* und wählen Sie den Befehl *Datenträger kopieren*. In dem Dialogfeld *Datenträger kopieren* geben Sie das Laufwerk des Quell- und des Zieldatenträgers an. Mit *OK* bestätigen Sie den Kopierbefehl.

Abb. 300: Quell- und Ziellaufwerk müssen angegeben werden

Wenn die Daten auf der Quelldiskette ganz eingelesen sind, werden Sie aufgefordert, die Zieldiskette einzulegen. Danach brauchen Sie nur noch zu warten, bis die Diskette vollständig kopiert worden ist.

Excel installieren

Nachdem Sie die Systemvoraussetzungen überprüft und die Sicherheitskopien der Originaldisketten angefertigt haben, können Sie mit der eigentlichen Installation beginnen. Die Installation findet unter Windows statt. Wählen Sie dazu im Programm-Manager im Menü *Datei* den Befehl *Ausführen* und legen Sie die erste Installationsdiskette in das entsprechende Laufwerk. In dem erscheinenden Dialogfeld *Ausführen* geben Sie in das Textfeld *Befehlszeile* folgende Angabe ein, wenn sich die Diskette in Laufwerk A: befindet:

```
A:SETUP
```

und bestätigen mit einem Klick auf *OK*.

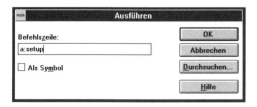

Abb. 301: Das Dialogfeld Ausführen im Programm-Manager

Wenn sich die Excel-Programmdiskette in einem anderen Laufwerk befindet, müssen Sie den Laufwerkbuchstaben entsprechend ändern.

Folgen Sie nun den einfachen und eindeutigen Anweisungen des Installationsprogramms. Wenn Sie zum erstenmal MS-Excel installieren, werden Sie zu Beginn der Installation nach dem Namen und der Firma gefragt, die das Setup-Programm für zukünftige Installationen verwenden soll.

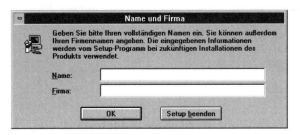

Abb. 302: Geben Sie Name und Firma an

Sollten Sie bereits einmal eine Installation mit dem MS-Excel-Diskettensatz vorgenommen haben, wird dies das SETUP-Programm feststellen und an Stelle des soeben besprochenen Dialogfeldes eine Warnung vor Copyright-Verletzung ausgeben. Als ordnungsgemäßer Besitzer von MS-Excel müssen Sie dieser Meldung keine weitere Beachtung schenken und können die Schaltfläche *OK* klicken.

Im Dialogfeld *Microsoft Excel 5.0-Setup* werden Sie nach dem Zielverzeichnis gefragt. Dabei wird Ihnen vom Setup-Programm standardmäßig das Laufwerk C: mit dem Verzeichnis C:\EXCEL vorgeschlagen. Wenn das Laufwerk C: bei Ihnen nicht mehr genug Platz aufweist, können Sie problemlos eine andere Laufwerkangabe wählen. Zu beachten ist, daß MS-Excel nicht auf einem Diskettenlaufwerk installiert werden kann (siehe Abbildung 302).

Falls Sie nicht besondere Wünsche an den Verzeichnisnamen stellen, sollten Sie diesen am besten beibehalten. Sie können aber auch, wie in der folgenden Abbildung gezeigt wird, ein anderes Verzeichnis wählen. Klicken Sie dazu die Schaltfläche *Verzeichnis ändern...* (siehe Abbildung 302).

Abb. 303: Das Verzeichnis für Excel bestimmen

Abb. 304: Das Dialogfeld zum Ändern des Zielverzeichnisses

Nachdem das Verzeichnis für MS-Excel gewählt wurde, überprüft das Installationsprogramm den zur Verfügung stehenden Speicher. Zudem wird die Festplatte auf eine bereits
bestehende Version von MS-Excel untersucht.

Anschließend erscheint das Dialogfeld, das die Auswahl des zu installierenden Leistungs-
umfangs der Datenbank ermöglicht.

Abb. 305: Das Dialogfeld zur Auswahl der Installationsoptionen

In diesem Dialogfeld stehen drei unterschiedliche Installationsmöglichkeiten zur Verfügung.

Sie können zwischen den Optionen *Standard*, *Vollständig/Benutzerdefiniert...* und *Minimal (Laptop)* wählen. Welche Möglichkeit Sie wählen, hängt vor allem von Ihrem zur Verfügung stehenden Speicherplatz ab.

Die Vollständige Installation benötigt ca. 27 MByte, die Standard-Installation ca. 15 MByte und die minimale Installation nur ca. 9 MByte. Wählen Sie je nach vorhandenem Speicherplatz die entsprechende Option.

Der letzte Schritt der Installation ist die Vorgabe einer Programmgruppe, in der die Symbole von MS-Excel angelegt werden. Die Voreinstellung ist dabei *Microsoft Office*. Sie können allerdings auch eine neue Gruppe oder eine andere bereits bestehende Programmgruppe eintragen.

Abb. 306: Wählen Sie die Programmgruppe aus

Zum Schluß der Installation wird Ihnen mitgeteilt, daß MS-Excel 5.0 ordnungsgemäß installiert wurde:

Abb. 307: Die Erfolgsmeldung nach der Installation

Klicken Sie die Schaltfläche *OK*, um das Setup-Programm zu beenden. Die Programmsymbole von Excel werden in der zuvor von Ihnen ausgewählten Programmgruppe installiert.

Abb. 308: Die Programmsymbole von Excel

Anhang C: Übersicht über die Programmsymbole

Die Symbole in der Symbolleiste Standard

 Neue Arbeitsmappe (Legt eine neue Arbeitsmappe an)

 Arbeitsmappe öffnen (Öffnet eine gespeicherte Arbeitsmappe)

 Arbeitsmappe speichern (Sichert die aktuelle Arbeitsmappe)

 Drucken (Druckt die aktuelle Arbeitsmappe)

 Seitenansicht (Blendet die Seitenansicht ein)

 Rechtschreibprüfung (Startet die automatische Rechtschreibprüfung)

 Ausschneiden (Schneidet die markierten Zellen bzw. die markierte Grafik aus)

 Kopieren (Kopiert die markierten Zellen bzw. die markierte Grafik in die Zwischenablage)

 Einfügen (Fügt den Inhalt der Zwischenablage in die Arbeitsmappe ein)

 Format übertragen (Überträgt die Formatierung der aktuellen Zelle auf einen anderen Bereich)

 Rückgängig (Macht den letzten Befehl rückgängig)

 Wiederholen (Führt den letzten Befehl nochmals aus)

Summe (Fügt die Summen-Funktion in die aktuelle Zelle ein)

 Funktions-Assistent (Ruft den Funktions-Assistenten auf)

 Aufsteigend sortieren (Sortiert den Datenbereich aufsteigend)

 Absteigend sortieren (Sortiert den Datenbereich absteigend)

 Diagramm-Assistent (Ruft den Diagramm-Assistenten auf)

 Textfeld (Fügt ein Textfeld in die Tabelle ein)

 Zeichnen (Öffnet Microsoft PaintBrush)

 Zoom (Stellt den Zoom-Faktor für den Bildschirm ein)

 Tip-Assistent (Zeigt den aktuellen Excel-Tip an)

 Hilfe (Aktiviert die Hilfe-Funktion)

Die Symbole in der Symbolleiste Format

 Schriftart (Schriftart für die markierten Zellen auswählen)

 Schriftgröße (Schriftgröße für die markierten Zellen auswählen)

 Fett (Markierte Zellen fett setzen)

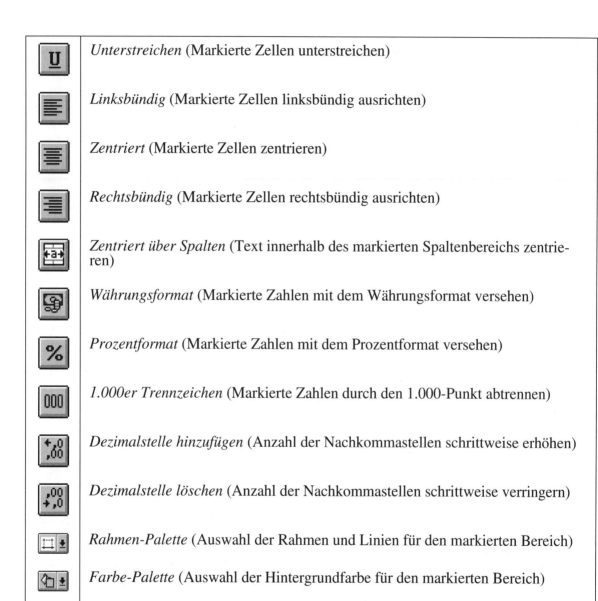

Unterstreichen (Markierte Zellen unterstreichen)

Linksbündig (Markierte Zellen linksbündig ausrichten)

Zentriert (Markierte Zellen zentrieren)

Rechtsbündig (Markierte Zellen rechtsbündig ausrichten)

Zentriert über Spalten (Text innerhalb des markierten Spaltenbereichs zentrieren)

Währungsformat (Markierte Zahlen mit dem Währungsformat versehen)

Prozentformat (Markierte Zahlen mit dem Prozentformat versehen)

1.000er Trennzeichen (Markierte Zahlen durch den 1.000-Punkt abtrennen)

Dezimalstelle hinzufügen (Anzahl der Nachkommastellen schrittweise erhöhen)

Dezimalstelle löschen (Anzahl der Nachkommastellen schrittweise verringern)

Rahmen-Palette (Auswahl der Rahmen und Linien für den markierten Bereich)

Farbe-Palette (Auswahl der Hintergrundfarbe für den markierten Bereich)

Schriftfarbe-Palette (Auswahl der Schriftfarbe für den markierten Bereich)

Die Symbole der Symbolleiste Pivot-Tabelle und Gliederung

 Pivot-Tabelle (Bearbeitet die Pivot-Tabelle)

 Pivot-Tabelle-Feld (Ändert die Eigenschaften des aktuellen Pivot-Tabellen-Feldes)

 Gruppierung aufheben (Stuft die markierten Zeilen oder Spalten in der Gliederung herab)

 Gruppierung (Stuft die markierten Zeilen oder Spalten in der Gliederung herauf)

 Detail ausblenden (Blendet die Detailinformationen aus)

 Detail einblenden (Zeigt zusätzliche Detailinformationen an)

 Seiten anzeigen (Erstellt eigene Pivot-Tabellen für jedes definierte Seitenfeld)

 Aktualisieren (Aktualisiert Pivot-Tabelle mit den neuesten Zahlen aus der Liste)

Symbole der Symbolleiste Diagramm

 Diagrammtyp-Palette (Auswahl des gewünschten Diagrammtyps)

 Vorzugsform (Zeigt das Diagramm im vordefinierten Standardformat an)

 Diagramm-Assistent (Ruft den Diagramm-Assistenten auf)

Horizontale Gitternetzlinien (Blendet die horizontalen Gitternetzlinien ein und aus)

 Legende (Blendet die Legende ein und aus)

Die Symbole der Symbolleiste Zeichnen

 Linie (Zeichnet eine Linie)

 Rechteck (Zeichnet ein Rechteck)

 Ellipse (Zeichnet eine Ellipse)

 Bogen (Zeichnet einen Bogen)

 Freihandform (Erlaubt, ein beliebiges Vieleck zu zeichnen)

 Textfeld (Fügt ein Textfeld ein)

 Pfeil (Zeichnet einen Pfeil)

 Freihand (Erlaubt, eine beliebige Form zu zeichnen)

 Ausgefülltes Rechteck (Zeichnet ein ausgefülltes Rechteck)

 Ausgefüllte Ellipse (Zeichnet eine ausgefüllte Ellipse)

 Ausgefüllter Kreisbogen (Zeichnet einen ausgefüllten Kreisbogen)

Ausgefüllte Freihandform (Zeichnet eine ausgefüllte Freihandform)

 Befehlsschaltfläche (Fügt eine Schaltfläche ein, der Sie einen beliebigen Befehl hinterlegen können)

 Objekte markieren (Markiert die angeklickten Objekte)

 In den Vordergrund (Stellt Objekte in den Vordergrund)

 In den Hintergrund (Stellt Objekte in den Hintergrund)

 Objektgruppierung (Faßt die markierten Objekte in einer Gruppe zusammen)

 Objektgruppierung aufheben (Hebt die Gruppierung der Objekte auf)

 Formänderung (Erlaubt, den Umriß des makierten Objekts zu ändern)

 Schatten hinzufügen (Versieht die markierten Objekte mit einem Schattenrand)

 Muster-Palette (Erlaubt, für die markierten Objekte Muster und Farben auszuwählen)

Anhang D: Übersicht über die Tastenkürzel

Tastenkombination zur Bearbeitung von Zellen

`Entf`	Löscht in der Tabelle den Inhalt der markierten Zellen. In Eingabezeilen oder in der Barbeitungsleiste löscht die Taste das Zeichen rechts vor der Einfügemarke.
`Rück`	Löscht in der Tabelle den Inhalt der markierten Zellen. In Eingabezeilen oder in der Bearbeitungsleiste löscht die Taste das Zeichen links hinter der Einfügemarke.
`F2`	Aktiviert die Bearbeitungsleiste, um den Inhalt der Zelle zu ändern.
`F4`	Wandelt relative Koordinaten in absolute Bezüge um.
`Strg`+`0`	Blendet die Standard-Symbolleiste ein oder aus.

Tastenkombination zum Bewegen innerhalb der Arbeitsmappe

Pfeiltasten	Bewegen einer Zelle in Pfeilrichtung.
`Pos1`	Geht zum Anfang des Tabellenblattes (Zelle A1).
`Strg`+`Pos1`	Geht zum Anfang der Zeile (Spalte A).
`Strg`+`Ende`	Geht zur letzten jemals belegten Zelle des Tabellenblattes (untere rechte Ecke).
`Bild ↑`	Blättert eine Bildschirmseite nach unten.
`Bild ↓`	Blättert eine Bildschirmseite nach unten.
`Alt`+`Bild ↑`	Blättert eine Bildschirmseite nach rechts.
`Alt`+`Bild ↓`	Blättert eine Bildschirmseite nach links.
`Strg`+`Bild ↑`	Wechselt zum nächsten Blatt der Arbeitsmappe.
`Strg`+`Bild ↓`	Wechselt zum vorherigen Blatt der Arbeitsmappe.
`Strg`+`↑`	In die erste Zeile des aktuellen Datenbereichs.
`Strg`+`↓`	In die letzte Zeile des aktuellen Datenbereichs.
`Strg`+`←`	In die erste Spalte des aktuellen Datenbereichs.
`Strg`+`→`	In die letzte Spalte des aktuellen Datenbereichs.
`F5`	Befehl *Gehezu* aufrufen.

Tastenkombination zum Markieren von Zellen

`F8`	Schaltet Erweiterungsmodus (ERW) zum Markieren von Zellen ein oder aus.
`Umschalt`+Pfeiltaste	Erweitert die Markierung um eine Zelle in Pfeilrichtung.
`Umschalt`+`Pos1`	Erweitert die Markierung bis zum Anfang der Zeile.
`Strg`+`Leertaste`	Markiert die aktuelle Spalte.
`Umschalt`+`Leertaste`	Markiert die akuelle Zeile.
`Strg`+`A`	Markiert das gesamte Tabellenblatt.

Tastenkombination zum Abrufen von Zahlenformaten

Strg + &	Weist das Standard-Zahlenformat zu.
Strg + $	Weist das Standard-Währungsformat mit zwei Dezimalstellen zu (negative Werte erscheinen in Rot).
Strg + %	Weist das Prozentformat ohne Dezimalstellen zu.
Strg + !	Formatiert die Zahlen mit zwei Dezimalstellen und Tausenderpunkt.

Tastenkombination zum Formatieren

Strg + Umschalt + F	Weist das Schriftattribut *Fett* zu oder entfernt es.
Strg + Umschalt + K	Weist das Schriftattribut *Kursiv* zu oder entfernt es.
Strg + Umschalt + U	Weist das Schriftattribut *Unterstrichen* zu oder entfernt es.

Weitere wichtige Funktionstasten

F1	Hilfe-Funktion aufrufen.
Umschalt + F1	Kontextbezogene Hilfe aufrufen.
Umschalt + F3	Funktions-Assistenten aufrufen.
F11	Fügt ein neues Diagrammblatt ein.
Umschalt + F11	Fügt ein neues Tabellenblatt ein.
F12	Aktiviert den Befehl Speichern unter (Menü Datei).
Umschalt + F12	Aktiviert den Befehl Speichern (Menü Datei).

Stichwortverzeichnis

Wenn Sie an dieser Seite angelangt sind...

dann haben Sie sicher schon auf den vorangegangenen Seiten ge-
stöbert oder sogar das ganze Buch gelesen. Und Sie können nun sagen,
wie Ihnen dieses Buch gefallen hat. Ihre Meinung interessiert uns!

Uns interessiert, ob Sie jede Menge „Aha-Erlebnisse" hatten, ob es
vielleicht etwas gab, bei dem das Buch nicht weiterhelfen konnte, oder
ob Sie einfach rundherum zufrieden waren (was wir natürlich hoffen).
Wie auch immer – schreiben Sie uns! Wir freuen uns über Ihre Post,
über Ihr Lob genauso wie über Ihre Kritik! Ihre Anregungen helfen uns,
die nächsten Titel noch praxisnäher zu gestalten.

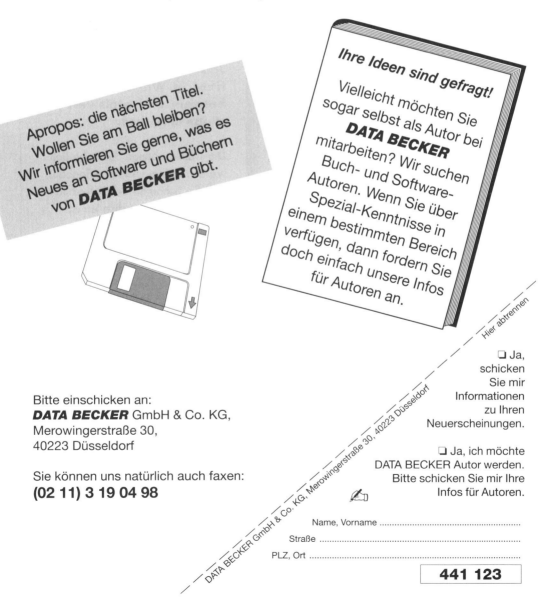

Apropos: die nächsten Titel.
Wollen Sie am Ball bleiben?
Wir informieren Sie gerne, was es
Neues an Software und Büchern
von **DATA BECKER** gibt.

Ihre Ideen sind gefragt!
Vielleicht möchten Sie
sogar selbst als Autor bei
DATA BECKER
mitarbeiten? Wir suchen
Buch- und Software-
Autoren. Wenn Sie über
Spezial-Kenntnisse in
einem bestimmten Bereich
verfügen, dann fordern Sie
doch einfach unsere Infos
für Autoren an.

Hier abtrennen

Bitte einschicken an:
DATA BECKER GmbH & Co. KG,
Merowingerstraße 30,
40223 Düsseldorf

Sie können uns natürlich auch faxen:
(02 11) 3 19 04 98

DATA BECKER GmbH & Co. KG, Merowingerstraße 30, 40223 Düsseldorf

❏ Ja,
schicken
Sie mir
Informationen
zu Ihren
Neuerscheinungen.

❏ Ja, ich möchte
DATA BECKER Autor werden.
Bitte schicken Sie mir Ihre
Infos für Autoren.

Name, Vorname ....

Straße ....

PLZ, Ort ....

441 123

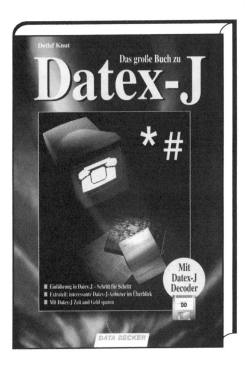

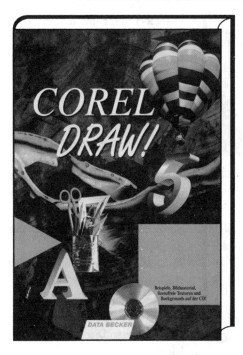

DATA NEWS: Die
PC-Programm-
Zeitschrift

DATA NEWS ist Ihre PC-Programmzeitschrift für die neuesten Entwicklungen rund um Multimedia, CD-ROM und Telekommunikation.

Erleben Sie mit DATA NEWS die Faszination PC! Mit den brandheißen News, Trendberichten, Workshops und über 200 aktuellen PC-Programmen im Test sind Sie ab sofort jeden Monat auf dem neuesten Stand.

DATA NEWS zeigt, wie Sie die aktuellen Entwicklungen direkt für Ihren PC umsetzen können. Damit wird Ihr PC zum Videorecorder, CD-Player, Fernseher, Bildtelefon, zum Fax- oder Btx-Gerät, Dia-Projektor, Bankschalter, Cyber-Raum, zur Soundmaschine oder zum Tonstudio und... und... und...

- Multimedia-Werkstatt
- Telekommunikation
- Hi-Fi-Sound und MIDI
- Kompletter Software-Überblick: 200 Programme im Test

Multimedia revolutioniert die PC Welt! DATA NEWS zeigt, wo's langgeht!

DATA BECKER

PC Praxis: Ihr zuverlässiger Partner

Holen Sie sich diese Praxis! Monat für Monat neu im Zeitschriftenhandel

Ob Einsteiger, Fortgeschrittener oder Profi – wer die neuesten Entwicklungen auf dem PC-Markt miterleben will, der liest die PC Praxis.

Monat für Monat finden Sie hier das Know-how, das Sie sofort nutzen können. Unter Rubriken wie Praxis-Tests, DOS-Praxis, Software, Hardware, Windows-Praxis bekommen Sie alle Informationen rund um den Personal Computer.

Immer verbunden mit zahlreichen praktischen Tips und Tricks. Dazu aktuelle Berichte, schonungslose Produkt-Tests, gut recherchierte Hintergrundberichte usw. usw. Das ist PC-Praxis in Reinform.

- Praxis-Tests
- Hardware und PC Tuning
- DOS-Praxis
- Software
- Windows-Praxis
- Aktuelles, Shareware u.v.a.m.